PENSAR COM OS ANTIGOS

FRANCIS WOLFF

PENSAR COM OS ANTIGOS
UMA RIQUEZA DE TODO O SEMPRE

TRADUÇÃO
MARIANA ECHALAR

editora
unesp

Título original: *Penser avec les Anciens: un trésor de toujours*

Direitos de publicação reservados à:
Fundação Editora da Unesp (FEU)
Praça da Sé, 108
01001-900 – São Paulo – SP
Tel.: (0xx11) 3242-7171
Fax: (0xx11) 3242-7172
www.editoraunesp.com.br
www.livrariaunesp.com.br
atendimento.editora@unesp.br

Dados Internacionais de Catalogação na Publicação (CIP) de acordo com ISBD
Elaborado por Vagner Rodolfo da Silva – CRB-8/9410

W855p

Wolff, Francis
    Pensar com os antigos: uma riqueza de todo o sempre / Francis Wolff.
– Traduzido por Mariana Echalar. – São Paulo: Editora Unesp, 2021.

    Tradução de: *Penser avec les Anciens: un trésor de toujours*
    Inclui bibliografia.
    ISBN: 978-65-5711-056-0

    1. Filosofia. 2. Figuras filosóficas. 3. Francis Wolff. I. Echalar, Mariana.
II. Título.

2021-1841   CDD 100
                                                   CDU 1

Editora afiliada:

Asociación de Editoriales Universitarias   Associação Brasileira de
de América Latina y el Caribe   Editoras Universitárias

SUMÁRIO

– INTRODUÇÃO –

PENSAR POR FIGURAS

Pode ser que somente se possa pensar dentro de formas herdadas. Mas isso não significa que devemos nos contentar em apenas aceitar a herança. Se pensarmos com a filosofia antiga, talvez seja possível filosofar hoje em dia. Tomar emprestado dos antigos é pegar deles o que continua sendo deles, portanto é tentar lê-los fielmente, adequando nosso olhar histórico sobre eles, mas é também tentar compreendê-los por completo, integrando seu pensamento ao nosso. É esforçar-se para sair da alternativa: história ou filosofia?

A expressão "história da filosofia" é na verdade uma espécie de oximoro. Rigorosamente falando, de que maneira o que é histórico poderia ser filosófico e vice-versa? Se lemos um texto antigo em sua dimensão filosófica, nele encontramos ideias que podemos admitir, teses que podemos adotar, argumentos com os quais podemos concordar, em resumo, levamos a sério a intenção de verdade do texto. Se lemos um texto antigo em sua dimensão histórica, nele descobrimos conceitos explicáveis por sua gênese ou por seu contexto, um questionamento "significativo" de uma cultura ou de uma tradição, um modo de pensar sintomático de um filósofo ou de uma corrente, em resumo, atribuímos sentidos tanto mais "interessantes" ao texto quanto mais eles fogem a nossa própria intenção: a do verdadeiro. Quanto mais significação histórica o texto adquire, menos ele deixa de ser portador de verdades. É assim que o tomamos em sua dimensão filosófica, anula-se toda a distância histórica. Uma boa ilustração dessa oposição entre duas intenções de leitura, que decompõe em seus dois conceitos distintos a ideia confusa de história da filosofia, é sob certos ângulos o antagonismo entre as leituras hermenêuticas "continentais" e as leituras "analíticas" anglo-saxãs.

Contudo, não devemos opor e muito menos optar entre "historicismo" e *philosophia perennis*. Tudo é histórico em uma filosofia específica e, no entanto, tudo que é filosófico para nós não pode não se esquivar da história. Sempre nos apropriamos das filosofias historicamente constituídas – e talvez nunca devamos deixar de nos apropriar delas – de um modo que as aparta de seu solo histórico. Mas será que, no fundo, não foi primeiro o *nosso* "sentido histórico" que as enraizou ali? E esse "sentido histórico", ao qual fomos destinados desde o século XIX pela própria história, não pertence também, indissociavelmente, ao modo de *filosofar* que praticamos hoje – se é que ele já não era praticado no passado?

Pelo conceito de "figuras filosóficas emprestadas dos antigos", nossa pretensão era sair dessas alternativas e encontrar uma maneira de fazer filosofia sem abrir mão das exigências legítimas da história. Como se existissem *figuras de pensamento* que atravessassem a história. Elas parecem existir para nós em um espaço puramente lógico, mesmo que, notoriamente, apenas tenham sido possíveis por e na história; e podemos tomá-las por invariáveis, mesmo que sua forma de realização seja sempre historicamente variável. Melhor: sempre as tomamos por anistóricas, no instante mesmo que nos aparecem como filosóficas. Logo, essas "figuras" inscritas no pensamento antigo, deve ser possível tomá-las de sua história e fazê-las funcionar filosoficamente na nossa.

As "figuras" não são nem teses, nem argumentos, nem problemáticas, nem conceitos pairando acima da história, no céu das Ideias. Nossa intenção não é catalogar, como fazem os livros escolares, as posições doutrinais (em "-ismo") diante das Grandes Questões clássicas: a questão da existência de Deus (teísmo, ateísmo, agnosticismo...), a questão da relação entre a alma e o corpo (monismo, dualismo...), a questão do ser (materialismo, idealismo), a questão dos universais (realismo, nominalismo...), a questão da possibilidade do conhecimento (dogmatismo, ceticismo, criticismo...) etc. Nossa intenção não é resgatar as perguntas fundamentais, como se fossem peças de quebra-cabeças propostos desde sempre ao espírito humano, ou contrapor as doutrinas dos filósofos, como se elas interpretassem e reinterpretassem indefinidamente sua gigantomaquia no palco do pensamento puro.

Pelo nome "figuras", tentamos identificar nos textos filosóficos da Antiguidade formas não percebidas e (se possível) *necessárias* de oposição, simetria, complementaridade ou incompatibilidade entre conceitos, problemáticas, argumentos ou teses. As figuras são modos de pensar inscritos na história como soluções de problemas que, *do nosso ponto de vista histórico*, atravessam a história e, por consequência, parecem escapar necessariamente à história. Para um problema historicamente colocado, um número limitado de soluções – solidárias, porém incompatíveis – apresentou-se como possível. Tentamos evidenciar algumas dessas "vias" paralelas ou "destinos" cruzados, analisá-los à letra e situá-los em seu contexto histórico específico, supondo ao mesmo tempo que podem ser abstraídos de seu contexto histórico como *figuras estáveis*. Não há dúvida de que existem figuras não percebidas em certas filosofias, e que elas constituem, por assim dizer, o estilo único dessas filosofias;[1] mas também existem conceitos que se constituem um pelo outro e atravessam sub-repticiamente diferentes filosofias.[2] Às vezes há entrelaçamentos de figuras

---

1 Cf. Capítulo 4, a simetria em Aristóteles entre as figuras do animal e do deus, de um lado e de outro da figura política do homem; e Capítulo 6, a simetria em Epicuro entre os dois temores humanos fundamentais: o da morte e o dos deuses.

2 Eis por que a figura do homem se constitui nas filosofias gregas clássicas: mediante as duas figuras simétricas e opostas do animal e do deus (cf. Capítulo 3).

entre duas doutrinas[3] ou entre várias correntes filosóficas.[4] E há também oposições mais fundadoras: dilemas históricos – não formulados e inevitáveis – que levam ora a tradições "doutrinais" incompatíveis,[5] ora à divisão de todo um *corpus*,[6] ora até mesmo à cisão entre antigos e modernos.[7] Seja qual for o caso, e a extensão do domínio em que identificamos sua formação, a figura se constitui em concorrência com outras figuras, dentro de uma *configuração* estável, regida pela interação necessária das simetrias e das oposições que as definem em relação umas às outras.[8] A figura é efeito de sua interação com outras figuras, e consequência de uma escolha que ninguém fez. Em resumo, por figuras filosóficas entendemos *esquemas estáveis e anistóricos de soluções simétricas, paralelas ou opostas para problemas filosóficos inscritos na história.*

Antes de ilustrar essa abordagem pelos estudos que a justificam, gostaríamos de esclarecer a noção de "figura" por um exemplo que não aparece neles. Trata-se de um exemplo muito peculiar, visto que nele a ideia de "figura de pensamento" é aplicada a ela mesma, ou melhor, ela é produzida por sua própria aplicação. A própria noção *filosófica* de figura de pensamento pode ser tomada como uma figura *histórica* do pensamento grego.

Pense-se na questão (filosófica) da relação do conhecimento com seus objetos. Admita-se como legítimo que uma história das ideias (simplista) permite mostrar que, diante dessa questão, há

---

3 O conceito de amizade nas éticas de Aristóteles e Epicuro desempenha simetricamente o mesmo papel de revelador dos fundamentos e dos limites das antropologias opostas de ambos (cf. Capítulo 5).

4 Eis por que as presunções dos discípulos de três tradições filosóficas, a socrática, a epicurista e a aristotélica, podem se esclarecer mutuamente (cf. Capítulo 9).

5 Cf. Capítulo 1, o dilema entre duas decisões ontológicas (Demócrito ou Platão) que presidem aos dois destinos da ontologia; cf., como conclusão, a oposição Platão/Protágoras sintomática do conflito entre racionalidades científica e jurídica.

6 Cf. Capítulo 3, o dilema entre decisão científica e decisão ética: pela primeira, o animal não pode existir; pela segunda, ele existe necessariamente.

7 Cf. Capítulo 2, o dilema entre duas concepções do princípio (Aristóteles ou Descartes) que presidem às metafísicas antiga e moderna.

8 Uma configuração terá assim uma forma do tipo: ou A, ou B, mas não A e B; ou AB, ou BA, ou A, B e não C, ou não A, B e C, ou A, não B e C etc. Em outros tempos, tal configuração teria sido denominada estrutura.

três posições doutrinais possíveis, e que esses três tipos de resposta se distinguem claramente no pensamento grego clássico. A primeira "figura" levaria o nome escolar de "platonismo": as "Ideias" são os únicos objetos verdadeiros de conhecimento, porque são as únicas realidades verdadeiras; elas são separadas do sensível, existem em si mesmas, eternamente etc. A segunda figura se denominaria "nominalismo", e não seria difícil associá--la ao nome de Antístenes: as Ideias não existem, são ilusões, há apenas nomes gerais que utilizamos por comodidade para falar das coisas singulares, que são as únicas realidades existentes, mas cuja diversidade infinita ultrapassa nossas possibilidades limitadas de conhecimento imperfeito e geral etc. A terceira figura se chamaria "aristotelismo": as Ideias (ou "formas") existem, são os objetos naturais do pensamento e do conhecimento, mas elas não existem separadas do sensível, porque o que existe é sempre irremediavelmente um "isso" particular, no qual o pensamento pode distinguir o que é dizível, conhecível e fixo (a "forma") do que não o é (a "matéria").

Suponhamos que esse exemplo nos permita evidenciar na história do pensamento grego três figuras de pensamento da relação do conhecimento (ou do discurso) com seus objetos. Pois bem, sustentar que há figuras de pensamento na história da filosofia é, de certo modo, ser aristotélico em história da filosofia, na medida em que o aristotelismo é uma das figuras de pensamento que acabamos de definir. Sustentar que há figuras de pensamento na história é sustentar que há *formas* de pensamento, que são os objetos mesmos que temos de *pensar*, isto é, *dizer* e *conhecer*; mas que essas formas não existem separadas de *sua matéria*, isto é, *de um momento histórico*; todavia, só podemos filosoficamente conhecê-las, e dizê--las, como "formas" filosóficas *separáveis* de sua matéria histórica. Logo, em termos analógicos, haveria três figuras de pensamento da relação do pensamento (filosófico) com suas realizações históricas, assim como haveria três figuras possíveis da relação do conhecimento com seus objetos. De um lado, algo semelhante a um "platonismo": há "ideias" eternas, a filosofia é perene, ela existe fora da história, e a tarefa do pensamento consiste em responder a questões que são elas próprias trans-históricas mediante teses ou conceitos que são puro produto do pensamento puro. De outro lado, algo semelhante a um "nominalismo" ou "historicismo": tudo é história, não há "ideias" que escapem dela, há apenas nomes herdados, doutrinas em número infinito ou sistemas de pensamento que se explicam por suas condições históricas, e a tarefa do pensamento consiste em libertar-se de toda ilusão de uma filosofia pura e situar novamente cada pensamento em seu tempo, fora do qual ela não é nada. Enfim, o "aristotelismo" seria a *figura de pensamento* pela qual se pensa por *figuras* (históricas) *de pensamento* (filosófico): não há pensamento fora da história, a qual é sua condição de existência e seu único modo de realidade possível e, nesse sentido, "tudo é história", porque o que existe são somente pensamentos particulares, sempre diferentes e sempre históricos; mas a única maneira que temos de conhecer, de dizer, de *pensar* esses pensamentos é pensá-los como separáveis de seu contexto histórico, em uma espécie de gramática pura das formas filosóficas. Essas formas não são em si separadas, mas são necessariamente pensáveis como separáveis e só são pensáveis para nós como separáveis. Por isso é que podemos *emprestá-las* do pensamento antigo e oferecê-las como objeto à filosofia.

As figuras de pensamento são, portanto, "formas" antes de tudo: não "ideias" nem simples "nomes". A prova de que são históricas e não existem fora da história é que encontramos seu conceito no pensamento antigo sob o nome de aristotelismo. E a prova de que são *formas* filosóficas que nos permitem pensar fora da história apenas pela qual elas existem é que, mesmo que seja de um ponto de vista necessariamente histórico que nós as pensemos, é de modo necessariamente separado da nossa história que nós nos *apropriamos* delas – precisamente como "formas".

As figuras são formas nesse sentido. Então por que não chamá-las "formas de pensamento"?

Porque elas não são apenas isso. Em uma configuração dada, há um pequeno número de figuras, mas haveria um número infinito de formas. A particularidade de cada uma dessas figuras é ser uma via possível para o pensamento; e a particularidade de uma configuração é oferecer algumas poucas figuras alternativas e incompatíveis. "Pensar por figuras" significa, em primeiro lugar, encontrar momentos, ou melhor, *lugares críticos* na história que engendraram diferentes figuras de sua resolução. Mas "pensar por figuras" significa também que, em cada uma dessas bifurcações, há apenas algumas figuras possíveis, apenas algumas grandes vias propostas pela história, dentre as quais o pensamento deve escolher hoje e sempre. "Pensar por figuras" significa, portanto, saber que o número de soluções é *a priori* limitado pelas regras da geometria que definem, em uma configuração dada, tudo que se oferece como possível ao pensamento. Isso não implica que o pensamento esteja condenado a girar em torno de si mesmo e se repetir, tampouco que não é mais capaz de inventar conceitos, assombrar-se com o inesperado ou tentar experimentar figuras novas. É sempre possível pensar de maneira diferente, porque é sempre do alto de um pensamento novo e a pretexto de um modo de pensamento a se criar que a descoberta de figuras antigas (e trans-históricas) se torna possível. As figuras não *são* na história; elas nos são dadas na história apenas na medida em que as pensamos.

Nos nove capítulos que formam este livro, tentamos identificar algumas das encruzilhadas da história do pensamento grego e as configurações problemáticas correspondentes. Em cada configuração, distinguimos várias vias históricas que analisamos concomitantemente como figuras filosóficas. Fazer figuras filosóficas (contemporâneas ou atemporais) de vias antigas é o que podemos chamar *emprestá-las* dos antigos. Dividimos essas figuras em três grupos: "figuras do ser", "figuras do homem" e "figuras do discípulo". O *ser* é o objeto suposto primordial de toda filosofia antiga, o *homem* é o objeto que atravessa sub-repticiamente todas essas filosofias, o modo pelo qual elas são transmitidas aos *discípulos* revela limpidamente a singularidade de cada uma. Acrescentamos a esses três tipos de figuras, à guisa de conclusão, as "figuras da racionalidade", se é verdade que "a" razão é o principal *empréstimo* moderno tomado do *logos* antigo, e se é verdade sobretudo que é pelo que comportam de "racional" que as vias *históricas* podem se transformar em figuras *filosóficas*. Veremos adiante que essas figuras, mesmo sendo racionais, continuam plurais e rivais.

PARTE I
FIGURAS DO SER

– INTRODUÇÃO –

Os gregos são conhecidos por terem falado do ser. Muito bem. Mas o que eles disseram dele? Elaboraram um discurso racional sobre o ser que pudesse abranger a *totalidade* do que é – o que chamamos "ontologia"? Ou elaboraram uma "ciência do ser enquanto ser" que fosse também uma "ciência dos primeiros *princípios*" – o que chamamos "metafísica"? Os dois estudos a seguir abordam esses dois conceitos. Analisaremos sucessivamente duas "configurações": os dois destinos da ontologia (Capítulo 1) e as duas vias da metafísica (Capítulo 2). Como tentaremos mostrar, a orientação da ontologia é fundamentalmente física ou lógica; e essas duas figuras incompatíveis do ser são reveladas por duas figuras do não ser: a de Demócrito (o vazio) e a de Platão (o Outro). A orientação da metafísica, ciência dos primeiros princípios, também se divide em duas vias: a de Aristóteles e a de Descartes; e essas duas figuras incompatíveis do primeiro princípio (princípio da não contradição ou *Cogito*) revelam duas figuras da racionalidade, a antiga e a moderna.

Depois do "é" de Parmênides, era necessário manter as exigências do pensamento puro e ao mesmo tempo explicar o real aparente (Capítulo 1). Era imperioso dizer ou pensar o "não ser". Duas vias se apresentaram: Demócrito ou Platão. Essas vias são simétricas porque, em ambos os casos, o objetivo é explicar, contra Parmênides, a multiplicidade dos seres e suas relações, mediante um alfabeto de elementos suficiente para constituir, por entrelaçamento, todas as coisas complexas que se apresentam a nós. Mas essas vias são opostas porque o não ser, por uma delas, é o "vazio" e, por outra, é o "Outro"; para Demócrito, os elementos que compõem todos os seres são os átomos e, para Platão, são as grandes Formas; o lugar onde eles se entrelaçam é o espaço, de um lado, e, de outro, a linguagem; e as coisas assim constituídas são ou corpos compostos, ou enunciados. Em ambos os casos, é preciso pensar o não ser para fundar uma ciência. Mas pensá-lo como vazio preserva o *movimento* e possibilita a física (pois nós nos movemos); pensá-lo como Outro preserva a *linguagem* e possibilita a dialética (pois nós nos falamos). Dividida entre duas vias, talvez as duas únicas possíveis, a ontologia é condenada a realizar-se negando a si mesma, isto é, acabar ou em uma física (em Epicuro), ou em uma lógica (em Aristóteles). Essas são as duas vias da ontologia grega em busca do "ser" perdido depois de Parmênides; será que, *mutatis mutandis*, elas não são análogas às vias que a filosofia contemporânea tomou, também em busca de sua bela totalidade perdida, e dividida entre dois pensamentos do "mundo": tudo que se pode mostrar e tudo que se pode dizer?

Existem duas vias também na metafísica (Capítulo 2). Confrontando a *Metafísica* de Aristóteles e a metafísica de Descartes, tentaremos explicitar a *configuração* conceitual constante do primeiro princípio absoluto de toda ciência e sua realização em duas figuras históricas: a antiga e a moderna. Na *Metafísica* de Aristóteles, assim como na metafísica de Descartes, a "filosofia primeira" é concebida como ciência dos primeiros princípios, respectivamente, o "princípio da não contradição" e o *Cogito*. Suas figuras são simétricas. Não apenas o princípio metafísico de Descartes obedece às mesmas exigências do princípio metafísico de Aristóteles, como os procedimentos de estabelecimento de um e de outro são análogos: nos dois casos, é preciso passar pela prova do ceticismo radical, supor um adversário absoluto e mostrar que sua posição é insustentável; o princípio resiste *de fato* ao negador universal, é *de direito* nada mais do que aquilo que escapa da suposição de sua própria falsidade. A prova de sua verdade é a afirmação que resulta do fato de que, em segundo grau, sua verdade é dita ou segundo a reflexividade do espírito humano (Descartes), ou segundo a dialética do discurso humano (Aristóteles). Donde a oposição: o sujeito antigo do saber *dialoga* e encontra a garantia de suas asserções na concordância do outro; o sujeito moderno *medita* e estaca na evidência de suas próprias proposições. Para o primeiro, o pensamento é o recolhimento da exterioridade em si mesma; para o segundo, a linguagem é o desenvolvimento da interioridade para fora de si mesma. As duas figuras do princípio, a antiga e a moderna, mostram em conjunto uma mesma *configuração* e definem uma mesma tentativa de alicerçar a razão, mostrando como o adversário, pego em sua própria cilada, é obrigado a admitir seu funcionamento ao mesmo tempo que a contesta. Esse paralelo nos faz sugerir uma alternativa entre duas maneiras – talvez as únicas possíveis – de a razão ("antiga" ou "moderna") aspirar a sua autofundamentação.

Além de nos permitir evidenciar essa oposição entre duas autofundamentações da razão, este estudo nos faz definir ao mesmo tempo duas propriedades da figura do *logos* grego. O fato de o *logos* não nos permitir pensar a objetividade como um *problema* (donde o que se chama vulgarmente o "realismo" dos antigos) é apenas o reverso do fato de que ele sempre associa objetividade e interlocutividade: a objetividade é um dado imediato da interlocutividade. Em outras palavras, a linguagem permanece inscrita no triângulo formado pelos dois interlocutores e pelo objeto do qual eles falam. Mas há uma contrapartida a esse privilégio do *logos* grego: se não há o problema da objetividade, há o *problema da verdade* – e pelos mesmos motivos: os dois interlocutores do diálogo falando da mesma coisa e não dizendo as mesmas coisas (por definição do *logos* e da estrutura predicativa), como é possível separar "os dois *logoi* em oposição" e saber qual dos dois diz a *verdade*? Essa questão talvez sirva de pano de fundo para toda a história da verdade no pensamento grego clássico. Em todo caso, não é uma questão puramente especulativa. Ela se realizou historicamente – e na prática – na concorrência entre diversas "técnicas de verdade" dialógicas (a retórica, a dialética e a demonstração científica) como figuras distintas e rivais da *racionalidade*.[1]

Veremos, ao tratar dessas duas abordagens do ser, como pretendemos *emprestar* figuras filosóficas dos antigos. Nas duas configurações, a ontológica e a metafísica, as duas figuras são analisadas *no interior de* suas respectivas doutrinas – elas não podem ser separadas de sua historicidade –, mas ao mesmo tempo são *constantes* do pensamento – e podemos pensá-las como filosoficamente separáveis. Essa "separação" é justamente o que tentaremos explorar: o paralelo entre as duas figuras do princípio metafísico antigo e moderno nos permite encontrar sua configuração estável, e portanto separável de todo enraizamento histórico real; e as duas vias da ontologia antiga também podem ser separadas, em pensamento, visto que nos permitem uma analogia com duas vias da "filosofia contemporânea".[2] Em ambos os casos, queremos definir duas vias *paralelas*, apesar da diferença considerável das intenções, das doutrinas e das problemáticas das quais foram emprestadas (Platão *versus* Demócrito em um caso; Aristóteles *versus* Descartes no outro).

Há talvez uma mesma lição nessas duas "figuras do ser": em ambos os casos, elas mostram, apesar de suas diferenças, o mesmo esforço para preservar a racionalidade. Nas "duas vias da ontologia", o objetivo é garantir, por meios opostos, o valor de um discurso racional sobre o ser, mostrando como a negação do ser é racionalmente pensável. Nas "duas vias da metafísica", o objetivo é fundamentar a racionalidade do discurso reflexivamente nela mesma, mostrando que ela resulta das tentativas necessariamente malogradas de sua própria negação. Nos dois casos, as figuras resultantes das estratégias de preservação da razão parecem sintetizar todos os possíveis. No caso da ontologia, não existe uma terceira via, entre lógica e física, para um discurso racional sobre o ser, pois, mesmo que o ser seja dito "em múltiplos sentidos", o ser *dito* é de todas as formas incomensurável

---

1 Cf. a Conclusão deste livro.
2 Cf. as conclusões do Capítulo 1.

com aquele que é *percebido* – e falar ou perceber são talvez as duas instâncias principais de compreensão teórica do mundo. Do mesmo modo, as duas tentativas, a antiga e a moderna, de fundamentar a razão nela mesma parecem ser realmente as únicas possíveis, porque a razão pode ser pensada ou "monologicamente" como reflexividade da consciência que se exterioriza no discurso, ou "dialogicamente" como discursividade dialética que se interioriza no pensamento. Enfim, os dois tipos de estratégia – ontológica e metafísica – parecem ambos condenados ao fracasso, ou ao menos destinados a um sucesso diverso daquele a que aspiram. As duas "ontologias" malogram como pensamentos do *ser*, mas alcançam outro objetivo. Fazendo-se respectivamente lógica ou física, elas preservam a racionalidade do discurso, em detrimento do seu objeto improvável; elas creem pensar o ser e abranger o todo, mas abraçam apenas a sua sombra: tudo que é no espaço ou tudo que é dizível. Do mesmo modo, os dois tipos de princípios, o antigo e o moderno, talvez não constituam dois princípios metafísicos absolutos nem duas maneiras de autofundamentar a razão, mas, ao revelar as condições de possibilidade da enunciação (respectivamente, a distinção do sujeito e do predicado necessária à linguagem e a posição de um "eu" necessária à fala), eles nos oferecem os dois "princípios transcendentais de toda enunciação" em geral.

– 1 –

OS DOIS DESTINOS DA ONTOLOGIA: A VIA FÍSICA (DEMÓCRITO) E A VIA LÓGICA (PLATÃO)

Tudo começa com Parmênides. Há duas ou três vias em seu *Poema*?[1] É algo a se pensar. Talvez duas vias, as duas contrapostas no fragmento 2: "é" ou "não é".

A primeira [via enunciando]: "é" e também: não é possível não ser é caminho de persuasão, pois a persuasão acompanha a verdade. A outra [enunciando]: "não é" e também: é necessário não ser, este, digo-te já, é uma trilha da qual nada se pode aprender. Com efeito, o não ser, tu não poderás conhecê-lo – pois não é acessível – nem fazê-lo compreensível.[2]

Ou talvez três vias? A primeira necessária ("é"), a segunda impossível ("não é"), a terceira vedada ("é e ao mesmo tempo não é"), como sugere o fragmento 6:

---

1 Para esta tradução, usamos como referência a tradução de Fernando Santoro para o *Poema* (Rio de Janeiro: Azougue Editorial, 2009). (N. T.)
2 Citamos Parmênides na tradução de Denis O'Brien e Jean Frère, in Aubenque (dir.), *Études sur Parménide* I.

Pois dessa primeira via de investigação afasto-te, e dessa outra também, a que é feita pelos mortais, que não sabem nada, criaturas de duas cabeças. Pois a impotência guia dentro do peito deles um espírito perdido; deixam-se levar, surdos e cegos, boquiabertos, multidões incapazes de decidir, para quem "ser", tanto quanto "não ser", são o mesmo – e não o mesmo; o caminho deles, de todos eles, conduz a si mesmo.

Há duas ou três vias em Parmênides? A questão é interessante. Mas há uma questão mais importante, talvez. Quais vias se ofereceram ao pensamento *depois de* Parmênides? O que houve é que se mostrou *necessário* tomar uma via considerada impossível ou vedada pelo pai (a do não ser), isto é, mostrar, contra ele, que em certo sentido o não ser é. O que houve, sobretudo, foi que essa via era dupla desde o princípio. O discurso "ontológico" se cindiu segundo uma alternativa. E, se houve duas vias opostas para proclamar o ser do não ser, foi porque uma e outra preservavam o pensamento de dois perigos distintos que, somente ocultando a outra via, eles poderiam evitar. A primeira dessas vias foi a que Platão tomou, seguido por Aristóteles, que, por sua vez, foi seguido pelos estoicos. Chamaremos essa via a via categorial. A segunda via foi a que tomaram os atomistas Leucipo e Demócrito e mais tarde os epicuristas. Chamaremos essa via a via física.

Como se, depois de Parmênides, uma única solução tivesse se apresentado para explicar os fenômenos e preservasse ao mesmo tempo todo o possível das exigências do pensamento puro: a solução do não ser. Uma solução apenas, mas duas vias, duas formas incompatíveis de conceber esse não ser: a diferença ou o vazio; dois fenômenos diferentes que precisavam ser preservados: a linguagem ou o movimento; e duas ciências distintas que precisavam ser fundadas: a dialética ou a física. Essas duas vias inconciliáveis, talvez as únicas que se ofereciam à ontologia, em algum momento condenavam o próprio empreendimento ontológico.

A via categorial

A primeira via leva de Parmênides os "grandes gêneros" de Platão no *Sofista* e acaba nas "categorias" de Aristóteles. Nessa via, o que se deve conceber contra Parmênides é a "diferença", o que se deve preservar é a linguagem e o que se deve fundar é a dialética. Para percorrer essa via, o mais adequado é partirmos do ponto de chegada.

Na *Metafísica*, Aristóteles critica o erro cometido por Platão ao criticar o erro cometido por Parmênides:

> Atrapalharam-se com dificuldades arcaicas. Acreditaram que todos os seres formariam um só, a saber, o próprio ser, se não se conseguisse resolver e refutar o argumento [*logos*] de Parmênides: "pois jamais se fará que o que é não seja". Acreditaram, pois, que era necessário mostrar que o não ser é: apenas sob essa condição os seres, se querem que sejam múltiplos, poderão derivar do ser e de alguma coisa outra que não é o ser.[3]

Segundo Aristóteles, na base das consequências catastróficas que se achou que tinham de ser tiradas do discurso parmenidiano, havia um falso problema e uma falsa solução. Vejamos primeiro a que catástrofe parece conduzir necessariamente o pensamento puro do ser.

CONSEQUÊNCIAS CATASTRÓFICAS DA FACILITAÇÃO PARMENIDIANA

Suponhamos, como fez Parmênides, que haja apenas uma via possível: "é e não pode não ser". É o mesmo que estabelecer, conforme os termos aristotélicos, que há apenas uma única "maneira" de ser, ou que "ser" tem um único sentido: apenas ser, existir absolutamente. Nesse caso, tudo que, em um sentido, "é"

---

3 Aristóteles, *Metafísica* XIV 2, 1089a 1-6 (trad. J. Tricot, modificada). Cf. também *Física* I, 3, 187a 1-10.

(um homem, um animal, um deus; um número, uma ideia; uma cor, um odor; um lugar, um momento) *é* da mesma maneira e no mesmo sentido que qualquer outra coisa. Então como os seres podem se diferenciar? Como se explica que os seres sejam múltiplos? Tudo que é deve *ser* como qualquer outra coisa e, consequentemente, deve ser *como* qualquer outra coisa. Todas as coisas devem ser as mesmas, e tudo é um. Esta era precisamente a tese de Parmênides: "ele é agora, inteiramente junto, uno, contínuo".[4] Contudo, já que se disse, já que se mostrou, de uma vez por todas, que esse ser único, necessário, absoluto, indivisível, inteira e uniformemente sendo, jamais veio a ser e jamais voltará ao não ser, a *ciência* está acabada e não há mais nada a dizer do ser. Quem compreende Parmênides, compreende que não há mais nada a fazer senão se calar, e seu discurso se anula no movimento mesmo de seu desenvolvimento. A ontologia é perfeita, mas não é, porque o ser (onto-) devorou o discurso (-logia) que poderia falar dele. Todos os seres são um e não há nada a dizer deles.

Há outra forma de dizer isso;[5] ou talvez haja outro aspecto do mesmo problema. Sejamos ainda por um instante os pobres "mortais [...] surdos e cegos" de que fala Parmênides e deixemo-nos guiar pelo que aparecer. Vamos admitir (afinal, como *negar?*) que haja vários seres (homens, animais, deuses; números ou ideias; cores ou odores etc.). Dessa vez, vamos considerar determinado ser entre eles (um homem, um animal ou um deus; um número ou uma ideia etc.) e supor que, para tudo que é, haja apenas uma única maneira de ser, ou que "ser" tenha somente um único sentido. Nesse caso, evidentemente, essa coisa é *ela própria*; é seu ser, ponto final. Ela é o que é, um homem é um homem, um número é um número, uma cor é uma cor. O que podemos *dizer* dela? O que ela é, isto é, seu nome próprio. Toda coisa tem de ser somente por aquilo que a designa quando se fala dela. Podemos falar *dela*, mas não podemos *dizer* nada dela. Para dizer o que

---

4 Parmênides fragm. 8, v. 5-6.
5 Os dois próximos parágrafos são uma tentativa de reconstituir livremente os pontos relevantes do pensamento de Antístenes, discípulo de Sócrates, contemporâneo e rival de Platão, cujas obras não se conservam.

quer que seja dela, devemos supor, evidentemente, que, além de seu ser (aquilo pelo que ela é o que é, e é dele de que se fala), ela é outra coisa (aquilo pelo que ela é tudo que se pode dizer dela: branca, grande, viva ou ímpar). Falar não é (somente) designar, pôr um nome em alguma coisa como se põe uma etiqueta; falar é, antes de tudo, *dizer* alguma coisa de alguma coisa. Portanto, se "ser" tem apenas um único sentido, a estrutura atributiva da linguagem acaba comprometida. E a própria linguagem, porque não podemos mais dizer nada de nada. Só podemos designar.

Designar? E mesmo assim... Pois se determinada coisa é o que é e nada mais, é imperioso que ela seja simples, isto é, indivisível. É imperioso que se trate de um indivíduo: tal homem (Sócrates que aqui está), tal cor (o branco aqui presente), tal número (cinco). Desses indivíduos não podemos dizer nada, mas podemos – ou ao menos deveríamos poder – designá-los legitimamente, dar-lhes seu nome próprio. Mas nada mais: *deste* homem, que possui seu nome próprio (Sócrates), podemos dizer que ele é Sócrates (seu ser é sua existência singular; ser é ser, ponto final); se a língua fosse perfeita, este branco também deveria ter seu nome próprio, assim como este lugar, este momento, este odor singular etc. Mas *deste* homem não podemos nem mesmo dizer que ele é homem, ou deste branco que ele é branco, ou deste número que ele é número, porque isso suporia que há várias maneiras de ser homem, como este ou como aquele, ou de ser número, como os pares ou os ímpares. Como concebê-lo, se há somente uma única forma de "ser" para tudo que é? Podemos apenas designar (este X), mas por seu nome próprio podemos designar apenas os indivíduos absolutamente singulares. A linguagem só pode ser legitimamente um catálogo infinito de etiquetas particulares. Não podemos nem dizer de um homem que ele é homem (porque ele tem seu nome próprio, no qual se resume toda a "ciência" que se pode ter dele) nem dizer de um homem que ele é branco (porque não podemos atribuir a ele nada que não seja seu ser próprio). *A parte vocis*, portanto, não podemos dizer nada de um ser e, evidentemente, não podemos *a fortiori* jamais nos contradizer a propósito de um mesmo ser. Nem atribuição nem contradição. E, corolariamente, *a parte rei*, todo ser é duplamente um indivíduo: é não só um (de unicidade total), isto é, absolutamente singular, mas também é uno (de unidade indecomponível), isto é, absolutamente indivisível. A conclusão é quase a mesma a que chegamos antes. Todos os seres são "um" (absolutamente separados) e não há nada a dizer deles.

De qualquer maneira que se enuncie, sob qualquer ângulo que se tome a coisa, seja à maneira do próprio Parmênides, seja à maneira como certos filósofos[6] compreenderam sua "lógica", todos os seres são um e a linguagem é impossível. Para evitar essas duas consequências catastróficas, Platão se sentiu obrigado a introduzir o não ser no ser, isto é, infringir o mandamento de Parmênides.

A CONCLUSÃO DA PRIMEIRA VIA: ARISTÓTELES E A "SOLUÇÃO" CATEGORIAL

Para Aristóteles, a solução de Platão é "arcaica" porque ela se fundamenta, como o enunciado do próprio problema, na ilusão da univocidade do ser. Para sermos mais precisos, os dois aspectos do problema (a unicidade do ser e a impossibilidade do discurso), isto é, os dois eixos interligados da catástrofe, são resolvidos, segundo Aristóteles, pela distinção das categorias. É exatamente o que ele diz no trecho da *Metafísica* que nos serviu de ponto de partida. Depois de criticar Platão pela solução "arcaica", ele observa:

> No entanto, primeiro, se o ser pode ser tomado em várias acepções (pois existe o ser que significa substância, o ser conforme a qualidade, conforme a quantidade, e conforme cada uma das outras categorias), sob qual categoria todos os seres seriam um, se o não ser não é? Será sob a substância, ou sob a qualidade, ou de maneira semelhante sob qualquer uma das outras categorias?

Se "ser" tem apenas um único sentido, em outras palavras, se para todas as coisas há apenas uma única maneira de ser, como

---

6 Por exemplo, os filósofos da escola de Antístenes.

evitar que tudo seja um e o mesmo? Distinguindo vários sentidos de "ser", *que são ao mesmo tempo vários gêneros* de seres. Essas são as "categorias", que são a um só tempo os gêneros mais gerais do "ser" e as diversas significações de "existir". Como, mais especificamente, resolver o problema do discurso atributivo, como explicar que uma coisa possa ser outra coisa que não o que ela é, que um homem, por exemplo, possa ser branco e não deixar de ser o que ele é, a saber, um homem? Pela teoria das categorias. Vejamos esses dois aspectos, que correspondem aos dois aspectos da catástrofe da qual já falamos.

As categorias, como sabemos, são dadas por Aristóteles como "gêneros de ser",[7] isto é, maneiras de existir por si mesmo:[8] são os grandes modos de existência de todas as coisas existentes. Por exemplo, um homem ou um deus existem como viventes e, mais em geral, todo vivente existe como uma *substância* – e pertence a essa categoria; mas o branco existe como uma cor, a coragem existe como uma virtude, e cor e virtude pertencem a outro gênero de ser, pois são *qualidades*. As categorias se apresentam nesse sentido como solução de um problema ontológico: o que é ser para todo ser que é? Porque oferecem uma solução *desse tipo* é que as categorias permitem que Aristóteles aplique o esquema categorial quando ele aborda uma questão desse tipo: por exemplo, o que é a alma, que tipo de ser é a alma, qual é seu modo de existência?[9] O primeiro aspecto da catástrofe procedente de Parmênides (como impedir que tudo seja um e o mesmo?) é evitado quando se distinguem diversos gêneros de ser *que são também diversas maneiras como o ser é dito*, o que evitará o segundo aspecto da catástrofe.

Pois, como sabemos, esse esquema ontológico que Aristóteles *aplica* nesses textos obedece a um esquema lógico: o esquema que lhe é fornecido pelo julgamento atributivo, cuja existência se tornou problemática: "dizer alguma coisa [a propósito] de

---

7 Cf. Aristóteles, *Metafísica* V, 6, 1016b 33-4; V, 28, 1024b 9-16; X, 3, 1054b 35-1055a 2; X, 8, 1058a 13; e *Analíticos posteriores* I, 22, 83b, 15.

8 *Metafísica* VI, 7, 1017a 23.

9 *Da alma* I, 1, 402a 22-6.

alguma [outra] coisa", ou melhor, "S é P". As categorias são as diferentes maneiras de um S, do qual se fala, ser P, isto é, ser o que se diz dele: são os "modos da predicação". Agora podemos entender o que havia de "arcaico" na formulação de Platão: ele dava a um problema relativo à natureza e à possibilidade da linguagem atributiva (como é possível o *logos*, aquele que diz alguma coisa de alguma coisa, como se pode falar das coisas para dizer alguma coisa delas?) uma resposta que ainda estava preocupada com as exigências dos antigos sobre a necessidade do ser (único) e a impossibilidade do não ser. Aristóteles, de sua parte, dá uma resposta calcada na própria natureza do problema: ele classifica sistematicamente e arranja ordenadamente[10] todas as maneiras (que não podem ser reduzidas a uma única sob o risco de impossibilitar o discurso)[11] pelas quais um atributo pode se relacionar a um sujeito. Todas essas maneiras se baseiam nas diferentes perguntas que os interlocutores do diálogo podem se colocar a propósito de uma mesma coisa existente: "o que é?" (categoria da essência ou da substância), "quantas há?" (categoria da quantidade), "como é?" (categoria da qualidade) etc.

A VIA CATEGORIAL PRESERVA A LINGUAGEM E FUNDA A DIALÉTICA

Para além de seu alcance "ontológico", a teoria das categorias corresponde à própria possibilidade da linguagem. Ela explica que se possa falar indefinidamente das coisas, das mesmas coisas, para dizer sempre outras coisas delas. Explica que a linguagem seja mais do que um rol de etiquetas distintas que se colam nas coisas e são sua única ciência. Explica, portanto, a possibilidade

---

10 Não há uma ordem absoluta entre as categorias, mas há ao menos uma primeira categoria: a *substância*, à qual todas as outras são *subordinadas*. Esse é o sentido da teoria da "relação de todos os termos com um termo único".

11 É imperioso dizer "o que é" a coisa, visto que essa é a *primeira* categoria do ser, mas também é preciso que se possa dizer pelo discurso "quantas" há ou "quais grandezas" ela possui, "como" ela é, "em relação a" quê, "onde", "quando" ela é etc.

do diálogo e permite a criação do exercício de sua arte, a dialética, "plantando-a" no ser. Pois justifica que dois interlocutores possam contradizer um ao outro ao falar da mesma coisa – porque essas são as duas condições do diálogo.

A dialética, cuja teoria é desenvolvida nos *Tópicos*, é a arte da linguagem reduzida a suas condições puras e ideais, em que as enunciações ordinárias são reduzidas aos enunciados primeiros e atômicos ("S é P", "S não é P"), os interlocutores da conversa são reduzidos a apenas dois e a distinção das posições ordinárias da interlocução é radicalizada em uma contradição. Na dialética, dois adversários defendem teses contraditórias (é P, é não P) acerca do mesmo ser (S); por exemplo, que o mundo é eterno ou que não é, que a virtude é ensinável ou que não é. A prática da dialética pressupõe que sejam reunidas três condições linguísticas interligadas. A primeira é, fundamentalmente, a possibilidade da predicação: os interlocutores têm de poder dizer de um sujeito S outra coisa que não seja seu ser próprio, eles têm de poder dizer que ele é P. A segunda é a possibilidade da contradição: o *mesmo* S tem de poder ser dito P ou não P, que é precisamente o que negavam as "lógicas arcaicas" – como a de Antístenes: em uma suposta "contradição" entre os interlocutores, necessariamente, ou um dos dois está falando de alguma coisa que não é, ou ambos estão falando de duas coisas distintas, uma vez que todas as coisas são separadas e não se pode dizer nada delas que não seja o que elas são. Isso pressupõe, por fim e por consequência, a possibilidade do enunciado falso, uma vez que ao menos um dos dois adversários deve enunciar alguma coisa que não é sobre um S que é; ora, isso também era negado pelas "lógicas arcaicas": falar de uma coisa de forma sensata é falar de uma coisa que existe e isso só é possível sob a condição de se dizer o que ela é (de dizer a verdade portanto), senão como poderia ser dela que se está falando, como se poderia saber que é dela de que se trata, se o que a define é ser tudo e nada do que ela é e se aquele que diz o falso não diz que é falso? Dizer o falso é não dizer nada ou não falar de nada.[12] A dialética, arte do

---

12 Os dois paradoxos (não se pode dizer o falso; não se pode se contradizer) são atribuídos a Antístenes.

diálogo, exige que seja possível predicar (dizer alguma coisa de alguma coisa), contradizer-se (dizer coisas contrárias a propósito da mesma coisa) e dizer o falso (dizer alguma coisa que não é a propósito de alguma coisa que é). A teoria das categorias explica essa possibilidade tripla e a fundamenta no ser, na diversidade do ser: pois "ser" é dito em vários sentidos, que são precisamente as diferentes categorias.

Em conclusão, a teoria das categorias (substância, quantidade, qualidade, relação etc.) preserva a linguagem e fundamenta a possibilidade da dialética contra a "lógica" dos eleatas. Nesse sentido, ao menos, e apesar do que diz Aristóteles, ela é herdeira da teoria dos "grandes gêneros" do *Sofista* (Movimento, Repouso, Ser, Mesmo, Outro). E, se é assim, a via "ontológica" que culmina nas categorias aristotélicas é a que foi inaugurada pelo *Sofista*.

O *SOFISTA* INAUGURA A VIA CATEGORIAL

A essa continuidade na mesma via objetam-se todas as oposições, em geral relevantes, entre as "categorias" e os "grandes gêneros" do *Sofista*. A principal, talvez, consiste no fato de que, ao contrário dos "grandes gêneros" platônicos, as categorias aristotélicas são as mais pobres das realidades, precisamente porque são mais "gêneros" (e "não é possível que nada do que é universal seja substância"):[13] quanto mais generalidade se tem, mais realidade se perde. Os "grandes gêneros" de Platão, ao contrário, são realidades mais ricas, mais reais; quanto mais se eleva a forma e se sobe na hierarquia das formas, mais realidade se tem: pois todas as formas subordinadas participam das formas das quais são procedentes, de modo que as formas (ou gêneros) que estão no topo da hierarquia abrangem e penetram todas as outras (*Sofista*, 254b-c). Mas essa oposição inegável esclarece menos a via que a ontologia seguiu depois de Parmênides do que a conhecida oposição entre as "ontologias" de Platão e Aristóteles: uma ontologia

---

13 Aristóteles, *Metafísica* X, 2, 1053b 16. A demonstração é feita no capítulo VII, 13.

da forma (a "forma" ou "ideia" é mais real do que aquilo do qual ela é forma e que participa dela) oposta a uma ontologia de indivíduos ("isto", ou ao menos o que se pode dizer dele, é mais real do que a "classe" à qual ele pertence).

Contudo, sabemos que existe uma tradição respeitável, datando no mínimo de Plotino, que põe em um mesmo plano as categorias de Aristóteles e os "grandes gêneros" do *Sofista*. Ambos seriam duas respostas a uma mesma pergunta: em quais gêneros de seres devem ser classificadas todas as coisas que existem?[14] Essa posição tem evidentemente um fundamento: tanto em um caso como no outro, rompe-se com a concepção rígida (parmenidiana) de um ser único ao se distribuir o ser em uma pluralidade finita de gêneros. Mas, ao menos para o que nos interessa, a legitimidade do paralelo reside no seguinte: tanto em um caso como no outro, a ruptura com o Ser-Uno nos permite atacar um mesmo problema: o da possibilidade do discurso atributivo e da contradição e, mais amplamente, a própria possibilidade da linguagem e do diálogo; em outras palavras, tanto em um caso como no outro, a solução de um problema concernente à relação do ser com a linguagem (o que as coisas devem ser para que se possa falar delas?) deve ser procurada na relação da linguagem com o ser: como o ser é dito? "Segundo as categorias", responde Aristóteles. "Pelo entrelaçamento das formas",[15] responde Platão.

Examinemos a resposta de Platão.

O PROPÓSITO DO *SOFISTA*: OS TRÊS PROBLEMAS RELACIONADOS À POSSIBILIDADE DA LINGUAGEM E DA DIALÉTICA

O *Sofista* é um diálogo complexo, que desafia qualquer tentativa de síntese. No entanto, tentaremos apontar as poucas referências suficientes para nosso propósito. Fazendo isso, veremos delinear-se o que parece ser o fio subterrâneo desse diálogo.

---

14 Cf. Plotino, *Enéadas* VI, 1 (1, 1-14).
15 Cf. Platão, *Sofista* 259a.

A chamada teoria dos cinco grandes gêneros (Movimento, Repouso, Ser, Mesmo, Outro) é proposta na conclusão de um raciocínio no qual se entrelaçam as diferentes linhas de argumentação e questionamento tecidas desde o princípio. Contudo, podemos ver conjuntar-se no diálogo três problemas relacionados à própria possibilidade da linguagem. A questão inicial, mas não central, é, lembramos, a definição de "sofista". Seis pseudodefinições (221c-226a) são propostas inicialmente; na verdade, são descrições de práticas, ditas sofistas, muito distintas, dentre as quais podemos divisar a do próprio Sócrates (226b-231b). Em todas essas definições, a arte do sofista é considerada uma arte de "aquisição"; nesse sentido, o propósito do diálogo é fazer a transposição dessas falsas definições da sofística para a verdadeira, dada *in fine*: a sofística é uma arte de produção (de imagens). Por outro lado, o ponto em comum *fundamental* entre esses primeiros "sofistas" é a prática da *contradição universal* (232a-233d).

Ora, e Platão não diz isso, essa prática da contradição pautada por regras, a "antilogia", é o que chamamos a "dialética", definida desde Sócrates e os sofistas até Aristóteles como a arte de contradizer argumentativamente um interlocutor sobre qualquer tema: refutá-lo para purificá-lo moralmente de suas ideias falsas, como faz Sócrates, contrapor opiniões de força igual para reduzir a pó qualquer pretensão ao saber, mostrar que toda causa é defensável, como em Protágoras, derrotar o adversário em uma disputa pública, como em Górgias, treinar a defesa de qualquer posição para praticar a argumentação filosófica, como na Academia,[16] reunir argumentos para instruir um problema filosófico, como no Liceu. Trata-se, em todos os casos, da prática da contradição, a mesma que Aristóteles funda com a teoria das categorias. O pressuposto dessa prática é, evidentemente, que é *possível* contradizer, isto é, dizer coisas opostas a propósito da mesma coisa. O que vai de encontro ao argumento das "lógicas arcaicas": é impossível contradizer-se, pois como a contradição pode se referir a um *mesmo ser* sem que se diga a mesma coisa sobre ele? A questão fundadora da prática dialética é: "Como é possível

---

16 Cf., por exemplo, Platão, *Parmênides* 135c-137c.

contradizer-se?". Ora, no *Sofista*, Platão *traduz* em termos ontoló-
gicos (tirados de Parmênides) esta questão "lógica": como é possível que aquele que pratica a arte universal da contradição *pareça*
saber tudo sobre aquilo de está falando sem *ser* realmente douto
naquilo (232e-233c)? Em outras palavras, como é possível fazer
passar por um saber da coisa *o que não o é?* Como é possível explicar o ser desse *não ser* que é a aparência universal?

A esse primeiro problema está relacionado, evidentemente,
um segundo. Poder contradizer, como já vimos, supõe que um
dos dois adversários possa dizer o falso – sobretudo aquele que
não sabe nada da coisa, como diz Platão (233a) –, o que para as
"lógicas" arcaicas provenientes dos eleatas constituía o segundo
problema. Como se pode dizer o falso, como se pode falar de uma
coisa que é sem dizer o que ela é? Esse é o segundo problema
lógico tramado pelo *Sofista* (em 236d-237b): a possibilidade do
enunciado falso. Mas, ao contrário dos diálogos precedentes em
que esse mesmo problema já se apresentava,[17] Platão lhe dá uma
"tradução" ontológica:

> parecer e aparentar alguma coisa, mas não o ser, dizer alguma coisa,
> mas não dizer a verdade, são formulações cheias de obstáculos,
> hoje como ontem e como sempre. Como afirmar a existência real
> daquilo a que se refere o enunciado falso ou o pensamento falso
> sem ser condenado, ao exprimir-se desse modo, a enredar-se na
> contradição: essa questão, Teeteto, é realmente de uma dificuldade
> extrema. (236e)

Dizer a verdade é dizer o que é, e dizer o falso é dizer o que
não é. Se "Teeteto voa" é falso, é porque não há Teeteto voador,
isso não existe; e, no entanto, dizemos alguma coisa ao dizê-lo.
Dizer o falso supõe, portanto, que, em um sentido, o que não é
é alguma coisa, visto que podemos falar dele e nos compreender.
Mas do que estamos falando quando dizemos o falso? Tradução
"ontológica", em termos parmenidianos: "A audácia de tal asserção é que ela supõe o não ser" (237a), o que evidentemente é

---

17 *Eutidemo*, 284a-287a; *Crátilo*, 429d-430a; *Teeteto*, 188c-189b.

contrário à injunção de Parmênides: "Não se poderá jamais provar por força que o não ser tem o ser".[18]

Mas ainda não terminamos de distinguir as dificuldades urdidas pelo *Sofista*. Ainda vão aparecer um terceiro problema e uma terceira formulação da questão do não ser, depois de mais um aprofundamento. Primeiro ele mostra, em consonância com Parmênides, que o não ser absoluto, o nada, não é (237b-239b). Depois admite que a imagem produzida pelo discurso falso é, na medida em que é uma imagem, um *ser real*, mesmo *se não é realmente* como aquilo do qual ela é a imagem: portanto é necessário estabelecer, contra Parmênides, que o não ser, em um sentido, é (239c-242b). Por último, relata a história da questão do ser desde Parmênides, do ser absoluto, o que se opõe ao nada (242b-251b). Depois desse terceiro "desvio", aparece o terceiro problema relacionado à própria possibilidade da linguagem, o mais fundamental, o que se denomina atribuição (ou melhor, predicação):

> expliquemos como sucede designarmos uma única e mesma coisa por uma pluralidade de nomes [...]. Falamos de um homem aplicando a ele uma multiplicidade de denominações. Atribuímos-lhe cores, formas, grandezas, vícios e virtudes; em todas essas atribuições, como em milhares de outras, não é somente "homem" que o dizemos ser, mas também bom e outras qualificações em número ilimitado. (251a-b)

Problema "lógico" ao qual Platão dá imediatamente sua "tradução" ontológica. Falar, atribuir é supor que o múltiplo seja uno e que o uno seja múltiplo (251b). Dito em termos mais platônicos: falar, dizer uma coisa de outra coisa é supor que cada uma das realidades (as "formas") somente pode ser o que ela é se se misturar às outras realidades (251b-253c). Assim, se "ser" é somente ser o que se é, então, *a parte vocis*, não se pode dizer nada de um ser e, *a parte rei*, todos os seres são absolutamente separados uns dos outros. Não se pode dizer nada deles? Mas a própria

---

18 Nosso ponto de partida foi o fragmento 7 do *Poema*, o que Aristóteles cita no texto da *Metafísica* XIV, 2, 1089a 4.

linguagem dos que afirmam tal coisa refuta o que eles dizem! Em outras palavras: o ser é uno, todo ser é apenas ele mesmo... e, no entanto, é possível falar dele! E mesmo os que dizem que o ser é uno falam e, ao falar, dizem-no múltiplo.

Nossos três problemas foram urdidos. Conhecemos cada um sucessivamente, progressivamente, retrocedendo ao fundamento da linguagem enquanto tal. Como é possível contradizer-se a propósito de uma mesma coisa, como é possível dizer o falso ao falar de uma coisa real, como é possível dizer o que quer que seja a respeito de uma coisa existente? Ao mesmo tempo, a face "lógica" desses três problemas (a contradição, a falsidade, a predicação) ganhou uma face "ontológica". Introduziu-se na possibilidade da contradição a questão do ser da imagem, isto é, do que não é o que parece; introduziu-se na possibilidade do discurso falso a questão do ser daquilo de que se fala, isto é, do que não é o que se diz dele; introduziu-se na possibilidade da predicação a questão do ser múltiplo do que é uno, isto é, do que não é apenas o que ele é. O leitor terá reconhecido nesses três problemas as três condições fundadoras do diálogo e da dialética: para praticar a dialética, é preciso poder predicar, contradizer-se e dizer o falso. Também deve ter reconhecido as diversas consequências catastróficas do "é": ao se tomar a via parmenidiana, todos os seres são um e o mesmo, e corolariamente, não se pode nem predicar, nem se contradizer, nem dizer o falso. E também dever ter compreendido como esses três problemas relacionados à possibilidade da linguagem se tecem em torno do não ser.

A SOLUÇÃO PLATÔNICA PARA OS "GRANDES GÊNEROS"

Tomemos primeiro o terceiro problema. Face lógica: a possibilidade da predicação e, mais em geral, da linguagem. Face ontológica: a possibilidade do ser múltiplo do que é uno e, mais em geral, da multiplicidade dos seres. Se há apenas uma única maneira de ser (ser *o mesmo* que se é), ou, o que dá *exatamente* no mesmo, se "ser" tem apenas um único sentido, como uma coisa poderia ser não somente o que ela é (um homem, por exemplo), mas também tudo que se pode dizer dela? Contra Parmênides, portanto, é necessário que "Ser" não seja a única maneira de ser. Platão resolve esse problema (o da predicação) mostrando como as "formas", isto é, as mais reais das realidades, se entremeiam tanto na realidade como na linguagem: "a maneira mais radical de aniquilar o discurso é isolar cada coisa de todo o resto, pois é pela mútua combinação das formas que o discurso nos nasce" (259e). Ele mostra em particular como certas formas, mais formas do que as outras (o Ser, o Mesmo e o Outro), misturam-se a todas as outras para que se possa falar delas. Com efeito, pode-se dizer de um ser, qualquer que seja, que ele é (= que ele existe: ele participa da "forma do Ser"), que ele é sempre igual (= que ele é o mesmo: ele participa da "forma do Mesmo"), que ele é diferente de todos os outros seres (= que ele participa da "forma do Outro"). Contra Parmênides, portanto, é preciso mostrar que há outras maneiras de ser que não é "ser o mesmo". ("Ser" é uma coisa, "ser mesmo" é outra, "ser outro" é uma terceira.)[19] É preciso distinguir existência, identidade e diferença – o que era impossível apenas com a oposição parmenidiana "ser" e "não ser".

Passemos aos dois outros problemas. Face lógica, ou melhor, dialógica: a possibilidade da contradição e do falso e, mais, a própria possibilidade do diálogo. Face ontológica: a possibilidade da contradição está ligada ao estatuto da imagem (o que é não sendo ao mesmo tempo o que parece), e a possibilidade do discurso falso está ligada ao estatuto do que é (visto que se fala dele) não sendo ao mesmo tempo (o que se diz dele). Esses dois problemas vão receber uma mesma solução no *Sofista*; ambos estão ligados à possibilidade do diálogo; e ambos implicam que *seja*, em um sentido, o que, em outro sentido, não pode ser. A solução está ligada então ao destino do não ser: o ser do não ser precisa ser provado. Se, de fato, há uma única maneira de ser, a do ser (existente), e se o não ser não é de modo algum ou, o que dá *exatamente* no mesmo, se o não ser não é dizível, como é possível contradizer-se, isto é, tanto negar quanto afirmar, dizer o falso (dizer o que não é) tanto quanto dizer o verdadeiro? Ainda contra Parmênides, é preciso mostrar

---

19 Cf. Platão, *Sofista* 254b-255e.

que o não ser, de certa maneira, é: ele é à maneira do Outro (255e-258c). O não ser não é o nada: ele é a diferença. Dizer o falso é dizer, a propósito de alguma coisa que é, *outra* coisa que não é o que é (262e-263d) e, por esse mesmo motivo, também é possível contradizer. Pode-se falar de alguma coisa que é (Teeteto aqui presente) e dizer dele "o que não é", isto é, outra coisa que não o que é (por exemplo, que ele voa). Discurso sensato, cujo objeto (isto, Teeteto) existe, mas discurso falso – não, porém, não discurso, sem objeto.

Os "grandes gêneros" (ou "grandes formas") resolvem os três tipos de problema. A solução ontológica tem duas faces: o ser múltiplo do que é uno explica-se pelo fato de que há *outras* maneiras de ser que não o *mesmo* que se é; o ser do que não é o que parece (imagem ou falsidade) explica-se pelo fato de que "não ser" é, na realidade, "ser *outro*". Essa face dupla corresponde às duas faces do problema da linguagem: seu aspecto propriamente "lógico" (a predicação) e seu aspecto mais propriamente "dialógico" (contradição e falsidade). O *Sofista* consiste, então, em mostrar que há *outras* maneiras de ser que não o ser e que há igualmente maneiras de não ser, de ser *outros*. Todas as soluções convergem para a teoria do não ser como Outro, como mostra a conclusão dupla que Platão tira de sua análise dos "grandes gêneros". Ela mostra que toda coisa que *é* (ou seja, é ela mesma), em outro sentido *não é* o que são todas as outras (255e-257a); e, reciprocamente, que toda coisa que *não é* (ou seja, é outra que não as outras), em outro sentido, *é* (257b-258c). Ao refutar o dogma de Parmênides, mostrando o ser do não ser, o *Sofista* mostrou como a linguagem é possível e descartou todos os argumentos de direito que se opunham a essa possibilidade (258c-259d).

A VIA DA ONTOLOGIA SEGUNDO O *SOFISTA*

Que via é essa então que a ontologia toma com o *Sofista*?

A tentativa do *Sofista* pode ser resumida da seguinte maneira: como conciliar *o que se diz das coisas* (que elas são múltiplas e diferentes) com *o que se deve pensar do ser*? Como concordar em tudo com Parmênides e ao mesmo tempo preservar a linguagem? Em um sentido, é preciso concordar com *tudo*: que somente *é* o que é e permanece o que é etc. E, no entanto, nós falamos! E a linguagem evidencia, contra Parmênides, que há formas múltiplas que se entrelaçam e que há, por outro lado, uma "forma" do não ser. Donde a necessidade de estabelecer, contra Parmênides, o ser desse não ser, o Outro. Donde o famoso "parricídio".

> Faço-te um rogo mais premente [...]. Não me olhes como um parricida [...]. É que, para nos defender, teremos necessariamente de pôr em questão a tese de nosso pai Parmênides e, forçosamente, estabelecer que o não ser é, sob certo aspecto, e que o ser, por sua vez, de certa forma não é. (241d)

(Assinale-se de passagem que as duas faces do "parricida" remetem, em última análise, aos dois tipos de problemas relacionados à linguagem que vimos antes, o lógico e o dialógico, e à conclusão dupla da análise dos "grandes gêneros".) O suposto assassinato do pai consiste em demonstrar, contra ele, que o ser de alguma forma não é (ele é outro que não o *mesmo*, o que resolve o problema da predicação) e o não ser é, sob certo aspecto (ele é outro, o que explica que seja possível dizer o falso e contradizer-se). A distinção do Ser e do Mesmo (o fato de que eles sejam Outros) explica a lógica da predicação; a distinção do Ser e do Outro (o fato de que eles sejam Outros) explica a contradição. Duas razões para matar o pai? Mas houve realmente um parricídio, como se crê em geral? Duvidamos.

DO SUPOSTO PARRICÍDIO

O leitor terá notado a forma optativa e negativa pela qual se fala dele: "rogo-te que não me tomes por um parricida". A expressão é no mínimo ambígua. Nada indica que o assassinato tenha sido consumado. Mas o essencial reside alhures.

Reside, em primeiro lugar, no fato de que, como várias vezes repete Platão, não foi a existência do "não ser absoluto" que se estabeleceu, mas a de um certo não ser: o Outro. Matar o pai teria sido afirmar "*o não ser é*", ou seja, o nada existe – o nada absoluto existe ou, o que dá no mesmo, o ser é contraditório. Ora, Platão evita afirmar isso. Longe de afirmar a existência (em algum sentido do termo) do nada, ele toma todas as precauções para negar absolutamente sua existência. Mostra de maneira definitiva no diálogo (237b-239b), e com muitos detalhes, que, *em consonância com a tese de Parmênides*, o não ser absoluto (ou seja, o nada) não pode ser dito nem pensado. Por isso, ele explica mais adiante que é do não ser "sob certo aspecto" que se pretende estabelecer a existência (241d). Aliás, quando recapitula toda a argumentação lógico-ontológica, ele reafirma que o não ser cuja existência ele acaba de mostrar não é de modo algum "o contrário do ser" – o nada, se preferirmos:

> que não nos venham dizer que é no momento que apontamos, no não ser, o contrário do ser, que temos a audácia de afirmar que ele é. Para nós, a não sei qual contrário do ser, há tempos dissemos adeus, não nos preocupando em saber se ele é racional (ou formulável) ou totalmente irracional (ou informulável) (258e-259a).[20]

Longe de ser a existência do nada que ele tenha provado (*horresco referens!*), foi apenas a de uma certa maneira de não ser o Ser (de Parmênides), uma maneira de ser outro ou uma outra maneira de ser: a diferença.

Note-se em seguida que esse Outro é também uma forma, que, enquanto tal, continua a ter, como todas as formas, todas as características do ser parmenidiano. Platão já havia concordado em *tudo* com Parmênides: somente *é* o que é e permanece o que é, o que não veio jamais a ser e não retornará jamais ao não ser, o que é necessariamente sem jamais poder cessar de ser; apenas o que é assim é realmente cognoscível e cognoscível somente pelo pensamento, mas não pelos sentidos ou pela opinião. A essas realidades "realmente reais" que obedecem a todas as exigências parmenidianas, Platão dá o nome de *formas*. Uma

---

20 Cf. a demonstração de 257b ss.

forma é precisamente o que *é* nesse sentido – imutavelmente, absolutamente, necessariamente – e por esse motivo é a única coisa cognoscível. Mas Platão é tão pouco propenso a começar a desobedecer ao "pai" que continua a concordar em tudo com ele, mesmo quando, cautelosamente, é forçado a reconhecer a existência de um "certo" não ser para que a linguagem exista (260a). Esse não ser é ele próprio uma *forma*,[21] nem mais nem menos do que as *outras*. O Outro é essa forma que permite que as outras formas sejam o que são: por ele *as* outras *são*, visto que é pela diferença entre elas que elas são várias, que umas são *outras* que não as outras.[22] O Outro é uma forma que permite que todas as formas sejam, no sentido mais forte do termo "ser": por ele elas são (imutavelmente, necessariamente etc.), e ele é, como elas, o mesmo que ele, ele *é* (imutavelmente, necessariamente etc.) como elas. Platão chega a escrever, sob uma fórmula significativa, como veremos, que o ser *não é mais* do que o não ser, e que esse certo não ser *não é menos* do que o ser ao qual ele se opõe. Em resumo, a diferença permite a linguagem (e o pensamento) porque ela é dizível (e pensável) *como* o resto, na ordem do imutável, do absoluto, do eterno, do necessário e da identidade.

Resta o fundamental, dirá o leitor. Platão afirma categoricamente, contra Parmênides, o ser do não ser. Sim, mas por quê, senão em nome das exigências do pensamento parmenidiano? De fato, é porque obedece ao princípio parmenidiano segundo o qual "o que pode ser dito e pensado deve forçosamente ser" (fragm. 6) que Platão deve estabelecer o ser do não ser, visto que, *em um sentido*, ele pode ser dito (quando nos contradizemos ou dizemos o falso, ou quando enganamos, como faz o sofista). Da negação no discurso ao não ser em realidade, a consequência é necessária. Reciprocamente, é em nome do fato de que tudo que é pode ser dito e pensado que, uma vez estabelecida a existência do gênero do Outro, é possível explicar sucessivamente como ele pode ser dito no discurso falso (263b-d) e como ele pode ser pensado (263d-264b): dizer o falso é dizer, a propósito do que é, *outra* coisa diferente que não o que

---

21 Cf. a demonstração de 255c-e.
22 Cf. 256d-257a.

é (263b). Da existência do não ser à possibilidade do não ser no discurso (falso) e no pensamento (falso), a consequência é necessária. Toda a estrutura do raciocínio do *Sofista* prova a obediência de Platão ao princípio de Parmênides, nesse caso o da correspondência entre o ser e o discurso (e o pensamento).

Para resumir. A via categorial que Platão inicia nas pegadas de Parmênides inaugura a ontologia abrangendo todo o ser por aquilo em que ele é dito, pois Platão deseja conciliar as exigências do pensamento puro com as da dialética. As pessoas falam do Ser, falam umas com as outras ao infinito, contradizem-se, dizem o verdadeiro ou o falso, logo Parmênides não pode ter razão absoluta. Para preservar o fenômeno do discurso e a arte da dialética, é imperioso seguir sua via e continuá-la, além do que ele diz e permite dizer, até que se possa pensar e dizer – contra ele, mas como ele – o não ser. Assim, o nada não é, conforme queria Parmênides. Tudo que é, é absolutamente, e é a única coisa cognoscível, como ele afirmava. Evidentemente, existe um certo não ser (o Outro), visto que ele é dito, mas esse não ser *é* no mesmo sentido que o Ser do pai. Tudo que é dizível (e pensável), é; tudo que é, é dizível (e pensável), como exige o pai. É raro que um parricida seja tão respeitoso dos princípios paternos. Vejamos se, pela outra via, os atomistas foram mais rebeldes.

A via física

A primeira via leva de Parmênides aos "grandes gêneros" de Platão no *Sofista* e acaba nas "categorias" de Aristóteles – no qual ela se torna uma "lógica". A segunda via leva de Parmênides aos átomos de Leucipo e Demócrito e acaba no tratado *Da natureza* de Epicuro – quanto se torna definitivamente uma "física". Na primeira via, o que se deve conceber contra Parmênides é a "diferença", o que se deve preservar é a linguagem e o que se deve fundar é a dialética. Na segunda, o que se deve conceber contra Parmênides é o "vazio", o que se deve preservar é movimento e o que se deve fundar é a física.

Para percorrer a primeira via, partimos de um texto da *Metafísica* em que Aristóteles critica Platão, que, para satisfazer as exigências da ontologia parmenidiana e ao mesmo tempo explicar a multiplicidade dos seres, acreditou ser necessário mostrar que o não ser é. Ora, há outro texto de Aristóteles que podemos comparar com o primeiro e que vai nos permitir trilhar a segunda via. No tratado *Da geração e da corrupção*, Aristóteles estabelece exatamente da mesma maneira a filiação da física dos atomistas às exigências da escola eleática:

> Alguns antigos acreditavam que o ser é necessariamente uno e imóvel; pois o vazio é inexistente e, por outro lado, o movimento não poderia produzir-se sem a existência de um vazio separado, tampouco poderiam existir coisas múltiplas sem nada que as separasse. (I, 8, 325a 2-6)

E observa mais adiante:

> Leucipo acreditava dispor de argumentos que, concordando com os dados sensíveis, não aboliam nem a geração, nem a corrupção, nem o movimento, nem a pluralidade dos seres. Mas, tendo assim concordado suas teorias com os fenômenos, não discorda dos partidários do Uno, aos quais concede que o movimento não poderia existir sem o vazio, que o vazio é um não ser e que nada do que é é um não ser. Pois o ser, propriamente falando, é o ser perfeitamente pleno. Mas o ser assim entendido não é um: existe uma infinidade deles e eles são invisíveis em razão do tamanho diminuto das partículas. Eles se deslocam no vazio (porque há um vazio); é a reunião deles que produz a geração e sua separação, a corrupção... (I, 8, 325a 23-32)

Temos aqui uma exposição da genealogia da física atomista, que já podemos pôr em paralelo com a da lógica do *Sofista*.

PARALELISMO DAS DUAS VIAS

Em ambos os casos, a intenção é partir das exigências de Parmênides e conciliá-las com uma exigência *fenomenal*. No *Sofista*, essa exigência é o discurso; nos atomistas, é "a geração, a corrupção, o movimento, a multiplicidade das coisas". É preciso preservar os dados sensíveis com argumentos. Pensar de acordo com a lei do pensamento as aparências do mundo físico, onde *visivelmente* vivemos, o mundo onde existem coisas múltiplas, onde existe movimento.

Em ambos os casos, essa conciliação tem de ser feita sem muito prejuízo, isto é, conservando para o ser propriamente dito todas as exigências parmenidianas, mas à custa de uma infração da injunção paterna (enorme na aparência, mas mínima na realidade): aqui também é preciso poder pensar que, em certo sentido, *o não ser é*. Para os atomistas, esse não ser é o vazio. Mas para eles é suficiente instituir em paralelo ao ser pleno o ser vazio (ou seja, *a existência* real e atual de uma entidade independente da matéria na qual ela se encontra, como espaço, e a qual, reciprocamente, se encontra nela, como vazio intersticial) para que sejam possíveis a multiplicidade e o movimento das coisas.

Vejamos como os atomistas conciliaram *o que se vê do mundo* (ou seja, que ele é múltiplo e movente) como *o que se deve pensar do ser* (ou seja, que ele é um e imutável). Vejamos como eles reverteram, por sua vez, a argumentação eleática.

DE NOVO PARMÊNIDES CONTRA ELE MESMO

O início do texto que citamos de Aristóteles é uma alusão clara ao argumento de Melisso que deduz a inexistência do movimento a partir da inexistência do vazio. Aliás, no texto da *Física* em que examina o problema do vazio, Aristóteles faz referência a esse argumento (o da possibilidade do movimento): "O primeiro argumento é que o movimento local, isto é, o transporte e o crescimento, não existiria; de fato, parece não haver movimento sem o vazio". E, mais adiante, Aristóteles observa que isso é admitir a premissa dos eleatas. Melisso escreveu:

> Nenhum vazio tampouco é. Pois o vazio não é nada; e o que não é nada não poderia ser. "Ele" ["o que é"] tampouco se move. Pois

"ele" não pode se deslocar em nenhuma direção e, ao contrário, é pleno. Se, de fato, o vazio fosse, "ele" poderia se deslocar no vazio. Mas se o vazio não é, "ele" não tem aonde ir. (Demócrito, fragm. 7, §7; trad. J.-P. Dumont, modificada)

Esse último texto nos permite entender como os atomistas recuperaram sistematicamente os argumentos dos eleatas para revertê-los. O texto encerra um argumento contra o vazio que serve de premissa a um segundo argumento contra o movimento. Comecemos pelo segundo:

– Sem vazio não há movimento.
– Ora, o vazio não é (em conformidade com o argumento anterior).
– Logo, o movimento não é.
Os atomistas respondem: você tem toda a razão.
– *Sem vazio não há movimento.*
– *Mas há movimento (nós o vemos).*
– Logo, há vazio.[23]

Isso é o que se chama dispor de argumentos (*logoi*) – e com razão, afinal são os argumentos dos eleatas! – que concordam com os dados sensíveis. Aliás, podemos comparar o que Aristóteles diz disso com o que ele diz algumas linhas antes a respeito do raciocínio dos eleatas:

Somos conduzidos, segundo eles, a negar a existência do movimento. Partindo desses argumentos [*logoi*], omitindo e negligenciando o testemunho dos sentidos a pretexto de que se deve seguir apenas a razão, alguns pensadores ensinam que o universo é um, imóvel e ilimitado. (*Da geração e da corrupção*, 325a 12-5)

É evidente, dirão alguns, mas contra a conclusão do raciocínio dos atomistas ("logo há vazio") os eleatas mostraram justamente que não havia vazio, porque o vazio é um não ser. Este era o argumento anterior de Melisso:

---

23 Cf. também Aristóteles, *Física* VIII, 9, 265b 24.

– O ser é *pleno* (ou seja, é inteiramente ser). Foi isso, aliás, que Parmênides escreveu: "Ele é todo repleto de ser. Do mesmo modo, ele é todo contínuo. Com efeito, o ser envolve estreitamente o ser" (fragm. 8, v. 24-5).

– Consequentemente, segundo Melisso, o que não é pleno, mas vazio, não contém nada que é e, portanto, é não ser.

– Logo, o vazio não é.

Os atomistas simplesmente replicam: você tem toda a razão, o ser é pleno, o não ser é vazio. Vimos no texto do tratado *Da geração e da corrupção* que os atomistas chamam o ser de "pleno" e o não ser de "vazio". Isso é confirmado por muitos outros textos, como a *Metafísica*: "Leucipo e seu companheiro Demócrito declaram que o pleno e o vazio são os elementos que eles denominam respectivamente ser e não ser, o ser sendo o pleno e o amplo, e o não ser o vazio e o raro".[24] Chamar *pleno* o ser não é trair os eleatas, mas permanecer fiel a eles. Tampouco é traição apresentá-lo como corpo: o próprio Parmênides considera que o Ser é esférico; Melisso, que o afirma "pleno", fala de sua grandeza (apesar de considerá-lo ilimitado), e o fragmento 1 de Zenão começa assim: "Se o ser não possuísse grandeza, não existiria".

Mas logo em seguida, dirão, os atomistas infringem a famosa lei do pai, falando justamente do não ser (o vazio). Ora, segundo a interdição paterna: "Não se poderá jamais provar por força que o não ser tem o ser. Afasta teu pensamento dessa falsa via que se abre à investigação" (fragm. 7). Parricídio? Nada mais duvidoso. Ou melhor, como em Platão – e como em todo *double-bind* –, é obedecendo à lei do pai que os atomistas a infringem. Pois, alguns versos antes, Parmênides escreve: "A segunda via, a saber, a do que não é e, de resto, que é necessário que exista o não ser, trata-se, asseguro-te, de uma trilha incerta e ainda mesmo inexplorável; com efeito, o não ser (ele que não leva a nada) permanece incognoscível e inexprimível" (fragm. 2). O não ser é impensável, logo não é, pois "mesma coisa são o ser e o pensar" (fragm. 3) e, talvez reciprocamente, "o que pode ser dito e pensado deve forçosamente ser". Como se vê, o que permitia aos eleatas deduzir

---

24 *Metafísica* I, 4, 985b 4. Cf. também *Física* I, 5, 188a 22.

a inexistência do não ser era sua impensabilidade; apenas o que é pensável é; mas, reciprocamente, tudo que é pensável é (fragm. 6). Essa "correspondência" (ou identidade) do pensamento e do ser, que já evocamos a propósito do *Sofista*, é expressa no famoso fragmento 3 de Parmênides: "Pois a mesma coisa são o ser e o pensar".

E, mais uma vez, os atomistas replicam: você tem toda a razão, tudo que é pensável, somente o que é pensável, é. (Aliás, Metrodoro de Chios, discípulo de Demócrito, diz explicitamente: "Todas as coisas são o que se pode pensar delas" [fragm. 2].) O ser é pensável, como pleno, e o não ser é *tão* pensável quanto o pleno, como vazio. Como ele é pensável? É pensável, em primeiro lugar, como aquilo *em que* estão os corpos. Há um *lugar* (*topos*) para os corpos. É sabido que os primeiros atomistas não fazem diferença entre o lugar (onde estão os corpos) e o vazio (sem corpos). Vazio, nada e lugar são considerados sinônimos: "Ao lugar, ele [Demócrito] dá os nomes de vazio, nada e ilimitado". De um *lugar* que continha tal corpo, é possível dizer que não há *nada* nele, que ele está *vazio*, ou que há *espaço* nele para colocar o corpo. No entanto, esse lugar vazio é alguma coisa. Claro, não há nada nele que *se ofereça à intuição sensível* (não há corpos, não há *nada*), mas isso não significa que esse lugar (vazio) *não é*: ele é alguma coisa para o pensamento, como aquilo em que estava ou poderia estar alguma coisa. Não há nada *lá*, mas *lá* é alguma coisa, e é exatamente o que diz Leucipo. Portanto não é *o* não ser que se diz ser (o nada existe), mas um certo não ser, o lugar onde poderia estar o corpo que *não é*. E, para o pensamento, esse não corpo existe tanto quanto o corpo.

Mas o vazio é não apenas pensável, como é *racionalmente* pensável, isto é, ele é pensável com *logoi*, inclusive com *logoi* por excelência, os do pensamento puro, os dos geômetras. Foi possível mostrar dessa forma que, contrariamente aos atomistas ulteriores (os epicuristas), que tinham uma concepção "granular" do espaço (ou seja, atomística), os fundadores do atomismo tinham uma concepção *geométrica* do espaço como infinitamente divisível. Eles entendem (contrariamente aos epicuristas) que uma infinidade de grandezas de átomos é possível (e realizada), do mesmo modo como é possível – e real – uma infinidade de formas de átomos de determinada grandeza. Porque, conjuntamente com a indivisibilidade física (há corpos fisicamente indivisíveis, a saber, os "átomos"), eles admitem a divisibilidade ao infinito do lugar ocupado por eles: todo espaço, por menor que seja, é sempre divisível. Portanto, o vazio não constitui uma dificuldade para o pensamento; e a proposição "o não ser (pleno) é" não só não constitui uma contradição, como para o matemático é a condição *a priori* de todo pensamento racional acerca do corpo (acerca de toda figura tridimensional). O geômetra estabelece: "o espaço infinito e infinitamente divisível existe" e é isso precisamente que lhe permite pensar racionalmente os corpos. Esse espaço vazio (antes de todo corpo) é *tão* pensável para o matemático quanto os corpos que ele põe nele. E se o vazio é *tão* pensável quanto o pleno, o não ser existe *tanto quanto* o ser.

Como se houvesse *a priori* uma espécie de igualdade de direito à existência de tudo que é possível, isto é, pensável. Como se fosse suficiente, em especial, que certo não ser seja *pensável* sem contradição (o lugar onde estão os corpos, ou melhor, a intuição espacial dos geômetras) para que *esse* não ser seja, sem contradição: é precisamente o caso do vazio, não ser corpo, *do mesmo modo como* o corpo é, à sua maneira, não ser vazio (pleno). A maior prova é o que diz Demócrito, citado por Plutarco: "o alguma coisa nada mais é do que o nada – chamando-se aqui o corpo alguma coisa e o vazio nada –, querendo-se dizer que este último também possui uma natureza e uma subsistência própria".[25] Não há mais o "alguma coisa" (o corpo, o pleno) do que o "nada" (o lugar, o vazio); ou ainda, o não ser *não é menos* do que o ser. Podemos reconhecer aqui um princípio que já vimos implícito em um excerto do *Sofista*,[26] a propósito justamente do não ser: "*não mais* X do que Y" (e, em particular, não mais o ser do que o não ser, não menos o não ser do que o ser). Os primeiros atomistas usam repetidamente o princípio do *"não é mais"*. Esse princípio vem dos eleatas, e é provável que tenha surgido

---

25 Demócrito, fragm. 156.
26 Platão, *Sofista* 258a e b.

diretamente de Parmênides. Por exemplo, Parmênides perguntava como argumento contra a geração: por que em tal momento, em vez de outro? (Subentendido: visto que nada, se não existe nada, diferencia um momento de outro, não há motivo para que alguma coisa venha a ser em tal momento, em vez de tal outro. E se não há razão para que X venha a ser, X nunca vem a ser, e X, que é, sempre foi). Os atomistas aplicam esse princípio eleático às formas dos átomos e às suas grandezas: todas as que são (racionalmente) pensáveis são reais, senão por que esta, em vez daquela? Não há razão e por consequência etc. Esse princípio é o corolário necessário do princípio de correspondência entre o ser e o pensamento. Tudo que é, é pensável, mas *reciprocamente* tudo que é pensável, é. Tudo que é possível existe, a menos que haja razão suficiente para que ele não exista. Tudo que é *igualmente* pensável *existe tanto quanto* qualquer coisa *igualmente* pensável, senão precisaria haver uma razão para que isso fosse *mais* do que aquilo, ou para que isso fosse outro que aquilo.

Esse princípio parece arbitrário, mas é justamente o inverso: sua negação é que seria arbitrária! Ele não precisa ser justificado, visto que justificar é justamente recorrer a ele, encontrar uma razão para que ele seja. Para os primeiros atomistas, o universo é o único que não é arbitrariamente pré-formado e o único que é absolutamente conforme aos *logoi*, como o Ser dos eleatas. Todo outro universo precisaria ser justificado: que houvesse tais átomos, em vez de outros, ou mais átomos de tal forma, em vez de tal outra, que o espaço fosse limitado aqui, em vez de lá (sendo ele ilimitado), que haja tal número de mundos, em vez de outro (sendo que há uma infinidade de mundos) etc. Ora, como se viu, desse princípio os eleatas deduziam a existência do pleno e a inexistência do vazio: o não ser não é, visto que não se pode pensar que seja o que não é. A ironia, evidentemente, é que para os atomistas a existência do vazio está perfeitamente de acordo com o princípio: o não ser é tão pensável (como vazio) quanto o ser (como pleno).

A HERANÇA DO PAI

Ao argumento eleático segundo o qual o vazio não é porque é um não ser, e que nada do que não pode ser pensado como sendo é, os atomistas replicam – como Platão – concordando com *tudo*. Como afirma Parmênides, o não ser absoluto, o nada, não é porque não é pensável. E como *também* afirma Parmênides, visto que tudo que é pensável é, então existe um certo não ser que é possível e até mesmo necessário de ser pensado (o espaço vazio, não corpo), e ele é pensado como sendo *nem mais nem menos* do que o ser (o corpo pleno, não vazio). Agora podemos entender como o atomismo prolonga e refuta Parmênides. Como o refuta prolongando-o. O objetivo é pensar como Parmênides e, ao fazê-lo, pensar contra ele. Mais precisamente, tal como no *Sofista*, o objetivo é pensar como ele o ser e, ao fazê-lo, pensar contra ele o não ser. O ser de Demócrito (o corpo, existindo sob a forma de elementos indivisíveis) mantém, como as Formas de Platão, todas as características do ser de Parmênides: ele é ser, nada mais que ser, inteiramente ser, contínuo e homogêneo; ele jamais veio a ser e não cessará jamais de ser; ele é sem nenhuma qualidade sensível (nem visível nem audível etc.) e todas as qualidades sensíveis são apenas aparência enganadora. E do mesmo modo o vazio: ele jamais veio a ser, é inteiramente ser, contínuo e homogêneo, sem qualidade sensível etc. Assim, o que é verdadeiramente são os corpos (mas apenas os corpos absolutamente plenos, os "átomos") e um certo não ser, aquele no qual estão os corpos, o vazio (mas apenas aquele que é absolutamente vazio). Tudo que é verdadeiramente é necessário para justificar o fato de haver uma multiplicidade de coisas em movimento: sem corpos plenos e sem vazio no qual eles se movam, não há corpos em movimento. Mas, reciprocamente, tudo que é (átomos, vazio) *é suficiente* para explicar o fato de haver uma multiplicidade de coisas em movimento.

Como em Parmênides, a geração e a destruição não existem verdadeiramente, são pura aparência, pois são impensáveis. Como em Parmênides, tudo que é verdadeiramente (os átomos, o vazio) sempre foi e será sempre, nem mais nem menos do que agora. Do mesmo modo, o que é um não pode tornar-se múltiplo

e o que é múltiplo não pode tornar-se um. E, como para Parmênides, tudo que é e somente o que é (o pleno, os átomos de todas
as formas, o vazio ilimitado) é racionalmente pensável; tudo que
é absolutamente o que é e não é absolutamente outra coisa: o
vazio é inteiramente vazio, o pleno é inteiramente pleno e um não
é menos que o outro. Por isso, como em Parmênides, tudo que é
verdadeiramente (sem jamais ter se tornado) é também a única
realidade cognoscível, pois a ciência verdadeira, a física, é conhecimento pela razão (*logos*) e, por esse motivo, conhecimento do ser
verdadeiramente real; ela vai contra a opinião que se sustenta nos
dados sensíveis (o doce, o amargo, o frio, o quente, o colorido):
"convenção o doce, convenção o amargo, convenção o quente, convenção o frio, convenção a cor; na realidade: os átomos e o vazio".[27]
Assim são preservados o *direito* do pensamento e o *fato* de que há
movimento; assim são preservados os fenômenos físicos, sem
abrir mão de nada dos princípios do pensamento puro.

Podemos ver agora o que as nossas duas vias paralelas têm
em comum e o que as diferencia.

As duas vias

Em ambas as vias, dissemos, tenta-se pensar o ser em consonância com as exigências do pensamento puro, provenientes de
Parmênides, *admitindo-se* ao mesmo tempo um fato experimen-
tado – a linguagem, o movimento – que é necessário explicar;
para isso, deve-se mostrar, contra Parmênides, a existência de um
certo não ser. A partir de agora, podemos aprofundar o paralelo.

O ALFABETO DAS FORMAS OU DOS CORPOS ELEMENTARES

Em ambas as vias, o que precisa ser explicado é a multiplicidade infinita dos seres e suas relações. Para isso, em ambos os

---

27 Demócrito, fragm. 9 e 125.

casos, basta munir-se, de um lado, de uma pluralidade de seres elementares determinados (conjunto infinito em Demócrito, finito em Platão) e, de outro, do não ser pelo qual eles se relacionam uns com os outros. Em Platão, essa multiplicidade de seres elementares chama-se *formas*; nos atomistas, chama-se *átomos*.

Tanto as formas como os átomos são perfeitamente determinados mediante determinações enunciáveis (a definição platônica) ou mensuráveis (as grandezas dos atomistas). Tanto as formas como os átomos são *elementos*, como as letras do alfabeto. Esse mesmo paradigma das letras-elementos cujas combinações são necessárias e suficientes para formar todas as palavras é utilizado tanto por Platão como pelos atomistas: Platão explica no *Sofista* (252e-253a) que certas formas devem se associar a outras e que algumas não se associam, da mesma maneira que as letras, pois "também nelas há desacordo entre algumas e acordo entre outras";[28] e Aristóteles explica que, para os atomistas, as diferenças entre os elementos (átomos) são suficientes para justificar todas as diferenças de qualidade das coisas, como a diferença de posição e ordem das letras explica todas as diferenças de significado.[29]

Tanto em Platão como nos atomistas, essas *realidades* elementares entram em composição umas com as outras para constituir todas as coisas *complexas* que precisam ser explicadas. Em Platão, essas coisas complexas que são constituídas de realidades elementares (as formas) são os *logoi*, os *enunciados compostos* que se manifestam no discurso, e são eles, sua diversidade e suas diferenças significativas, que precisam ser justificados. Nos atomistas, as coisas *complexas* que são constituídas de realidades elementares (os átomos) são os *corpos compostos* e são eles, sua diversidade e suas diferenças significativas, que precisam ser justificadas. Logo as formas platônicas se entrelaçam entre si no espaço da linguagem, "pois é pelo mútuo entrelaçamento das

---

28 Cf. também *Crátilo* 393d-e e, sobretudo, 424c-426d, bem como *Filebo* 17a-18e.

29 Aristóteles, *Metafísica* I, 4, 985b 14-8; cf. também *Da geração e da corrupção* I, 1, 315b 6-15.

formas que a linguagem [*logos*] nos nasceu" (259e);[30] os átomos democritianos se entrelaçam no espaço tópico: "combinando-se e entrelaçando-se, essas unidades de ser [os átomos] engendram [os corpos visíveis]".[31] Mas se esses seres podem entrelaçar-se, é graças ao *não ser* que permite a relação entre eles: é pelo não ser, o Outro (pois "o Outro é dito sempre em relação a um outro" [255d]), que há relação possível das formas *entre* si[32] e, portanto, há discurso significativo (senão tudo seria um e o mesmo, como diz Aristóteles a propósito de Platão);[33] é pelo não ser, o vazio, definido justamente como a relação necessária dos corpos plenos *entre* si (o vazio está entre os corpos elementares), que há uma multiplicidade de corpos compostos (senão tudo seria um e o mesmo, como diz Aristóteles a propósito dos atomistas).[34]

As duas vias têm em comum, além do mais, a herança de Parmênides e o pseudoparricídio.

UM MESMO PAI

A herança é pesada nos dois casos. As formas e os átomos mantêm todas as características do ser parmenidiano. São plenamente, absolutamente, necessariamente, eternamente. São sem qualidade sensível, são as únicas coisas cognoscíveis, estão fora do alcance da visão (além para Platão, aquém para Demócrito) ou da opinião dos mortais. Por outro lado, o não ser (o Outro, o vazio) respeita essas mesmas características. Para Platão, o Outro é uma *forma* dotada da mesma existência absoluta, necessária, eterna e igual a si mesma que todas as outras formas; para Demócrito, o vazio é um ser tão absoluto, necessário, eterno, igual a si mesmo e infinito quanto o corpo. Enfim, tanto para um como para outro, o não ser *não é menos* do que o ser.

---

30 A demonstração é feita em 251a-254b, graças justamente ao modelo das letras.

31 *Da geração e da corrupção*, 325a 34.

32 Cf. Platão, *Sofista* 258d-e.

33 Aristóteles, *Metafísica* XIV, 2, 1089a 1-6.

34 *Da geração e da corrupção* 325a 33-4.

Portanto, nem Platão nem os atomistas cometem parricídio. Evidentemente eles têm de pensar o não ser contra Parmênides, mas em ambos os casos obedecendo, tanto quanto possível, aos seus princípios e injunções. Primeiro, porque não se trata do não ser absoluto, o nada, cuja existência ambos afirmam. Desse ponto de vista, não houve nenhuma ontologia pré-cristã que tenha conseguido – ou talvez que tenha querido ou sabido – pensar a possibilidade do nada, e provavelmente não houve nenhuma que tenha consumado o parricídio. Para que o parricídio fosse consumado, seriam necessários o criacionismo cristão e o pensamento de um Deus que pudesse fazer ser alguma coisa (a criação) a partir de *nada*. E mesmo esse "a partir de nada" deve ser relativizado: pois é "a partir do que existe" *por excelência* (Deus), isto é, do que de novo é imutavelmente, eternamente, necessariamente etc., que vem a ser esse ser derivado que é o mundo criado, o mundo do devir.[35] Em todo caso, esse passo decisivo não foi dado em nenhuma de nossas duas vias. O não ser de Leucipo, longe de ser um nada, é simplesmente não corpo; possui todas as características do corpo (inclusive a extensão), salvo que não é corpóreo (é impenetrável). O não ser de Platão, longe de ser um nada, é simplesmente não mesmo; possui todas as características do Ser (inclusive ser e ser o mesmo que ele), salvo que não é o *mesmo* que ele próprio, é *outro*. Esse não ser relativo é "familiarizado" com o ser, do qual compartilha o modo de existência. Enfim, é das exigências parmenidianas de correspondência do pensamento com o ser que Platão e os atomistas deduzem a necessidade de tudo que é: as formas e as principais dentre elas (Ser, Mesmo, Outro), os átomos (infinitos e infinitamente variados) e o vazio (ilimitado). Sobretudo é dessa correspondência que eles deduzem a necessidade da existência do não ser. É porque se pode dizer (e pensar) o não ser (na contradição, na falsidade e na predicação) que se *deve* mostrar que ele é; é porque se pode pensar o não ser (como lugar, como espaço vazio) que se deve estabelecer que ele é. Reciprocamente, é porque ele é (como Outro) que se pode explicar o discurso falso e a predicação; é porque ele é (como vazio) que

---

35 Cf., por exemplo, Santo Agostinho, *Confissões* VII, 11.

se pode explicar o movimento. É dessa mesma necessidade (parmenidiana) de existência de tudo que é possível, é dessa necessidade *igual* de existência de tudo que é *igualmente* pensável, que eles deduzem que o ser *não é mais* do que o não ser ou que o não ser *não é menos* do que o ser. A herança paterna tem o mesmo peso em ambos os casos.

A herança é tão pesada, e o paralelismo é tão próximo que podemos legitimamente nos perguntar *se o pensamento do Outro e o pensamento do vazio não formam um pensamento único*; um modelo único de pensar realizado no modo do espaço, no qual somos evidentemente, visto que vivemos nele, e no modo da linguagem, no qual somos evidentemente, visto que indiscutivelmente nós falamos. Mas, como toda similaridade, é pelas diferenças que podemos abordá-la.

PENSAR O NÃO SER

Pensar o não ser: o vazio – ou o Outro. O vazio permite o movimento. O Outro permite a linguagem. As exigências do pensamento puro descobriram, tanto em uma via como na outra, um *fato*: "E, no entanto, nós nos movemos!"; "E, no entanto, nós falamos!". Mas, *do ponto de vista desse pensamento puro* (do ser), esse "fato" não era na verdade um único e mesmo fato, ou melhor, uma mesma figura vista de dois ângulos diferentes? "Nós falamos", isto é, nós podemos nos contradizer, uma mesma coisa pode *ser* e permanecer uma e a mesma, mesmo sendo *dita* isso ou aquilo (que ela não *é*), ela é dita isso ou aquilo quando *ela* muda disso para aquilo, disso naquilo, mas continua o que ela é, ela mesma, ela da qual *se fala*. Do mesmo modo "nós nos movemos", isto é, podemos estar em dois lugares, uma mesma coisa pode *ser* e permanecer uma e a mesma, mesmo estando aqui ou lá, ela muda de lugar, vai daqui para lá, mas continua o que é, ela mesma. O pensamento puro descobriu nas duas vias dois *fatos*, mas ambos sob a mesma figura. A partir daí, isto é, a partir do fato, coloca-se para o pensamento a questão de direito: como o movimento, como a linguagem é *possível?* Resposta do pensamento puro: o não ser, ou melhor, um certo não ser. O não corpo permite compreendermos como podemos nos mover e como as coisas múltiplas permanecem as mesmas no espaço, do mesmo modo que o não mesmo permite compreendermos como podemos nos falar e como as múltiplas coisas das quais falamos permanecem as mesmas, mesmo sendo ditas outras.

Uma mesma figura, mas duas vias: preservar o movimento ou preservar a linguagem. Há entre elas uma segunda diferença e a segunda se deduz da primeira. Parmênides escreveu: "o não ser, tu não poderás conhecê-lo – pois não é acessível – nem fazê--lo compreensível" (fragm. 2, v. 7-8). Ora, o que Platão registra é que se pode fazê-lo compreensível (usando a contradição); o que Leucipo registra é que ele é cognoscível (pela medida do espaço, a geometria). Parmênides escreveu: "o que pode ser dito e pensado deve forçosamente ser" (fragm. 6, 1).[36] O que Platão registra é que ele deve ser, posto que pode ser *dito*; o que Leucipo registra é que ele deve ser, posto que pode ser pensado. Mais em geral, vimos que a via categorial se inicia com a seguinte questão: se o ser é um, então ele não pode ser *dito* em sua diversidade. É preciso que o não ser seja para que o não ser seja dito (e, justamente, ele é dito pelo sofista). Esse é o problema. Mas essa também é a solução: é porque o não ser é como Outro que ele é dizível como falso. E uma vez que se mostrou que ele é no discurso, sua existência no pensamento não é nem sequer um problema, visto que é suficiente recordar que o pensamento não é nada mais do que um discurso interior (263d-264b). Em contrapartida, a via física se inicia com a seguinte questão: se o ser é um, então ele não pode ser *pensado* em sua visível diversidade e mobilidade. É preciso que o não ser seja para que ele seja *pensado* (e, justamente, ele é pensado pelo geômetra). Para esse problema, solução simétrica: o movimento é pensável, porque o não ser é tão pensável como vazio como o ser é pensável como pleno.

---

36 Essa tradução é de J.-P Dumont (*Les présocratiques*, p.260). Outra tradução (interpretação) desse verso: "É preciso dizer e pensar: o ser é" (trad. D. O'Brien e J. Frère).

Como se, conforme a ênfase no fragmento 6 de Parmênides seja dada ao dizer ou ao pensar, a via do ser tenha se cindido em duas para se tornar categorial ou física. *Dizer* o não ser ou *pensar* o não ser. Preservar a linguagem ou preservar o movimento. Poderia haver uma alternativa aqui.

A ALTERNATIVA

Talvez seja forçoso escolher entre as duas vias. Porque se esses "fatos" (nós nos movemos, nós falamos) permitem por si sós lançar dúvida sobre as exigências absolutas do pensamento puro – prolongando-as ao mesmo tempo –, é que por trás deles há uma questão importante. Se Platão tem de explicar a possibilidade da predicação, do falso e da contradição (coisa que ninguém pode contestar ou negar a sério!), é mais largamente porque ele tem de preservar, como Aristóteles, a possibilidade da discussão em comum e da contradição, isto é, da dialética. Pois falar dialeticamente é a um só tempo dizer alguma coisa objetivamente *de* alguma coisa (e, portanto, dizer *outra* coisa dela que não é o que ela é) e falar interlocutivamente *contra* alguém (e, portanto, dizer da mesma coisa outra coisa que não é o que o outro diz dela). O princípio da dialética é que se *pode* falar (e contradizer); a "dialética pura" (a lógica) começa no momento em que se mostra que ela é possível.[37] Como a dialética pura é possível? Essa talvez seja a verdadeira questão que a ontologia deseja resolver quando toma a via categorial.

Paralelamente, não é tanto o *fato* do movimento que interessa aos atomistas, mas a necessidade de explicar esse movimento (que se pode *ver*); de explicá-lo por *logoi* que parecem se rebelar, porque os *logoi* parecem feitos sob medida para o pensamento puro, para a imobilidade do ser e a necessidade imutável da ciência. Mas se é possível explicar o movimento sem muito

---

37 Seja a dialética no sentido comum e aristotélico (arte do diálogo e da contra-dição), seja no sentido platônico do *Sofista* de "ciência para se orientar através dos discursos" (253b).

custo, sem comprometer nem a permanência do ser pensado, nem a necessidade do pensamento racional, nem a possibilidade da ciência, se o espaço vazio é suficiente para explicá-lo, então não é somente o movimento que é possível, é também a possibilidade de uma física racional que é preservada. O princípio de toda física é que *há* movimento, e a física racional começa quando se mostra com *logoi* como ela é possível. Como a física pura é possível? Essa talvez seja a verdadeira questão que a ontologia deseja resolver quando toma a via dos atomistas.

Foi entre essas duas vias que a ontologia hesitou depois de Parmênides: a física e a lógica. Ou ela tentava preservar a linguagem e a sua coerência, e interrogava-se sobre o ser enquanto dito e fazia-se lógica; ou tentava preservar o mundo empírico no qual nos movemos, e interrogava-se sobre o ser enquanto pensado e fazia-se física.[38] Talvez seja possível mostrar que a ontologia sempre se constitui e sempre se realiza nesse intervalo. O "momento ontológico" está na realidade *depois de* Parmênides e *antes de* Aristóteles ou Epicuro. Depois de Parmênides necessariamente: pois não há ontologia antes de se constituir contra ele a necessidade de pensar o ser em sua diversidade. Se o ser tem apenas um único sentido, se tudo é um, se não há diferença entre as coisas, se há apenas uma única maneira de existir, não há ninguém para dizê-lo e não há ont*ologia*. Pensar o não ser, portanto, é sempre o primeiro ato da ontologia. Mas talvez também seja o último. Porque nesse exato momento ela acaba, ou em uma lógica, ou em uma física. O momento ontológico é, portanto, o do *Sofista* ou o de Leucipo, depois de Parmênides e antes de Aristóteles ou Epicuro.

---

38 Que haja uma alternativa aqui, mesmo para Platão, é comprovado pela decisão que ele toma em favor dos *logoi* – e das Formas portanto – e que é ao mesmo tempo uma ruptura definitiva com qualquer explicação do movimento por uma ciência da natureza. Cf. *Fédon* (96a-101c) sobre o dilema entre física e lógica, e a escolha da segunda via (99c-d).

O FIM DA ONTOLOGIA

Depois do *Sofista*, a ontologia dos cinco gêneros platônicos é substituída pela lógica das categorias aristotélicas. Mas, com o tratado das *Categorias*, a via categorial pode se encerrar e a ontologia pode se tornar definitivamente uma lógica. Não há nada de excessivo ou paradoxal em afirmar que, com Aristóteles, a ontologia acaba e torna-se lógica, embora ele tenha proclamado, e tenha sido o primeiro a proclamar, que "existe uma ciência que estuda o ser enquanto ser".[39] Esse é o fim e não o começo da "ontologia". A ontologia, como ciência universal de tudo que é, já estava concluída com Aristóteles, pois suas teses sobre o ser e sobre a ciência terminam de mostrar sua impossibilidade: de um lado, "o ser se diz em vários sentidos" (as categorias); de outro, não há ciência apenas de um gênero (de ser) e há uma pluralidade de gêneros incomunicáveis (as categorias); logo não há ciência absolutamente universal do ser. Em contrapartida, há um discurso que abrange tudo que se pode dizer de tudo que é, mas não se trata de uma ciência e sim de uma ferramenta (*órganon*), que podemos chamar de "lógica", e há uma arte pela qual os gêneros se comunicam, mas trata-se simplesmente da dialética. A ontologia tornou-se definitivamente uma lógica, em consonância com a via categorial aberta por Platão, que no *Sofista* iniciou essa via acreditando que ainda era possível salvar a ciência universal do ser.

Do mesmo modo, em paralelo, com o tratado *Da Natureza* de Epicuro, a via ontológica dos primeiros atomistas acaba e se torna uma física, como comprovam os procedimentos de estabelecimento das verdades científicas que doravante são empiristas e devem muito pouco aos princípios apriorísticos dos eleatas. Eis por que Lucrécio, por exemplo, não se refere mais ao argumento apriorístico, "ontológico", da existência do vazio ("não menos" o não ser do que o ser); ele não se satisfaz mais com a prova geral pelo movimento visível (I, 335-45); ele lança mão de argumentos empíricos e inferências indutivas: porosidade das rochas, assimilação dos alimentos, passagem dos sons pelas paredes, diferenças

---

39 Essa é a proposição que inicia o Livro IV da *Metafísica*.

de peso conforme o material etc. Eis por que o universo epicurista não obedece mais à lei do pensamento puro: tudo que é pensável é. Doravante, o espaço não é mais infinitamente divisível, simplesmente porque pode ser pensado dessa forma; há um mínimo espacial *análogo ao mínimo visível;*[40] consequentemente, não há uma infinidade de formas de átomos de uma determinada grandeza, do mesmo modo que há uma infinidade de figuras para os geômetras.[41] Do pensável ao real, a consequência não é mais necessária; também é preciso observar o mundo. A ontologia tornou-se definitivamente uma física, em consonância com a via aberta pelos primeiros atomistas, que, como Platão, mas a sua maneira, acreditavam que ainda era possível salvar a ciência universal do ser.

Talvez a ontologia se constitua sempre nesse intervalo, *depois da* homenagem ao ser do pensamento puro que não leva a uma "logia" e *antes* de se encerrar em um tratado das categorias ou em um tratado de física. Mas isso acontece talvez porque a ontologia propende para essas duas vias entre as quais ela tem de escolher: ser física ou ser lógica?

Depois de Platão, "a via categorial" já estava traçada para Aristóteles, ele só precisava segui-la: ele não precisava mais do "não ser", do vazio, para explicar o movimento; para fundamentar sua "física", ele só precisava se perguntar, seguindo os passos de Platão, como o movimento *é dito.* Para explicar o movimento, Aristóteles utiliza dois instrumentos: o primeiro é a distinção de dois sentidos de "ser" – "ser em potência" e "ser em ato" – que ele tira da análise da linguagem e aplica ao movimento, comparando enunciados ("X *é* construtor", "X *está* construindo"); o segundo é a análise de uma proposição que expressa um "movimento" ("um homem torna-se letrado"), e ele demonstra que essa proposição pode ser expressa segundo dois enunciados ("um homem é iletrado", "um homem é letrado"), reduzidos sistematicamente a seus três elementos constitutivos: a "matéria" do movimento,

---

40 Cf. Epicuro, *Carta a Heródoto* 56-59, e Lucrécio I, 599-634.

41 Cf. Lucrécio II, 478-521. Existe uma infinidade de átomos de cada forma (II, 522-68), mas o número de formas não é infinito. Para Demócrito, ao contrário, existe uma infinidade de formas diferentes (Aristóteles, *Da geração e da corrupção,* 314a 21).

que é ela própria um suporte imutável (o sujeito dos dois enunciados, "um homem"), e os dois contrários entre os quais se efetua o movimento (dois predicados opostos em dois enunciados, "iletrado" e "letrado").[42] Em qualquer abordagem que seja, o instrumento só pode ser lógico. Para Aristóteles, justificar o movimento, não suas formas ou sua medida, mas responder à questão primeira, à questão fundadora da física pura: "como o movimento é possível", é sempre analisar enunciados. Eis por que a ontologia, que se tornou definitivamente lógica em Aristóteles, só podia justificar o movimento por uma explicitação das condições que permitem *dizer* o movimento.

Em paralelo, depois de Demócrito, a "via física" já estava traçada para Epicuro, ele só precisava segui-la: ele não precisava mais do não ser, da forma do Outro ou da diferença para explicar o discurso atributivo ou o enunciado falso; ele só precisava explicar, seguindo os passos de Demócrito, como a linguagem e seus enunciados são *fisicamente produzidos*. Eis por que as "prenoções" encerram sentido e tomam o lugar das "formas", mas são somente cristalizações de sensações recorrentes, produzidas por contato corpóreo, encontros, *movimentos*. O falso não necessita de um "não ser"; ele é devido "a um certo movimento em nós mesmos ligado à apreensão da imagem",[43] produzida *fisicamente*, mecanicamente em nós pelos corpos exteriores. Para Epicuro, perguntar "como a linguagem é possível?" (ou seja, o sentido) é fazer uma pergunta física, é perguntar como "as naturezas próprias dos homens, experimentando, segundo o povo, afecções peculiares e recebendo imagens peculiares, faziam sair de maneira peculiar o ar emitido por efeito de cada afecção e imagem".[44] Eis por que a ontologia, que se tornou definitivamente física em Epicuro, só podia responder à questão transcendental da lógica ("como a linguagem é possível?") por uma explicitação das condições mecânicas que permitem a produção da linguagem.

---

42 Cf. notadamente Aristóteles, *Física* I, 7.
43 Cf. Epicuro, *Carta a Heródoto* 50-2.
44 Ibid. 75.

Conclusões

AS DUAS VIAS DOS ANTIGOS

Sim, os gregos falaram do Ser. Mas o que disseram dele? Que ele é, obviamente; mas isso era não dizer nada. Para instituir a possibilidade de um discurso sobre o ser, eles tiveram primeiro de pensar e dizer que ele não é. A partir daí, foi possível um discurso racional, mas ele ainda tratava do ser? Pode ser que, ao invés de nos mostrar como o discurso sobre o ser é possível ou necessário, o pensamento grego tenha estabelecido, de uma vez por todas, três figuras de sua impossibilidade; três figuras, as únicas possíveis, em que toda "ontologia" necessariamente desaparece: aquém do discurso "ontológico", há a tautologia vazia; além, há uma física ou há uma lógica.

A ontologia institui-se no breve momento que separa Parmênides de Aristóteles ou Epicuro. Antes, ela ainda não é possível, porque o não ser não é pensado; depois, ela não é mais possível, porque o ser não tem mais de ser pensado como tal. Ela se institui na estreita via que separa a lógica da física, e desaparece necessariamente em uma ou em outra, se deseja verdadeiramente pensar o discurso ou o movimento. Nada mais natural. Pois querer uma ciência universal do ser obriga o pensamento a escolher. Em que ele pensa? Nessa realidade na qual estamos evidentemente mergulhados, com a qual temos uma relação imediata (*aisthesis*), que vemos e tocamos, e na qual nos movemos de forma também evidente? *O real tal qual nós o percebemos?* Ou no mundo em que a linguagem (*logos*) nos mergulha, pelo qual temos uma relação possível com todos os seres falantes, e no qual falamos ao infinito das coisas e com os outros? *O mundo tal qual nós o dizemos?*

As duas vias constituem duas figuras, assim como duas respostas opostas e igualmente inacabáveis à questão "ontológica", depois da homenagem tautológica do pensamento puro a um objeto vazio: o próprio ser. Essas duas vias são *incompatíveis*, pois é preciso escolher o que há para se pensar sob o nome de "totalidade do ser". Tudo que é perceptível, o *real* no qual nos movemos?

Ou tudo que é dizível, o *mundo*[45] no qual nos falamos infinitamente uns aos outros? Se essas duas figuras são "estáveis", é possível *emprestá-las* dos antigos para compreendermos as duas vias da filosofia contemporânea.

AS DUAS VIAS CONTEMPORÂNEAS EMPRESTADAS DOS ANTIGOS

Com efeito, como observamos em outra obra,[46] o pensamento contemporâneo abandonou a interrogação direta sobre o mundo, como se, para continuar a filosofar, isto é, para interrogar o real *como um todo*, fosse preciso interrogá-lo obliquamente, escolhendo um "objeto-mundo" que pudesse substituí-lo. Esses objetos são diversos, conforme a corrente. Vistas do momento presente, cuja tendência dominante consiste em reinterpretar a história da filosofia do século XX como tendo sido dividida em duas correntes principais (a fenomenologia e a filosofia analítica), essas duas vias da filosofia opostas em tudo parecem ter em comum um ponto essencial. Elas interrogam não o mundo mesmo, mas o mundo refletido ou já dado em uma estrutura que faz as vezes dele e possui as mesmas propriedades que ele: a consciência ou a linguagem; uma e outra são estruturas de copertencimento totalizantes, reflexivas, que se apresentam como dando *imediatamente* acesso ao mundo. Esse último ponto talvez seja problemático. Cada um desses "objetos-mundo" poderia contestar a pretensa imediatidade do outro e negar-lhe toda "dação" das próprias coisas: do ponto de vista da consciência, a linguagem aparece como uma mediação supérflua, ou pior, como um espelho deformante. A linguagem poderia replicar legitimamente que o que ela perde em termos de imediatidade da experiência, ela ganha em termos de riqueza. Nós entramos de imediato *no* mundo que se oferece à consciência, mas permanecemos sós:

---

45 Sobre a distinção entre o "mundo" e o "real", tomamos a liberdade de remeter o leitor à introdução de nosso *Dire le monde*.
46 Ibid.

a intersubjetividade ou a objetividade não são dados imediatos. A linguagem sobrecarrega o real com formas, estruturas e regras que não se encontram *a priori* nesse real, mas o mundo falado dessa forma é imediatamente um mundo comum. Em resumo, consciência e linguagem aparecem como rivais que pretendem *dar o mundo* no lugar dele.

Não é à toa, portanto, que a filosofia do século XX, em suas duas correntes dominantes, tenha se retirado para essas duas terras mais seguras. As diferentes críticas à "metafísica" derrubaram a antiga pretensão da filosofia de buscar as essências ou as razões últimas das coisas. As ciências particulares fizeram que ela renunciasse um a um aos seus antigos objetos de conhecimento. Sem mais esperança de ter acesso à totalidade do real, e ao mundo portanto, tal como era tradicionalmente sua vocação, a filosofia, quando não se consagrava à contemplação de seu próprio reflexo, reescrevendo sua própria história, refugiava-se nos dois "objetos- -mundo". A consciência, no que toca à fenomenologia husserliana ou pós-husserliana, e a linguagem, no que toca a Wittgenstein e seus sucessores, provaram ser objetos privilegiados. Esses objetos primeiros e fundadores não eram objetos *próprios* para a fenomenologia ou para a filosofia analítica; elas não podem de forma alguma restringir-se a uma filosofia da consciência ou a uma filosofia da linguagem. Nos dois casos, é o mundo mesmo, ou as coisas mesmas, que elas afirmam tomar como objeto, a partir de um ponto de vista privilegiado, que lhes dá acesso *imediato* a ele. A aparente "transparência" dos objetos-mundo permitia à filosofia ter acesso imediato e exaustivo ao mundo, na medida em que possuíam as mesmas propriedades do mundo: ser a um só tempo totalizante e reflexivo. Verossimilmente, eles eram apenas rebentos secundários, meros substitutos um tanto frustrantes, mas tinham a vantagem de ser acessíveis, disponíveis, "domináveis" pelo discurso filosófico, e, ainda em parte, livres da "influência" científica. Eis por que a "redução fenomenológica" e a análise "lógica" puderam desempenhar um papel análogo nas duas correntes "rivais": recuperar a unidade do mundo perdido e reatar o fio do empreendimento totalizante da metafísica, resolvendo toda a experiência em elementos simples cuja homogeneidade era garantida *a priori*, visto que era conferida pela unidade focal (a consciência, a linguagem) a partir da qual o conjunto do real aparece como dado.

Ora, a nosso ver essas duas vias da filosofia do século passado são comparáveis com os "dois destinos da ontologia" na filosofia antiga que tentamos trazer à tona neste capítulo. A filosofia grega depois de Parmênides teve uma história comparável à história da filosofia contemporânea depois do "fim da metafísica". As duas vias da filosofia contemporânea, a analítica e a fenomenológica, talvez reproduzam, em um segundo conjunto de figuras, a via categorial e a via física da filosofia antiga. Essas duas últimas já constituíam duas respostas simétricas e incompatíveis à perda, por parte do pensamento filosófico, de um objeto *total, mas vazio*: o próprio ser. Era preciso escolher o que podia tomar o lugar do objeto faltante, preservando ao mesmo tempo suas exigências de ordem e totalidade. Mas, para isso, era necessário escolher outro modo de acesso ao todo que pudesse substituir o pensamento puro – ou melhor, "a" razão puramente especulativa – que se encontra em Parmênides. O que escolher? De um lado, o mundo total e ordenado em que a linguagem nos mergulha – pois é evidente que temos acesso imediato a esse mundo onde *nós* somos graças à linguagem na qual ele transparece. Donde as Formas e a dialética platônicas, e por fim as *Analíticas* de Aristóteles. Mas também se podia escolher a realidade que vemos, que tocamos, e na qual nós nos movemos de forma não menos evidente: pois é claro que temos acesso imediato a esse real também, graças à percepção na qual ele transparece. Donde os átomos, e a física. Aqui encontramos as duas vias que se oferecem à filosofia contemporânea, em busca do objeto faltante ao qual ela tinha acesso outrora, "na época da metafísica". A via que tenta dizer o mundo através da análise dos enunciados que empregamos é exatamente aquela que foi aberta pelo *Sofista* e pelas *Analíticas*, como é também aquela pela qual enveredaram Wittgenstein ou Quine: é a via analítica. A via que tenta ver todo o real através das aparências que nos são dadas dele, a de Demócrito e Epicuro, e em certo sentido recuperada por Husserl ou Merleau-Ponty, é precisamente a via fenomenológica. Não há dúvida de que a "fenomenologia", no sentido moderno do termo, não é uma "física". Mas, tudo bem pesado, a física dos antigos atomistas bem merecia ser considerada uma "fenomenologia", visto que pretendia explicar por meio de *razões* o que *aparecia*. Não há dúvida de que essa "física" atomista não repousa sobre algo como a "consciência", mas sim sobre fenômenos – e em especial o fenômeno do movimento – tais como eles se oferecem imediatamente à percepção; mas, tudo bem pesado, o modelo privilegiado da imediatidade é também, na tradição husserliana, o da percepção anterior a todo julgamento. Depois dos diversos "fins da metafísica" do século XIX, bem como o fracasso do "é" de Parmênides, a filosofia quis continuar a pensar tudo, com a condição de que esse "tudo" não fosse apenas um "pensamento", mas fosse de certo modo *tudo isso*. O problema é saber: "tudo isso *o quê?*" "Isso" é o que é dito ou o que é mostrado? Era preciso escolher – talvez ainda seja.

Se é assim, podemos ver na decisão necessária diante desse dilema uma boa razão para considerar inúteis todas as tentativas de articular a análise e a fenomenologia, ou então os sonhos de uma nova teoria geral do conhecimento que possa finalmente implantar uma na outra a "forma" e a "matéria" do real, as categorias da linguagem e a intuição perceptiva, a lógica do real e a carne do mundo.

2

AS DUAS VIAS DA METAFÍSICA: O PRIMEIRO PRINCÍPIO DE ARISTÓTELES E DE DESCARTES

O conteúdo da *Metafísica* de Aristóteles é bem pouco "metafísico", no sentido dado por Descartes ao termo. Longos desenvolvimentos tratam do que Aristóteles chamava sua "física", outros não menos importantes se referem ao que na Antiguidade Clássica se chamava sua "lógica", e os temas propriamente "metafísicos" encontram pouco espaço em sua obra. Descartes circunscrevia a metafísica ao estudo da alma e de Deus;[1] ora, Aristóteles estuda "a alma" no tratado homônimo – que é um tratado de física – e o estudo propriamente dito do divino tem mais espaço em seus "livros sobre o movimento" (*Física* VII-VIII) do que na *Metafísica* (XII, 6-9). A metafísica cartesiana não possui os mesmos objetos que a *Metafísica* aristotélica, e muito menos obedece ao mesmo método: esta é "diaporemática" nos procedimentos, dialética e impessoal na abordagem; aquela é apodíctica nos procedimentos, meditativa e pessoal na abordagem. Acrescente-se que à metafísica de Descartes é atribuída a glória (ou a culpa) de ter posto fim ao triunfo histórico dos conceitos e dos modos de

---

1 Cf. a carta dedicatória de Descartes, *Meditações metafísicas*.

pensamento provenientes do pensamento de Aristóteles. Parece, portanto, que entre a *Metafísica* de Aristóteles e as *Meditações metafísicas* de Descartes não há mais do que um daqueles equívocos ou coincidências aos quais a história da palavra nos habituou desde sua origem.

No entanto, essas duas "metafísicas" talvez não estejam ligadas apenas pela simples homonímia. Afinal, em uma de suas principais definições, a ciência teorizada por Aristóteles na *Metafísica* é "a ciência dos primeiros princípios";[2] e na carta que serve de prefácio à edição francesa dos *Princípios da filosofia*, Descartes afirma que na primeira parte, em que ele explica sua "metafísica", estão contidos "os princípios do conhecimento". Portanto, se não há uma continuidade de Aristóteles a Descartes, há ao menos uma constante da metafísica: trata-se da ciência que expõe os princípios do qual dependem todos os (outros) conhecimentos. Para que essa identidade de definição não seja ela própria da ordem da equivocidade, seus "princípios" respectivos precisariam ser comparáveis – o que talvez permitisse esclarecer um pelo outro os empreendimentos de Descartes e de Aristóteles. A esse paralelo objetar-se-ão todas as oposições mais do que conhecidas entre seus princípios metafísicos: o "princípio da não contradição", de um lado, e o "Cogito", de outro. Mas pode ser – é o que tentaremos mostrar – que os princípios aristotélicos, longe de ser princípios formais de raciocínio como os concebia Descartes, correspondam no projeto de Aristóteles às exigências que conduziram Descartes a estabelecer o *Cogito* como o único verdadeiro princípio metafísico. E, sobretudo, pode ser – o que também tentaremos mostrar – que entre o *Cogito* cartesiano e os princípios aristotélicos haja uma analogia muito íntima de estrutura, sentido e função. O que nos conduziria a nos perguntar, para além desse mesmo paralelismo, e em virtude dessa mesma distância que separa esses paralelos, se entre as concepções antiga e moderna do princípio não haveria afinal, para "a" metafísica, um

---

2 Cf. Aristóteles, *Metafísica* I, 2, 982b 9 e IV, 1, 1003a 26. Sobre a sinonímia entre "princípio" e "causa" nesse contexto, cf. ibid. V, 1, 1013a 17.

dilema e, para a razão, duas maneiras opostas, se bem que talvez sejam as únicas, de aspirar à autofundamentação.

Os princípios da metafísica (aristotélica, cartesiana)

O QUE SÃO OS PRINCÍPIOS DA METAFÍSICA ARISTOTÉLICA?

Por definição, um princípio é "o ponto de partida do conhecimento de uma coisa" (*Metafísica* V, 2, 1013a 14-5). Os princípios são, portanto, verdades primeiras. Em três sentidos. Primeiro, nos dois sentidos complementares que lhes dá a posição inicial que eles ocupam no conjunto das verdades de uma ciência: de um lado, eles são verdades que não são conhecidas por uma outra; de outro, eles são aquilo pelo qual as outras verdades são conhecidas. "Enquanto as outras proposições são demonstradas pelos princípios, os princípios não podem ser demonstrados por outras coisas" (*Tópicos* VIII, 3, 158b 2-4). Mas, como se sabe, a ordem da ciência não é uma simples ordem de apresentação conveniente ou arbitrária, e as verdades primeiras não o são apenas em relação às verdades que se deduzem delas (como se fosse possível inverter axiomaticamente princípios e consequências), mas são as verdades *as mais conhecidas* (*Analíticos posteriores* I, 2, 71b 22, 29-33, 72a 25-9). Assim, toda ciência, e em particular a ciência primeira, tem por objeto "os [princípios] primeiros e as causas primeiras, pois é graças aos princípios e a partir dos princípios que todo o resto é conhecido, e não, inversamente, os princípios pelas outras coisas que dependem deles" (*Metafísica* I, 2, 982b 2-4). Os princípios de uma ciência são, portanto, proposições triplamente primeiras: elas não são deduzidas de nenhuma proposição, todas as outras são deduzidas delas, e elas são as mais conhecidas de todas. *Quid* dos princípios "metafísicos"?

A ciência que é apresentada no Livro I da *Metafísica* é a ciência "dos primeiros princípios e das primeiras causas" (I, 2, 982b 8). Ciências dos primeiros princípios e das primeiras causas? A expressão parece redundante ao leitor dos *Analíticos*, que sabe que *toda* ciência estuda os primeiros princípios e as primeiras causas, para além dos quais é impossível retroceder. A ciência que é apresentada no Livro IV, 1, é "a ciência do ser enquanto ser". Ciência do ser? A expressão também parece redundante: toda ciência, em certo sentido, é ciência do ser. Na realidade, as duas definições dessa ciência se esclarecem uma pela outra, como mostra o início do Livro IV, que identifica uma à outra.[3] Primeiro, um argumento *a priori* define um campo possível para a ciência dos primeiros princípios e das primeiras causas (IV, 1, 1003a 26-31): se existem primeiros princípios e primeiras causas *dos seres*, eles devem ser estudados por uma ciência que conceba esses seres simplesmente *enquanto seres*. Mais adiante, um argumento *a posteriori* (IV, 3, 1005a 19-24) parte dos princípios próprios das diferentes ciências e chega aos princípios comuns a toda ciência: os primeiros princípios nos quais se apoiam todas as ciências (e notadamente o princípio da não contradição) são princípios do "ser enquanto ser". O que significa isso?

Toda ciência é, por definição, ciência do "ser", isto é, de alguma coisa existente. Uma ciência que não fosse ciência do ser, isto é, que não estudasse coisas existentes, ou "entes", seria ciência de nada, não seria uma ciência. Ela não poderia enunciar nenhuma verdade, segundo a própria definição da verdade (*Metafísica* VI, 4, 1027b 18-28; IX, 10, 1051a 34-1051b 9). Todas as proposições de uma ciência, inclusive seus primeiros princípios, que também são *verdadeiros* (*Analíticos posteriores* I, 2, 71b 21, 25 etc.), são verdades apenas porque enunciam alguma coisa de algum ser existente. Mas se toda ciência é ciência do ser, as diferenças entre elas dependem do gênero de seres que elas isolam no ser (*Metafísica* IV, 1, 1003a 24-5), ou do ponto de vista do qual ela os concebe. Assim, a física estuda os seres sensíveis enquanto dotados de movimento e as ciências matemáticas estudam *esses mesmos* seres sensíveis enquanto quantificáveis. Talvez essa afirmação seja exagerada; pois as diversas ciências matemáticas estudam os seres sensíveis (os corpos) ou como quantidades

---

3 Sobre essa identificação das duas definições, cf. também *Metafísica* VI, 1, 1025b 3-4.

indivisíveis (cada ser sensível é posto como *um* ser) – como no caso da aritmética –, ou como quantidades infinitamente divisíveis (os seres sensíveis são considerados em seu volume, superfície, comprimento) – como no caso da geometria. Donde se pode compreender que uma ciência *una* possa estudar o ser *enquanto ser*. Do mesmo modo que existe um ponto de vista da matemática geral (*Metafísica* XIII, 3, 1077a 17-34), que estuda o ser segundo o gênero *uno* da quantidade, independentemente das "diferenças" reais (divisível ou indivisível) que especificam o gênero, pode existir uma ciência do ser que o conceba enquanto ser, desde que seja possível legitimar essa *unidade* de visão: mas, uma vez que "o ser não é um gênero" (III, 3, 998b 21-4) – ao contrário da quantidade, por exemplo –, essa unidade não é uma unidade genérica ou uma "comunidade de noção" (IV, 2, 1003b 12-3); mas outro tipo de unidade é possível, para todos os seres, e é papel da "unidade focal"[4] (III, 3, 1003b 6, 14) do ser – "a substância" (III, 3, 1003a 32-1003b 19) – justificar, além de todas as ciências regionais, a unidade da ciência do ser *enquanto ser*, que assim pode ser uma ciência universal sem ser geral. Quais são seus princípios?

Toda ciência é, por definição, explicativa, isto é, sua finalidade é enunciar as "causas" dos seres que ela estuda, portanto sua finalidade última é enunciar as causas últimas ou os princípios de todos os seres de seu campo de estudo do ponto de vista a partir do qual ela os considera (*Analíticos posteriores* I, 24, 85b 27-86a 3),[5] as explicações últimas para além das quais é impossível retroceder: por exemplo, a geometria começa nas verdades absolutamente primeiras, definições e axiomas; ela enuncia em "primeiros princípios" essas verdades das quais todas as outras verdades podem ser deduzidas. Do mesmo modo, a aritmética parte do princípio de que "números iguais subtraídos de números iguais dão números iguais". Mais em geral, há verdades comuns em todas as quantidades, quer sejam ou não divisíveis (por exemplo, o axioma da matemática geral é: "quantidades iguais subtraídas de quantidades iguais dão quantidades iguais"), que

---

4 Retomamos aqui a tradução consagrada, "relação com um termo único".
5 Cf. também Aristóteles, *Metafísica* VI, 1, 1025b 5-9.

nenhuma ciência matemática enuncia enquanto tal, mas todas as utilizam de acordo com suas necessidades, isto é, de acordo com o ponto de vista a partir do qual elas consideram a quantidade (*Analíticos posteriores* I, 10, 76a 39-76b 2). Segundo o mesmo raciocínio, se há verdades comuns a todas as ciências demonstrativas enquanto *matemáticas*, há verdades comuns a todas as ciências *demonstrativas* enquanto tais, e princípios do ser, não enquanto quantidade ou dotado de movimento, mas "enquanto ser". Nenhuma ciência os enuncia como tais (*Analíticos posteriores* I, 11, 77a 10 e 32; I 32, 88a 37-88b 4), mas todas os reconhecem implicitamente (*Analíticos posteriores* I, 11, 77a 10 ss.). Todas os utilizam, mas apenas na medida adequada a seu objeto (*Metafísica* IV, 3, 1005b 23-7). Os axiomas que todas as ciências cujo objeto de estudo é o ser (as ciências teoréticas) reconhecem necessariamente, ainda que de modo implícito, são os axiomas estudados pela ciência que considera o ser *enquanto ser*: o princípio da não contradição e o princípio do terceiro excluído. Esses são os princípios dessa ciência porque são os princípios de todas as outras ciências, e eles são verdadeiros para o ser enquanto ser porque são verdadeiros para todo ser, qualquer que seja.

Nota-se que, para Aristóteles, esses princípios metafísicos (e especialmente o princípio da não contradição) não enunciam as leis formais do pensamento, tampouco (ou apenas secundariamente) "leis lógicas", mas leis ontológicas do ser: "é impossível que a mesma coisa ao mesmo tempo seja e não seja", "é impossível que haja um intermediário entre ser e não ser". Todas as ciências requerem esses princípios porque eles são verdadeiros para todos os seres, sob qualquer ponto de vista que sejam estudados (*Metafísica* IV, 3, 1005a 23-7). São necessários ao procedimento dedutivo – mas em um sentido muito particular: eles não são necessários à forma mesma da dedução, à sua validade (ao contrário da interpretação que se fará mais tarde e que Descartes herdará), mas à *verdade* mesma de todas as proposições deduzidas. O que tem como consequência que, em um raciocínio dedutivo, a conclusão não pode ser falsa ("dizer o que não é") quando as premissas são verdadeiras ("dizem o que é"), não porque a *forma* do raciocínio é válida, mas porque é impossível que o mesmo ser (por exemplo, aquele de que se trata na premissa menor e na conclusão) seja, e ao mesmo tempo não seja, o que ele é (*Analíticos posteriores* I, 11, 77a 15-21). O princípio enuncia, portanto, uma *verdade* relativa a todo ser, o fato de que nenhum ser pode ser o que não é, e essa não contradição de todo ser com ele mesmo, essa constância "necessária" e "eterna" (*Ética a Nicômaco* VI, 3, 1139a 19-25) de todo ser que pode ser cientificamente estudado em sua própria essência, garante a verdade de todas as conclusões científicas. Do mesmo modo, isso tem como consequência, em uma demonstração por absurdo, que a falsidade da conclusão implica a verdade de seu contraditório, porque no ser não há intermediário possível entre "ser tal" e "não ser tal". Sem esses princípios fundadores de toda ciência demonstrativa, a própria ideia de ciência seria impossível, porque os seres poderiam ao mesmo tempo ser e não ser o que se diz deles, ou deixar de ser o que foram, uma vez estabelecidos.

Os princípios de toda ciência são definidos, portanto, por quatro exigências: eles devem ser triplamente primeiros, como se viu, e *verdadeiros*, isto é, ter por objeto o ser. Os princípios da metafísica não são exceção, muito pelo contrário: enunciando as primeiras verdades e as únicas verdades válidas universalmente a propósito do ser, eles nos dão a conhecer realmente o ser e não apenas a maneira de falar a respeito deles ou apresentar conhecimentos sobre eles. Quanto aos três tipos de prioridade que definem todo princípio, Aristóteles as recorda a propósito do princípio da não contradição, no qual elas são eminentemente realizadas, por assim dizer: esse princípio é "o mais firme de todos, porque é impossível enganar-se a seu respeito", é "o mais bem conhecido" (*Metafísica* IV, 3, 1005b 13); aliás, ele é "incondicionado" (IV, 3, 1005b 14), no sentido de que não depende de nenhum outro princípio; e por fim, e inversamente, é necessário conhecê-lo para conhecer *todo ser, qualquer que seja* (IV, 3, 1005b 16-7). Portanto, esse princípio da metafísica é princípio por excelência.

QUAL É O PRINCÍPIO DA METAFÍSICA CARTESIANA?

Em uma carta a Clerselier (junho ou julho de 1646), Descartes distingue dois sentidos da palavra "princípio". Determinar o princípio é, em um primeiro sentido, "buscar uma noção comum que seja tão clara e tão geral que possa servir de princípio para provar a existência de todos os Seres, os *Entia*, que se conhecerá em seguida". Em um segundo sentido, é "buscar um Ser cuja existência nos seja mais conhecida do que a de qualquer outro, de maneira que ela nos possa servir de princípio para conhecê-los". Essa distinção é determinante dentro da própria doutrina cartesiana. De fato, sabemos que, nos *Princípios da filosofia* (I, 10), Descartes inclui algumas proposições, e em especial "para pensar é necessário ser", entre aquelas "noções tão simples que por si mesmas não nos levam ao conhecimento de nenhuma coisa existente": ora, essa máxima, em um sentido, deve ser conhecida antes da máxima "penso, logo sou" por aquele que conduz seus pensamentos por ordem – e é exatamente nesse sentido que ela é um princípio –, embora em outro sentido, e de acordo com o mesmo artigo, ela seja precisamente "a primeira e a mais certa que se apresenta àquele que conduz seus pensamentos por ordem". Diremos, portanto, que "para pensar é necessário ser" é um princípio no sentido 1 da carta a Clerselier, e a inferência "penso, logo sou" é um princípio no sentido 2 da mesma carta. A questão da prioridade entre eles é difícil, e controvertida:[6] cada princípio poderia legitimamente reivindicá-la e colocar-se como princípio do outro – o que nos leva à questão de saber em que medida o Cogito é uma inferência que se deduz da máxima "para pensar é necessário ser" tomada como princípio, e, secundariamente, ao problema da relação entre essa máxima e a suposta premissa maior de um silogismo do qual o Cogito seria a conclusão.

---

6 Consideramos a questão resolvida pelo artigo de Pariente, *Problèmes logiques du Cogito*, p.229-69: o princípio "para pensar é preciso ser" é conhecido antes da inferência do Cogito, mas sob a forma de uma regra de inferência pertencente à metalíngua, e não sob a forma de uma premissa da qual se poderia deduzir o Cogito. Na língua-objeto, o Cogito é absolutamente primeiro e não há nenhum outro enunciado do qual ele derive.

Não obstante, a posição de Descartes é inequívoca em um ponto fundamental: o verdadeiro princípio de *sua* filosofia é o princípio no sentido 2, e esse princípio é o Cogito. A lista dos princípios no sentido 1 é mais longa, é claro, e provavelmente infinita. Mas compreende em primeiro lugar, segundo a carta a Clerselier, os princípios no sentido lógico, isto é, o princípio da não contradição *"impossibile est idem simul esse et non esse"* [É impossível que a mesma coisa seja e não seja ao mesmo tempo]. Todos esses princípios estão sujeitos à condenação, segundo a carta a Clerselier, de que não podem "em geral servir [...] propriamente para nos fazer conhecer a existência de coisa nenhuma, mas apenas fazer que, quando a conhecemos, confirmemos sua verdade por um raciocínio"; e, acrescenta Descartes, isso "tem bem pouca importância e não nos torna mais sábios em nada". O outro princípio, em contrapartida, tem grande utilidade – e é apenas *um*, aquele mesmo do qual o *Discurso do método* diz muito apropriadamente que é "o primeiro princípio da filosofia que eu procurava" (Parte IV). É o princípio de "que nossa alma existe e não há nada cuja existência nos seja mais notória", ou seja, o Cogito. Esse princípio, em sua significação propriamente cartesiana, não é princípio no sentido de que ele se submete à exigência de que "todas as outras proposições possam ser reduzidas a ele e provadas por ele", mas é princípio no sentido de "que possa servir para encontrar muitas[7] e não haja nenhuma da qual ele dependa nem que se possa encontrar antes dele". Eis por que somente pela consideração de nossa própria existência, observa Descartes (ibid.), é "que começamos a ter certeza da existência de Deus e, em seguida, de todas as criaturas".

---

7 Na carta-prefácio à edição francesa dos *Princípios da filosofia*, Descartes é mais rigoroso. Ele diz no início que é suficiente que seja "deles [dos princípios] que dependa o conhecimento *das outras coisas*, de maneira que possam ser conhecidos sem elas, mas não reciprocamente elas sem eles" (grifo nosso); contudo, mais adiante, ele diz que a segunda condição requerida pelos "verdadeiros princípios" é "que se pode deduzir deles *todas* as outras coisas" (grifo nosso). Quando se trata dos princípios da filosofia em geral, deve ser possível deduzir deles *todas* as proposições subsequentes; quando se trata do primeiro deles, o Cogito, único princípio metafísico, é suficiente que *várias* proposições dependam dele, desde que ele mesmo não dependa de nenhuma.

Encontramos nessas observações sobre o Cogito, único verdadeiro princípio, as três primeiras exigências da ideia aristotélica de princípio, a de toda ciência: ele é a proposição "mais notória" (Descartes) ou "mais conhecida" (Aristóteles). Trata-se de uma proposição da qual se pode deduzir as outras (Descartes), pela qual se pode demonstrar as outras (Aristóteles), mas que não depende de nenhuma outra (Descartes), é "anipotética" (Aristóteles). Mas isso não é tudo. Acontece que a quarta exigência de Descartes, a que para ele distingue a "sua" metafísica da metafísica de Aristóteles, ou ao menos o seu princípio dos princípios da tradição aristotélica, já era uma característica do princípio metafísico de Aristóteles. Pois se, de acordo com Descartes, os princípios que devem ser substituídos pelo verdadeiro princípio são inúteis, é porque são puramente lógicos ou formais: ora, como pudemos constatar, o princípio da metafísica aristotélica *não é* um princípio lógico. Mais ainda: para Aristóteles, ele correspondia às exigências cartesianas do verdadeiro princípio, isto é, às que Descartes enuncia pelo princípio no sentido 2 e não pelo princípio no sentido 1. De fato, como o princípio da não contradição é universalmente o princípio de toda ciência do ser e especificamente o princípio da ciência do ser enquanto ser, na *Metafísica* aristotélica ele permite o conhecimento verdadeiro de alguma coisa existente ("o ser"), como pretende Descartes por *sua* metafísica, e não apenas da maneira de falar sobre ela ou de confirmar sua "verdade por um raciocínio". Sem dúvida, não se trata de uma existência particular (a minha), mas de uma existência comum a todos os seres, quaisquer que sejam. No entanto, em ambos os casos, o propósito é falar *do que é*, dizer *verdades* primeiras sobre ele, e não formular regras formais de inferência.

Poder-se-ia objetar que, se ambas as teses são ontológicas (o princípio da não contradição parece até mais ontológico do que o Cogito, que não diz nada do ser, e menos ainda do ser enquanto ser), parece que uma não requer nenhuma posição de existência, enquanto a outra (o Cogito) se reduz a uma proposição de existência: eu *existo* ("Existe ao menos um ser tal que..." etc.). Mas não é o caso. O Cogito não é uma proposição existencial, mas uma inferência contendo uma proposição existencial (penso, logo sou) *ou* a enunciação das condições de verdade de uma afirmação existencial: a proposição "sou, existo" é verdadeira todas as vezes que eu a penso ou a profiro em espírito. Desse ponto de vista, o princípio da não contradição não é muito diferente. Claro, ele não contém uma asserção existencial, mas tal afirmação é pressuposta por Aristóteles (e talvez até mesmo, mais em geral, pelos gregos), quando estabelece que, para todo *ser*, é impossível ao mesmo tempo ser e não ser, ainda que a existência não seja tematizada como tal, por exemplo, sob a forma "há o ser". As razões pelas quais a afirmação existencial não é tematizada são precisamente as que tentaremos evidenciar mais adiante: o que constitui um problema para os gregos é a *verdade*, e não a *objetividade* – por razões semânticas, esta, ao contrário, não constitui nenhum problema para eles.[8]

Nota-se que o princípio da não contradição era um princípio da metafísica de Aristóteles no mesmo sentido que Descartes exigia para o princípio verdadeiro de *sua* metafísica quando introduziu o Cogito: verdade mais conhecida, que precede toda outra, da qual se seguem as outras, e que nos faz conhecer o ser.

Mas o essencial reside alhures. O essencial não é que Descartes recupera as determinações definitórias do princípio de Aristóteles para seu próprio princípio, mas que, mais profundamente e talvez à revelia de Descartes, seu princípio se estabeleça, conheça-se e funcione exatamente da mesma forma que o princípio de Aristóteles.

O acesso ao princípio

Como os princípios aristotélicos do ser enquanto ser são estabelecidos em sua verdade? O que garante que o ser que eles

---

8 Que as proposições universais de Aristóteles sejam necessariamente instanciadas para ele, e por isso impliquem a existência, é fato comumente reconhecido – em geral para ser lamentado. Como já observava Russell, o enunciado "'todos os gregos são homens' é interpretado por Aristóteles como implicando que há gregos". (Poderíamos acrescentar que o enunciado "todo ser é não contraditório" implica da mesma forma que o ser existe!) Explica-se assim a teoria aristotélica dos silogismos em Darapti, como lembra e explica Benmakhlouf, *Bertrand Russell*, p.83-4.

dizem seja tal qual eles o dizem? A que eles devem essa posição de primeira verdade? Sabemos como Aristóteles responde a
essa questão no Livro IV da *Metafísica*: se os princípios não são
demonstráveis "cientificamente" (sob pena de petição de princípio, visto que toda demonstração os pressupõe), eles podem
ser estabelecidos dialeticamente, isto é, por refutação. A estratégia para estabelecer o princípio compreende três elementos
indissociáveis.

O primeiro consiste em passar pela prova do ceticismo mais
radical. Supõe-se um adversário absoluto e mostra-se que, mesmo
para ele, há ao menos uma coisa sabida, que já é sabida sem ele
saber e ao mesmo tempo que ele nega toda possibilidade de saber
o que quer que seja das coisas em si. Por exemplo, Aristóteles dirige-se a um "protagórico" que, reduzindo o ser à aparência, nega
que se possa saber o que são as coisas além da maneira como elas
aparecem para cada indivíduo e, assim, é levado a afirmar que, se
as coisas são "tais", é possível que ao mesmo tempo sejam "não
tais", ou seja, negue o princípio da não contradição. A tática consiste em mostrar que mesmo ele, que nega esse princípio, o reconhece concomitantemente e sem querer pelo próprio fato de negar
e, portanto, de falar. Ao concordar – pelo fato de falar, dirigir-se
a alguém e participar do diálogo – com a "regra de determinação
do sentido",[9] que possibilita a relação dialógica (*Metafísica* IV, 4,
1006b 9), ele se condena a admitir que se um ser, qualquer que
seja, é *isto* (o que a determinação de sua essência poderia exprimir em uma definição), então é impossível que ele seja ao mesmo
tempo *não isto* (IV, 4, 1006b 25-34). Do mesmo modo o princípio do terceiro excluído: aquele que o nega afirma no mesmo
ato alguma coisa contra aquele que o afirma. Ele é obrigado a
reconhecer o princípio, dessa vez não na medida em que fala com
alguém, mas na medida em que participa de um debate dialético,
isto é, afirma a verdade de uma tese negando a tese de seu adversário. Com efeito, quem nega o princípio do terceiro excluído não
pode sustentar sua própria tese negando sua contraditória.[10]

---

9 Cf. Granger, *La théorie aristotélicienne de la science*, p.325.
10 Sobre essa tese, cf. p.31.

O segundo elemento da estratégia para estabelecer o princípio é subjacente ao primeiro. O princípio não apenas resiste *de fato* ao adversário mais radical, como também é por definição e *de direito* nada mais do que aquilo que escapa à suposição de sua própria falsidade. Assim, quem nega o princípio do terceiro excluído afirma-o pelo fato de negá-lo. Aquele que afirmasse que há um terceiro termo entre as proposições contraditórias e, ao fazê-lo, negasse que é preciso ou afirmar ou negar todo predicado de um sujeito determinado, deve poder dizer afirmativamente sua posição negando sua contraditória: ele o confirma negando-o. Como no princípio da não contradição, portanto, basta sustentarmos que o princípio do terceiro excluído é falso (no primeiro grau) para necessariamente reconhecê-lo (no segundo grau), asseverando o que dizemos, isto é, afirmando que é falso o que diz o outro (que o afirma) e verdadeiro o que nós mesmos dizemos quando o negamos. Portanto, a afirmação inegável do princípio é efeito necessariamente resultante da negação generalizada a que todas as proposições são submetidas. As que não apenas resistem a essa negação, como também a *permitem* e a *constituem*, ou seja, são as condições mesmas de toda afirmação e de toda negação no diálogo, são princípios.[11]

Esse já é o terceiro elemento da estratégia aristotélica, recíproco do precedente. Quem nega o princípio confirma-o pelo próprio fato de negá-lo contra quem o afirma; mas, reciprocamente, quem afirma o princípio (em especial o do terceiro excluído) não precisa de outra prova de sua verdade, além daquela que resulta dessa afirmação: pois o princípio se torna automaticamente verdadeiro pelo fato de ser asseverado, na medida em que sua negação se torna falsa pelo fato de ser asseverada, e o princípio do terceiro excluído é exatamente essa equivalência entre a verdade de toda proposição e a falsidade de sua contraditória.

---

11 Por esse motivo é que tratamos em paralelo ou de modo alternado os dois princípios de Aristóteles (não contradição e terceiro excluído) como se fossem apenas um. Eles são indubitavelmente independentes um do outro, mas constituem solidariamente as condições constitutivas de todo diálogo, ou ao menos de todo estabelecimento dialógico da verdade.

Podemos encontrar os três elementos indissociáveis da estratégia de Aristóteles na estratégia de Descartes para estabelecer seu próprio princípio: o Cogito.

O primeiro consiste em passar pela prova do ceticismo mais radical e retomar precisamente todos os argumentos tradicionais dos que negam toda possibilidade de conhecer as coisas em si mesmas. Essa estratégia se materializa em uma argumentação *ad hominem*: simular um adversário absoluto (o gênio maligno), dessa vez não fora de mim, mas em mim; e mostrar que, embora eu seja enganado por ele e deva me negar a afirmar todas as proposições com as quais tendo naturalmente a concordar, mesmo assim, sem querer, eu reconheço o princípio: duvidando de todas as verdades, ou melhor, graças ao gênio maligno, negando-as, mesmo aquelas que a natureza de meu espírito me leva a afirmar, sou obrigado a afirmar no mesmo ato o princípio do "penso, logo sou". "Não há dúvida, pois, de que eu sou, se ele me engana; e que me engane tanto quanto queira, ele nunca poderá fazer que eu nada seja, enquanto eu pensar ser alguma coisa" (*Segunda meditação*).

O segundo elemento da estratégia para estabelecer o princípio é subjacente ao primeiro. O princípio não apenas resiste *de fato* ao adversário mais radical (o gênio maligno), que me força a duvidar de tudo ou mesmo negar tudo, como também é por definição e *de direito* nada mais do que aquilo que escapa à suposição de sua própria falsidade. A proposição "penso e não existo" é existencialmente inconsistente, autodestruidora (*"self-defeating"*), como diz Hintikka.[12] Supô-la falsa é torná-la verdadeira pelo próprio fato de cogitar essa possibilidade. Como já se observou,[13] não é exatamente *em si mesma* que ela é inconsistente, mas sob a condição da máxima "para pensar é preciso ser", funcionando como regra de inferência e sendo da ordem da metalíngua. Mas, do mesmo modo, como se poderia observar, não é exatamente em si mesmo que o princípio da não contradição é "dialeticamente autorrefutável", mas sob a condição da regra metalinguística de determinação do sentido. (E não é em si mesmo que o princípio

---

12 Hintikka, Cogito, ergo sum; as an Inference and a Performance, p.489.
13 Pariente, op. cit., p.238-45.

do terceiro excluído é "dialeticamente autorrefutável", mas sob a condição da regra metalinguística: "para dialogar, é preciso afirmar ou negar".) Assim, aquele que pensa "eu não existo" é, no segundo grau, contradito pelo fato de que ele o pense, da mesma maneira que aquele que nega o princípio do terceiro excluído é contradito no segundo grau pelo fato de que ele o *diga* a alguém que o nega. Como para os princípios aristotélicos, portanto, basta afirmar que "penso, logo sou" é falso (no primeiro grau, pelo gênio maligno) para, no mesmo ato, necessariamente reconhecê-lo (no segundo grau) como verdadeiro, não exatamente asseverando-o contra um outro exterior a mim, mas pensando-o ou proferindo-o em meu espírito. Portanto, a afirmação incontestável do princípio é um efeito necessariamente resultante da dúvida generalizada a que todas as proposições são submetidas. A que não apenas resiste necessariamente a essa dúvida, como também a *permite* e a *constitui*, ou seja, é a condição mesma de toda dúvida, de toda afirmação e de toda negação na meditação, é o princípio.

Esse já é o terceiro elemento da estratégia cartesiana, recíproco do precedente. Quem afirma o Cogito não precisa de outra prova de sua verdade, além daquela que resulta dessa afirmação, ou melhor, da que resulta do fato de que, no segundo grau, essa verdade é dita. Essa transição para o segundo grau é o passo estrategicamente determinante *em ambos os casos*. Essa observação permite introduzir uma nuance importante em relação às leituras "performativas" do Cogito, bem como uma diferença fundamental entre o princípio de Descartes e os princípios de Aristóteles. O que torna o Cogito indubitável não é o caráter propriamente inconsistente de sua negação, mas a contradição performativa que há entre a proposição que o nega e o fato de proferi-la ou pensá-la ("todas as vezes que a penso ou a profiro em meu espírito"). Em outras palavras: a contradição reside não no enunciado em si ("penso que não sou"), mas na contradição entre esse enunciado e o enunciado da metalíngua "para pensar é preciso ser", ou seja, entre os dois tipos de "princípios" diferenciados na Carta a Clerselier: o princípio no sentido cartesiano e outro princípio *que ele pressupõe, mas que ele precede*, que é da ordem da metalíngua e só pode aparecer para o sujeito meditante no próprio ato do *Cogito*. Para que a contradição se manifeste – e o movimento da meditação que estabelece o princípio tende a essa manifestação –, é necessário que haja a transição do primeiro para o segundo grau, isto é, a transição do "eu penso" para "eu penso que eu penso". Como diz J.-C. Pariente: "A estrutura reflexiva do espírito humano faz que, quando eu penso, eu sei que estou pensando, e sei para além de toda contestação possível".[14] É essa estrutura reflexiva do espírito humano que garante ao sujeito meditante passar para o segundo grau; é ela que faz o enunciado "eu penso" ser *indubitável*, se ele é verdadeiro. Mas é aqui que a analogia com o princípio aristotélico se revela esclarecedora. O que torna inegável o princípio do terceiro excluído não é o caráter inconsistente de sua negação, mas a contradição performativa entre a proposição que o nega e o fato de que ela seja negada a alguém que a afirma. Há, de novo, transição para o segundo grau; há, de novo, transição do enunciado do princípio para sua afirmação a quem o nega. Para que a contradição se manifeste, é preciso que haja o movimento do diálogo contra esse adversário. É ele, inversamente, que torna inegável o princípio e o coloca na posição de princípio. Portanto temos, para o princípio do terceiro excluído, um equivalente muito preciso da função que a estrutura reflexiva do espírito humano exerce para o Cogito: a estrutura antitética do diálogo humano. É o caráter reflexivo do pensamento que coloca o Cogito em sua posição de princípio na ordem do pensamento, do mesmo modo que é o caráter dialético do discurso que coloca o princípio do terceiro excluído em posição de princípio na ordem do diálogo.

Em ambos os casos, portanto, o princípio é uma verdade que escapa ao ceticismo e à suposição de sua própria falsidade, mesmo quando ela emana do adversário absoluto, seja ele imaginário (o gênio maligno) ou real (o negador do princípio da não contradição ou do terceiro excluído). Verdade que se põe à prova e se prova quando se tenta negá-la; verdade indubitável, de um lado, e inegável, de outro. Se duvido do Cogito, eu o confirmo no mesmo passo, visto que penso. Se nego que é impossível escapar da alternativa "afirmação/negação", eu o confirmo no mesmo

---

14 Pariente, op. cit., p.261.

passo, visto que o nego. Reciprocamente, quem afirma o princípio ("eu penso", "todo discurso é verdadeiro ou falso") torna-o verdadeiro pelo próprio fato de afirmá-lo, ou a si mesmo ("eu penso"), dada a reflexividade do pensamento, ou a outrem ("digo a verdade afirmando-a, tu dizes o falso negando-a"), dada a dialética do discurso.

Essa primeira analogia entre os dois princípios é a chave para todas as outras, porque justifica os princípios em sua função de princípio. Ela explica por que Aristóteles e Descartes consideram que é seu próprio princípio metafísico que reúne as condições exigidas do verdadeiro princípio. Nenhuma proposição pode ser "mais conhecida" (Aristóteles) ou "notória" (Descartes),[15] posto que ela é reconhecida por quem nega o conhecimento no mesmo ato e no mesmo momento em que a nega. Por outro lado, essa proposição não depende de nenhuma outra, enquanto as outras dependem dela, posto que ela é a condição mesma do pensamento ou da proferição de todas as outras, a si mesmo reflexivamente pelo sujeito meditante, contra todo outro dialeticamente pelo sujeito dialogante. A retrogradação de toda proposição à sua condição de possibilidade estabelece o princípio; o movimento que leva a ele não é um movimento verdadeiro, posto que leva de volta ao ponto de partida imutável.

O LUGAR DO PRINCÍPIO NO SABER E O MODO DE CONHECIMENTO DO PRINCÍPIO

Porque é a única verdade que resiste absolutamente ao ceticismo radical, isto é, à impossibilidade do saber, o princípio é a

---

15 Ou ainda, como escreveu Descartes na carta-prefácio da edição francesa dos *Princípios da filosofia* (A T IX-2, 2), "os princípios devem ser tão claros e tão evidentes que o espírito humano não possa duvidar de sua verdade". Note que Aristóteles não diz explicitamente que os princípios são evidentes, mas que eles são conhecidos por si mesmos (cf. adiante); contudo, ele emprega o adjetivo "manifesto" em um contexto que põe em jogo a noção de princípio: "Demonstrar o que é manifesto [ou seja, que a natureza existe] por aquilo que é obscuro é característico de um homem incapaz de distinguir o que é cognoscível por si mesmo do que não o é" (*Física* II, 1, 193a 5-7).

primeira verdade na ordem do saber, de todo saber. É desse modo que se explica a relação do princípio metafísico com todas as ciências.

Os princípios da metafísica aristotélica (não contradição e terceiro excluído) são não apenas as primeiras verdades dessa ciência primeira, mas são, precisamente por esse motivo, pressupostos por toda outra ciência, visto que "todas as ciências se comunicam entre si por princípios comuns" (*Analíticos posteriores* I, 11, 77a 26). Com efeito, não há saber, em qualquer ordem que seja, que não dependa em última instância dos princípios universais dessa ciência que, por esse mesmo motivo, pode ser denominada a primeira: se a teologia é ciência "universal porque é primeira", segundo a célebre frase da *Metafísica* (VI, 1, 1026a 30-1), também se pode dizer, inversamente, que "a ontologia" é primeira porque é universal. É a essa conclusão, em todo caso, que propende o raciocínio da *Metafísica* IV, 3, 1005a 28-1005b 2: porque a "ciência do ser enquanto ser" é o estudo dos axiomas que regem *todos* os seres enquanto seres, isto é, dos princípios que não podem ser estudados por aqueles que os utilizam e dependem deles (o físico, o aritmético ou o geômetra), em outras palavras, porque é "universal" (IV, 3, 1005a 35) é que ela é "primeira" (IV, 3, 1005b 2). E, sendo assim, o princípio da não contradição é, "por natureza, *também* o princípio de todos os outros axiomas" (IV, 3, 1005b 33-4). Sendo esse princípio verdadeiro para todo ser, qualquer que seja, e, por outro lado, sendo suficiente dialogar contra outrem para pôr à prova sua verdade inegável, ele é por excelência princípio da "ciência do ser enquanto ser"; mas é também princípio constitutivo de toda *outra* ciência demonstrativa, não apenas porque é demonstrativa, mas também porque trata do ser: a matemática, por exemplo, não seria possível sem os princípios do ser enquanto ser, mesmo que, em realidade, ela se apoie em *suas* primeiras verdades e em seus princípios próprios (por exemplo, "se quantidades iguais são subtraídas de quantidades iguais, os restos são quantidades iguais"), que na verdade são os princípios comuns a todas as ciências matemáticas (*Analíticos posteriores* I, 10, 76a 37-76b 2).

Do mesmo modo, o Cogito é o primeiro elo de uma cadeia de verdades (eu existo, sou uma coisa que pensa, Deus existe etc.) sobre a qual repousa o edifício do saber e de todos os saberes. De fato, não há saber de nenhuma ordem que não dependa em última instância desse princípio, mesmo que cada ordem de conhecimento – a física, por exemplo – reconheça e se apoie em seus próprios princípios. O Cogito é a primeira verdade "concernente a todas as coisas imateriais ou metafísicas" e as subsequentes são deduzidas dele;[16] mas, por isso mesmo, também é pressuposto por todos os conhecimentos na ordem "das coisas corpóreas ou físicas", mesmo que a física tenha suas primeiras verdades e seus próprios princípios, como a existência de corpos extensos e mutáveis.[17]

Em Descartes, assim como em Aristóteles, porque o princípio é a única verdade metafísica que *todo* homem (dialogando, meditando) pode provar, ela é a primeira verdade da metafísica e, por esse mesmo motivo, a verdade da qual depende a *possibilidade* de toda ciência, quaisquer que sejam seus princípios próprios.

No mesmo sentido, podemos colocar em paralelo o modo pelo qual em Aristóteles e em Descartes a primeira verdade é adquirida e se opõe ao modo como as outras verdades são adquiridas.

Há uma diferença essencial entre o conhecimento do princípio e o conhecimento pelo princípio. Os princípios se conhecem por si mesmos, diz Aristóteles. Em geral, "são verdadeiras e primeiras as afirmações que convencem, não por uma razão exterior a elas, mas por si mesmas" (*Tópicos* I, 100b 1-2); em especial, um axioma é "necessariamente verdadeiro por si só" (*Analíticos posteriores* I, 10, 76b 23). Em contrapartida, as outras verdades

---

16 "Tomei o ser ou a existência desse pensamento como o primeiro princípio, do qual deduzi muito claramente os seguintes, a saber: que há um Deus que é autor de tudo que é no mundo e que, sendo a fonte de toda a verdade, não criou nosso entendimento de tal natureza que pudesse se enganar no juízo que faz das coisas das quais têm uma percepção clara e muito distinta" (carta-prefácio da edição francesa dos *Princípios da filosofia*).

17 "São esses todos os princípios que emprego relativamente às coisas imateriais ou metafísicas, dos quais deduzo muito claramente os das coisas corpóreas ou físicas, a saber: que há corpos extensos em comprimento, largura e profundidade, que têm diversas figuras e se movem em diversas formas. Eis em suma todos os princípios dos quais deduzo a verdade das outras coisas" (ibid.).

não são conhecidas por si mesmas, mas por outras verdades e, em última instância, pelos princípios. Eis por que toda proposição científica é demonstrável a partir do conjunto de princípios indemonstráveis (definições, hipóteses ou axiomas). Do mesmo modo em Descartes, o primeiro princípio é conhecido por si só (esse conhecimento por si só, atribuído à reflexividade do espírito, denomina-se evidência), mas toda outra proposição é conhecida a partir dele. O saber possui necessariamente uma forma dedutiva, a forma de um encadeamento de verdades necessário e de mão única a partir de um ponto de partida absoluto, o princípio, cuja verdade depende apenas dele mesmo e cuja certeza se deve apenas ao ato que o estabelece; portanto ele não é dedutível de nenhuma outra verdade,[18] mas toda outra verdade deve a ele sua verdade e pode se deduzir, entre outros, dele.

Que o princípio seja indemonstrável não denota uma falha sua, mas, ao contrário, assinala sua superioridade de princípio: ele é a "mais *firme*" das verdades, a respeito do qual "é impossível enganar-se" (*Metafísica* IV, 4, 1005b 11) e no qual "se deve necessariamente crer" (*Analíticos posteriores* I, 10, 76b 23), diz Aristóteles; é "uma verdade [...] tão *firme* e tão segura que todas as suposições dos céticos não [são] capazes de abalar" (*Discurso do método* IV) e na qual "não podemos não crer" (*Princípios da filosofia* I, 7), diz Descartes. Que o princípio seja indemonstrável não denota tampouco uma deficiência nossa, mas, ao contrário, a superioridade do modo pelo qual nós o apreendemos, isto é, dedutivo sem mediação:[19] "os primeiros princípios se conhecem somente por intuição",[20] escreve Descartes, repetindo literalmente o texto dos *Analíticos*.[21] O princípio estabelece implicitamente uma espécie de

---

18 Mesmo que, aquém dele, possam ser encontradas verdades supostas por ele (por exemplo, "para pensar é preciso ser"), que são princípios no outro sentido do termo.

19 Os princípios são imediatos (*Analíticos posteriores* I, 2, 71b 21, 72a 7, 15; I, 3, 72b 2 etc.), isto é, não é possível conhecê-los por demonstração (I, 2, 71b 21 e II, 19, 99b 2 etc.) ou dedução (I, 2, 72a 1 etc.).

20 Descartes, *Regras para a direção do espírito* III.

21 Como assinala com toda a razão Marion (*Sur l'ontologie grise de Descartes*, p.48), a frase da Regra III é uma citação textual de Aristóteles (notadamente

ideal da razão raciocinante: que pare todo movimento dedutivo e que o conhecimento se reduza a uma intuição imediata, que seja suficiente pensar ou falar consigo mesmo[22] para conhecer. Como primeira verdade metafísica, o princípio torna possível a construção de um saber sob a forma de uma cadeia de verdades que, porque o supõem, dependem umas das outras, da mesma maneira que ele depende de si mesmo.

A constituição do saber pelo princípio

Em ambos os casos, porém, o princípio não é somente a primeira de *todas* as verdades, no sentido "coletivo", a primeira na ordem sequencial do conjunto formado por elas; ele é também princípio de *toda* verdade no sentido "distributivo": não existe nenhuma verdade que não seja decorrente do princípio.

Para Descartes, o Cogito é evidentemente a *primeira* verdade que se manifesta a quem conduz seus pensamentos em ordem. Mas não só: ele é subjacente a toda *outra* verdade: não se pode pensar nenhuma outra verdade sem subentender "eu penso", visto que toda verdade é pensada primeiro pelo sujeito do saber. (*Tal* é o efeito da reflexividade do espírito humano que se manifesta na enunciação do Cogito.)

Do mesmo modo, para Aristóteles, o princípio metafísico (e aqui, singularmente, o do terceiro excluído) é subjacente a toda outra verdade e é subentendido em todos os pontos da cadeia dedutiva ("o que tu dizes se me contradizes é falso, o que eu digo se te contradigo é verdadeiro"): sua enunciação está implícita em todo enunciado, pois não se pode enunciar nenhuma verdade a

---

Analíticos posteriores II, 19, 100b 15; cf. também *Ética a Nicômaco* VI, 6, 1141a 19).

22 "A proposição 'sou, existo' é necessariamente verdadeira todas as vezes que eu a profiro, ou a concebo em meu espírito" (Descartes, *Segunda meditação*). Sobre o pensamento dos princípios, e especialmente sobre a adesão à sua verdade, como diálogo interior em Aristóteles, cf. *Analíticos posteriores* I, 10, 76b 25-7 (bem como *Metafísica* IV, 3, 1005b 24-6; o que Heráclito diz a respeito do princípio de não contradição, ele não pode pensá-lo realmente).

alguém sem lhe dizer implicitamente "o que eu te digo é verdadeiro", visto que toda verdade é enunciada primeiramente pelo
sujeito da ciência contra quem for. Tal é o efeito da estrutura dialógica do discurso humano que se descobre no princípio. Portanto, ele não é apenas uma verdade em si mesmo. Ele é o que já
há em toda outra verdade; ele é recolhimento em si, dentro de si,
do que toda verdade supõe e implica. Portanto, ele está não apenas na primeira posição da cadeia, mas está também em todos
os seus elos. Arriscamos dizer que é apenas porque ele está em
todos os elos da cadeia que ele é também, e secundariamente, o
primeiro elo. De fato, enunciar o princípio nada mais é do que
encontrar o ponto comum a todas as verdades. É nesse sentido
que o Cogito é não apenas o enunciado de um princípio da ciência, mas é a expressão de uma experiência real, de relação consigo
mesmo do sujeito meditante: basta ele pensar que pensa para provar sua verdade. Essa experiência singular é, ao mesmo tempo, a
expressão da *essência do sujeito* que a pratica: o pensamento. Mas,
de acordo com esse ponto de vista, os princípios aristotélicos não
lhe ficam atrás: também eles são a expressão de uma experiência
real, a do diálogo. Não só as demonstrações são dialógicas, visto
que deduzem o saber do outro a partir do que ele já sabe, como
os princípios que possibilitam essas demonstrações se provam
dialeticamente: é necessário e suficiente falar a outrem para reconhecer sua verdade. Quem se recusa a passar pela prova crucial
do diálogo não seria um homem, "seria semelhante a um vegetal"
(*Metafísica* IV, 3, 1006a 15). Portanto, a experiência singular pela
qual se põe a prova a verdade do princípio é também a expressão
da *essência do sujeito* que a pratica: o homem, "ser vivo dotado de
palavra" (*Política* I, 2, 1253a 9-10).

Deduz-se daí outra função do princípio metafísico.

Ele não apenas se situa em todos os elos da cadeia, como é
também e sobretudo a condição da constituição da cadeia como
tal, visto que é ele que permite que os elos se encadeiem. Por si
mesmo, o princípio não diz praticamente nada, seu teor cognitivo
é paupérrimo. Do ponto de vista do conteúdo da ciência cartesiana,
pouco importa que eu exista; o que interessa é que, através da evidência na qual se dá a certeza de minha existência, distinga-se *o*

critério de toda a verdade,[23] que é ao mesmo tempo a condição da *inferência entre* verdades. Na ciência cartesiana, não aceito "jamais coisa alguma por verdadeira sem a conhecer evidentemente como tal" (*Discurso do método* II): a evidência pela qual se prova cada verdade possibilita também a inferência das outras.[24] Do mesmo modo, do ponto de vista do *conteúdo* da ciência aristotélica, pouco importa que não se possa negar o que se afirma nem afirmar o que se nega, ou que se tenha de afirmar ou negar sem terceira via; o que interessa é que emane da própria maneira como esses princípios são provados (a saber, a própria impossibilidade do adversário de negá-los) o axioma sem o qual nenhuma demonstração, nenhum encadeamento de verdades seria possível: "Toda demonstração se resume a esse princípio como a uma verdade última, pois ele é, por natureza, um ponto de partida, inclusive para todos os outros axiomas" (*Metafísica* IV, 3, 1005b 29-34). Na ciência aristotélica, jamais se admite coisa alguma como verdadeira sem que primeiro *o outro* a tenha reconhecido como tal, pois "o discurso da ciência é o do ensino" (*Retórica* I, 1, 1355a 26-7).

Esse último paralelo já nos permite avaliar a distância entre os dois princípios metafísicos. É ela que compete medirmos agora: tal analogia formal só tem validade se, através das identidades que ela ressalta, permitir que as diferenças sobressaiam.

A razão e seu princípio

Para além de Descartes e Aristóteles, para além da analogia estrutural entre seus princípios metafísicos, não seria possível explicitar o que é, para a ciência moderna e para a ciência antiga,

---

23 "E tendo observado que não há absolutamente nada nisto: *penso, logo sou*, que me assegura que digo a verdade, senão que vejo muito claramente que, para pensar, é preciso ser: julgava que podia tomar como regra geral que as coisas que concebemos muito claramente e muito distintamente são todas verdadeiras" (*Discurso do método* IV).

24 "Essa evidência e essa certeza da intuição não são requeridas apenas para as simples enunciações, mas também para toda sorte de método discursivo" (*Regras para a direção do espírito* III).

a imagem ideal da racionalidade e a figura pela qual ela se afirma, fundamenta-se e se autoposiciona?

Digamos que "a" razão, na história da metafísica, realizou-se de acordo com dois modelos: razão reflexiva contra razão dialógica. E encarnou-se em dois tipos de sujeitos do conhecimento: de um lado, o sujeito dialogante, constituído pela estrutura dialética do discurso humano; de outro, o sujeito meditante, constituído pela estrutura reflexiva do espírito humano. Donde se concluem as diferenças entre o conhecimento racional fundamentado no princípio moderno do Cogito e o conhecimento racional fundamentado nos princípios dialógicos da não contradição e do terceiro excluído.

A primeira diferença é a que já sublinhamos: ela reside na certeza fundadora de todo conhecimento e no critério último da verdade.

Na ordem da construção do saber, qual é a garantia última para o sujeito moderno, e qual é para o sujeito antigo? Enquanto o pensamento do sujeito moderno pode alcançar sozinho o edifício de uma ciência que, em princípio, se fundamenta exclusivamente na reflexividade, as demonstrações do sujeito antigo se constroem pela concordância do interlocutor. A verdade para a racionalidade reflexiva é, *primeiramente*, a concordância consigo mesmo, e é ela que garante inicialmente a adequação às coisas. Donde a regra da evidência como relação consigo mesmo. A verdade, na racionalidade dialógica, é primeiramente a concordância com o outro, e é ela que garante inicialmente a adequação às coisas. Donde a regra que governa todas as "técnicas de verdade" na Antiguidade (retórica, dialética e demonstração científica): jamais admitir o que quer que seja sem a concordância do interlocutor. A ciência em especial é o discurso que o professor dirige ao aluno, respeitando a seguinte regra: não afirmar nada que o aluno não reconheça como verdadeiro – portanto, ater-se sempre, do início ao fim da construção do saber, ao que o aluno sabe atualmente, desde o enunciado dos princípios (o que qualquer um deve saber para aprender qualquer coisa)[25] até o saber total (o conhecimento

---

25 Aristóteles, *Analíticos posteriores* I, 2, 72a 15-7.

acabado do conjunto das coisas,[26] quando o aluno sabe tudo que o professor sabe, isto é, tudo que é possível saber), passando por todas as "demonstrações": como você já sabe que P e que Q, então também sabe que é verdade que R, e como você já sabe que P e R, então etc. O critério de verdade de todo enunciado é única e exclusivamente a concordância, não consigo mesmo, mas com aquele a quem é dirigido o discurso. Vê-se distintamente, portanto, o que opõe esse critério "antigo" ao critério da evidência "moderna": este supõe o desdobramento do sujeito na reflexividade do espírito; aquele supõe o desenvolvimento da linguagem no espaço da interlocução.

Dessa primeira diferença deduzem-se naturalmente duas outras.

A primeira diz respeito à razão em sua relação com o pensamento e a linguagem. Para a razão reflexiva, o pensamento é primeiro e exprime-se consecutivamente na linguagem: trata-se de uma intimidade que se desenrola e se desdobra, se necessário, para o outro. O "sujeito moderno" começa pelo eu e pelo pensamento; o discurso é secundário e diz o pensamento. Ele o *exprime*. O sujeito diz o que já existe no pensamento, e apenas então intervém o outro, aquele a quem ele é dito.[27] Na reflexividade moderna, a razão tem um sujeito e somente um, eu, e esse sujeito é inseparável de seu pensamento. Na dialógica antiga, a razão tem como sujeito a interlocução e a linguagem. O pensamento é secundário e reflete o discurso. Ele o *interioriza*. O sujeito fala a si mesmo como a um outro e só então intervém algo como um pensamento.[28] Na

---

26 Ibid. II, 19, 100b 15-7.

27 "Usamos das palavras para declarar nossos pensamentos aos outros; pelo discurso, os homens fazem entender seus pensamentos" (Descartes, *Discurso do método* 5, A T VI, 57); "mesmo os surdos e os mudos inventam sinais próprios pelos quais exprimem seus pensamentos" (*Carta ao marquês de Newcastle*, 23 nov. 1646); em outras palavras, "ligamos nossas concepções a certas palavras a fim de exprimi-las pela boca" (*Princípios da filosofia* I, 74).

28 Essa concepção de Platão do pensamento como diálogo consigo mesmo (*Sofista* 263e, *Teeteto* 189e, *Filebo* 38c-e) é implicitamente recuperada por Aristóteles, como mostra a prática dialética, e explicitamente teorizada como um diálogo com (e contra) outrem, que pode ser interiorizado como pensamento. Cf., por exemplo, *Tópicos* (por exemplo VIII, 14, 163a 36-163b 3) e, em

racionalidade dialógica, o discurso tem como sujeito uma função de interlocução: questionador ou respondedor, se o discurso é dialético; mestre ou discípulo, se o discurso é didático; retor, se o discurso é persuasivo etc. Para a razão antiga, a linguagem é primeira e exprime-se consecutivamente no pensamento: trata-se de uma exterioridade que se recolhe, se necessário, em si.

A segunda diferença diz respeito aos problemas que a razão cognoscente encontra em ambos os casos. O problema fundamental da razão reflexiva não é o da verdade, resolvido de saída pela *evidência* na qual é dado o princípio, mas a objetividade: como sair de si? O problema fundamental da razão dialética, ao contrário, é o da verdade e não o da objetividade, resolvido de saída pela *interlocução* na qual é dado o princípio: ela procura imediatamente a concordância do outro quanto à existência da coisa da qual eles falam: o ser é já dado na linguagem.

Assim, uma vez transposta a primeira verdade do Cogito, o sujeito pensante necessita evidentemente de outra garantia, além de seu próprio pensamento, para saber se ele pensa o verdadeiro: é necessário um desvio pelo Outro, um outro absoluto, Deus, exterior ao si e outro que não o si, que garanta em última instância que o pensamento das coisas é realmente pensamento adequado de alguma coisa, alguma coisa real, alguma coisa do mundo, e não simples pensamento de si e nada mais. Para que a consciência seja realmente consciência do mundo, o Outro (Deus) é necessário como terceiro termo. Evidentemente o sujeito falante não necessita dessa garantia, visto que o outro já está presente, de saída, mediante a estrutura interlocutiva que define a linguagem. O terceiro termo já está presente e, de saída, a estrutura da linguagem é ternária. Por isso mesmo, a realidade da qual os interlocutores falam é garantida: a contradição (real ou possível) que a estrutura predicativa permite quando eles falam *de* alguma coisa atesta que eles estão falando da mesma coisa e, por isso mesmo, de alguma coisa real, alguma coisa do mundo, e que não é discurso para si ou mero *flatus vocis*. Falando de S ao

---

especial, um texto do tratado *Do céu* (II, 13, 294a 6-13) sobre a investigação do si como interiorização das regras da pesquisa dialética.

outro, eu digo que ele é P, e meu interlocutor pode objetar que, na realidade, S não é P: é por isso que a questão de saber se S é ou não real não se apresenta; S *é*, visto que estamos falando dele um com o outro. A objetividade é um dado imediato da interlocutividade. E ambas são as contrapartidas dos princípios do *ser enquanto ser* (princípio da não contradição e do terceiro excluído) sobre os quais repousa a interlocutividade. A única questão que se mostra é saber qual de nós diz a verdade, qual de nossos dois enunciados contraditórios é verdadeiro. Mas a linguagem diz de imediato o ser. E diz de imediato o ser porque a estrutura interlocutiva funda a objetividade do mundo como mundo comum. Em outras palavras: o entrelaçamento indissociável da linguagem e do mundo exclui *a priori* toda possibilidade de "idealismo"; Aristóteles e, mais em geral talvez, "o" pensamento antigo não precisam refutar o idealismo, assim como não precisam provar a realidade das coisas exteriores, porque o *logos* é diálogo. O mundo está de imediato fora de mim, porque é aquilo de que falamos entre nós.

Se a objetividade está garantida *a priori* na racionalidade dialógica, o mesmo não acontece com a verdade. Na racionalidade reflexiva, sucede o inverso: a verdade é dada com a objetividade, pelo duplo papel que o terceiro termo, o grande Outro, Deus, desempenha nela: garantia de objetividade de meu pensamento, por um lado (a ideia de Deus é a ideia de alguma coisa que existe objetivamente) e garantia de verdade, de outro (Deus é veraz). Mas, na racionalidade dialógica, a contradição estrutural da interlocutividade e a dualidade dos interlocutores, embora sejam uma garantia suficiente da objetividade do discurso (aquilo de que eles falam), são também uma contestação permanente de sua verdade (aquilo que eles dizem dele), visto que eles dizem (ou podem dizer) coisas contraditórias e, fora deles mesmos, eles não têm um fiador dessa verdade.

Tal é a dificuldade em que tropeça toda a história grega da verdade. Essa história estaca diante do critério de verdade, questão constitutiva da estrutura dialética do próprio sujeito do conhecimento. O que pode garantir a verdade de um enunciado se, por definição das condições que aliam a interlocutividade à verdade, qualquer um é apto para falar e, portanto, contradizer?

As teorias clássicas (Platão, Aristóteles) são teorias da verdade que tentam mostrar, contra Protágoras, que sempre se pode diferenciar os dois enunciados em oposição um ao outro,[29] que existe uma *episteme*, contra a oposição irredutível das *doxa*. (E o princípio da "ciência do ser enquanto ser", em especial, estabelece-se contra Protágoras). As teorias helenísticas serão teorias do critério de verdade, que também tentarão mostrar, contra o adversário cético, que existe um árbitro que pode separar os enunciados em oposição, dizer qual dos dois é verdadeiro, ao passo que o Cético propriamente dito, interiorizando e teorizando as regras da interlocução dialética, fazia dessa oposição isostênica a própria palavra de ordem da sabedoria.[30] Portanto, a história grega da possibilidade do conhecimento é sempre a história da possibilidade da verdade.

Por oposição, a história moderna da possibilidade do conhecimento (ao menos de Descartes a Kant) é a da possibilidade da objetividade, questão constitutiva da estrutura do sujeito mesmo do conhecimento. A verdade não é mais problemática para o sujeito moderno do conhecimento do que a objetividade era para o sujeito antigo. O que pode garantir a objetividade de um enunciado se, por definição das condições que aliam a reflexividade do sujeito à evidência da verdade, apenas o sujeito é apto a determinar em sua relação consigo mesmo a verdade dos enunciados que ele pensa? O que é problemático, ao menos de Descartes a Kant, no que se chamou "a metafísica da representação", inaugurada por Descartes e seu novo princípio, é a garantia do pensamento de ser pensamento *de* alguma coisa. A metafísica, para fundar a ciência moderna, teve de rechaçar o espectro do *solipsismo*, como teve de rechaçar, para fundar a ciência antiga, o espectro do *relativismo* protagórico – as duas figuras, antiga e moderna, do ceticismo. Em resumo: o problema posto pelo princípio da metafísica cartesiana, pelo "eu penso", é: "como sair dele?"; o problema posto pelo princípio da metafísica aristotélica, pelo princípio da não contradição, é: "como resolvê-la?".

---

29 "Protágoras foi o primeiro a dizer que a respeito de todo assunto existem dois enunciados [*logoi*] em oposição um ao outro" (Diógenes Laércio IX, 51).

30 Sobre a fórmula cética: "A todo enunciado [ou argumento, logos] opõe-se um enunciado igual", cf. Sexto Empírico, *Hipóteses pirronianas* I, 202-5.

Talvez seja entre esses dois obstáculos que o princípio ainda hesite, e talvez seja nessa alternativa entre duas figuras que esteja necessariamente "a" razão quando busca, metafisicamente, autofundamentar-se.

Exceto se preferirmos *emprestar* essas duas *figuras* do princípio metafísico de sua própria história e nos perguntar o que essa configuração de dois termos ainda oferece ao pensamento filosófico depois da suposta "morte da metafísica". Nesse caso, estaríamos nos negando a entender esses princípios por aquilo que eles pretendem nos dizer do *ser* e iríamos nos limitar a interpretá-los como as condições necessárias que nos permitem *dizer* o ser. O princípio de Aristóteles e o princípio de Descartes seriam entendidos então de uma maneira crítica. Não é o ser em si que não é contraditório, mas o ser enquanto *dito*: ele não deve poder ser contraditório; para que os interlocutores do diálogo possam se falar, e até mesmo se contradizer, é forçoso estabelecer que eles falem da mesma coisa, é forçoso supor que aquilo de que estão falando não possa ser contraditório. Do mesmo modo, não é o eu que existe, mas sou eu que devo poder existir na medida em que falo: para poder falar a alguém, eu devo me colocar dicticamente como existente. Os argumentos que levam Aristóteles e Descartes aos seus respectivos princípios metafísicos apareceriam desse modo como transcendentais, ambos retrogradando de um *fato* (respectivamente, "nós nos falamos", "eu penso") à sua condição linguística (a não contradição do *ser* do qual se fala, o *ser* de um "eu" que fala). Reduziríamos os dois grandes princípios metafísicos, antigo e moderno, às condições de toda enunciação.[31] A distinção do sujeito e do predicado é necessária à linguagem, assim como a posição de um "eu" é necessária ao discurso. Nenhuma enunciação é possível sem a distinção entre aquilo de que os interlocutores falam e aquilo que eles dizem dele ("S é P") nem sem o endereçamento de um agente a outro ("eu falo a você"). Pela primeira condição, o mundo é predicado e pode-se compreendê-lo; pela segunda, o mundo é indicado e pode-se agir nele.

---

31 Foi o que tentamos mostrar em *Dire le monde*, p.182-9.

PARTE II
FIGURAS DO HOMEM

– INTRODUÇÃO –

O horizonte comum dos quatro próximos estudos é a pergunta: "O que é o homem?" Está claro que essa é a questão que preocupa todo o pensamento grego clássico. Ao menos sub-repticiamente, e esse é o problema... De fato, os antigos se perguntam muito "o que é?" – pergunta grega por excelência – e em geral reconhecem uma região do "ser" especificamente humana; sendo assim, eles tinham dois motivos para fazer da pergunta "o que é o homem?" sua pergunta primordial. Mas qual não é nossa surpresa ao constatarmos que eles se fazem essa pergunta muito raramente ou de forma muito indireta. O caso mais significativo talvez seja o de Aristóteles: por um lado, por razões epistemológicas, ele se mostra particularmente interessado em estabelecer definições rigorosas de seus conceitos principais, fazendo o conhecimento de uma realidade resumir-se em geral no enunciado de sua essência – e devemos reconhecer que Aristóteles é um "definidor" excepcional; por outro lado, ele se preocupa mais do que qualquer outro em delimitar o mundo humano, e notadamente a ação, em uma esfera específica, irredutível a toda outra. No entanto, ele não dedica um desenvolvimento *ex professo* à questão *o que é o homem*. (Devemos mais à tradição aristotélica tardia do que a Aristóteles a definição canônica do homem como um *animal racional*.)

O caso de Aristóteles pode ser generalizado até os filósofos menos "essencialistas" ou menos inclinados a reconhecer no homem uma natureza distinta da dos outros viventes, como os epicuristas. O homem, para o pensamento antigo, seria um objeto filosófico curioso, cuja posição nos textos filosóficos seria, por assim dizer, oposta à do ser. Este último é um objeto *explícito e, no entanto, marginal*, constantemente invocado, mas sempre descartado: a ontologia, quando é procurada, mostra-se impossível como ciência do ser. O homem, ao contrário, é o objeto *central e, no entanto, implícito* da maior parte dos textos da Antiguidade: a antropologia é raramente buscada como tal, mas revela-se necessária – ao menos moral e politicamente.

Esse talvez seja o estilo grego no que se refere à questão do homem. Como se o homem fosse o ser que deve necessariamente ser definido e, no entanto, sem definição claramente enunciável. Quando a questão primeira *o que é?* dirige-se ao seu objeto mais importante, *o homem*, parece que interessa menos conhecer a essência do homem, ou poder dizê-la, do que saber, ou estabelecer, que existe necessariamente uma essência do homem. Assim, o homem seria aquele ser que se define (tacitamente) pelo fato de ter *por excelência* uma essência, ou melhor, uma natureza. Ele tem uma natureza, ponto final. O essencial está dito. O homem é por definição o ser definível. Ele não precisa de outra definição, não tem outra melhor...

Mas por que a questão da natureza do homem é tão ausente dos textos, enquanto a ideia de que o homem tem uma natureza parece tão presente nas entrelinhas? Por que o homem é tão indispensável e tão obliterado? Podemos bem imaginar o motivo desse silêncio ensurdecedor dos filósofos. O pensamento grego clássico não tem uma lei transcendente. O que o homem tem de fazer não pode ser deduzido do que outro ser lhe ordenou que fizesse. O que ele tem de fazer só pode ser deduzido do que ele é realmente, de sua "natureza". Mas, exatamente por esse motivo, a natureza do homem não pode ser inferida, empiricamente, do que os homens fazem, da maneira como eles se comportam, já que ela deve poder controlá-la, nem do que os homens são, de sua essência, já que ela deve poder determiná-la. Na realidade, a natureza do homem não pode ser inferida de nada, deve ser posta *a priori*. Tal é a força, ou o equívoco, desse conceito de *natureza*: nem "ser" nem "dever ser", visto que ele exprime o que um ser é quando é em harmonia com o que ele deve ser, e o que ele tem de ser para poder ser tal qual ele é realmente. Portanto, é necessário estabelecer *a priori* que o homem é alguma coisa, *por natureza*, pois sem isso não se poderia saber o que ele tem de fazer para poder ser essa natureza – que vida fazê-lo levar para que ele viva a vida que é naturalmente a sua, que educação lhe dar para que ele seja finalmente o que foi desde sempre, quais "virtudes" fazê-lo praticar para que seja perfeitamente, completamente e em todas as situações em conformidade com o que ele é – e ao mesmo tempo é impossível deduzir explicitamente essa definição da maneira como essa natureza se manifesta de fato, do conhecimento empírico do homem. A natureza do homem não pode ser constatada: é preciso fazê-la ser. Portanto, não há antropologia grega. Não há ciência que estude o que é o homem, tal qual ele é. Compete à ética – ou à política – dizer a natureza do homem, e, por conseguinte, fazê-la ser.

O que é constante no pensamento grego clássico é o fato de que o homem tenha – e seja – uma natureza, mesmo que essa natureza seja diferente e seus efeitos sejam variáveis, dependendo das teorias éticas e políticas. Essa é a *figura* do homem para os antigos: ela não se identifica com nenhum enunciado antropológico em particular e orienta implicitamente todos os textos. Donde duas perguntas: como se constitui essa figura do homem? – visto que não é pelo conhecimento de sua essência – e como ela opera? – visto que tem numerosos efeitos. Responderemos à primeira pergunta nos dois próximos estudos: a figura do homem como "natureza" constitui-se, em todos os filósofos clássicos, por duas outras "naturezas" que o delimitam: a do animal e a do deus (Capítulo 3); e temos uma prova disso pelos efeitos na maneira peculiar como Aristóteles determina o que é uma vida propriamente humana, a vida política (Capítulo 4), na qual encontramos por contraste as duas figuras precedentes. Responderemos à segunda pergunta dando dois exemplos de como o problema – ou o enigma – antropológico permeia silenciosamente a ética antiga: ela é o horizonte de todo questionamento sobre a *amizade* – relação peculiar do homem em que sua natureza se expressa e afecção salutar que, tanto para Aristóteles como para Epicuro, determina *positivamente* a ética (Capítulo 5); ela também é o horizonte de todo questionamento sobre essa afecção nociva que, para Epicuro, determina *negativamente* a ética: o medo, e em especial essa afecção própria do homem em que sua natureza se expressa: os temores *fúteis* da morte e dos deuses (Capítulo 6). Eis por que o homem povoa o pensamento grego. Longe de ser encerrado explicitamente em uma definição que manifesta uma essência que se possa distinguir das outras essências ou da qual se possam deduzir efeitos, o homem é uma figura implícita que aparece por contraste com outras figuras (capítulos 3 e 4), ou se define indiretamente a partir de seus efeitos (capítulos 5 e 6).

A questão que conduz o Capítulo 3 é a seguinte: como explicar a ilusão ainda hoje persistente de que *o animal* existe, mas não é um conceito fundamentado nem empiricamente em dados observáveis nem racionalmente em teorias científicas? Ela vem dos gregos? Sim e não. Ela não vem da língua grega – que se rebela *a priori* contra o conceito de animal – ou do pensamento científico antigo – que não reconhece uma natureza particular ao animal como tal e não concebe outra unidade natural para os viventes a não ser a *espécie* (o conjunto dos congêneres que reproduzem tal natureza através das gerações). No entanto, a nosso ver, é possível estabelecer um corte no interior do *corpus* dos textos clássicos entre *duas figuras do vivente* inteiramente opostas uma a outra. Seja qual for a doutrina considerada, há, a nosso ver, uma oposição entre os textos "científicos" (físicos, cosmológicos, zoológicos etc.), que se rebelam contra todo pensamento do animal como tal, e os textos éticos ou políticos, nos quais o animal não só é possível, como necessário. O animal nasceu em textos em que o gênero dos "animados" (*zôa*) foi subdividido em três "naturezas" essencialmente distintas, o animal, o homem e o deus – três figuras que correspondem a uma única *configuração*.

Com efeito, conforme a definição que demos da noção de figura, essas três figuras de viventes se constituem *juntas*. A figura do animal foi inventada em conjunto com as figuras do homem e do deus, as quais são definidas em suas características próprias apenas por suas diferenças com relação às outras duas. O animal cumpre uma função simétrica à do deus na constituição do homem. De fato, se a natureza do animal ou a do deus só podem existir para quem pensa a do homem, podemos desconfiar razoavelmente de que a ordem de determinação real está invertida. Mostramos desse modo que, enquanto para o pensamento científico era importante não fazer existir o animal para pensar a unidade do mundo e sua organização hierárquica, para o pensamento ético era importante fazer existir o animal para pensar a "natureza do homem" e assim fundamentar suas normas.

Veremos, ainda a respeito desse exemplo, como as *figuras*, no sentido em que as entendemos, constituem-se aquém das intenções dos filósofos e além dos limites doutrinais. Sobre a unidade do mundo físico, a natureza da vida política ou os princípios da moral, os filósofos se opõem e sustentam teses antagônicas. Todavia, em outro nível, seus textos pressupõem um horizonte de pensamento semelhante, em que valem os mesmos princípios físicos, políticos e éticos. O pensamento científico exige categorias continuístas e hierárquicas em que não há lugar para o animal, porque a consistência do mundo que se oferece à observação do homem antigo – e que ele chama a "natureza" – o exclui. Mas a invenção do animal, contra tudo que afirma o discurso biológico ou cosmológico, e apesar da resistência da língua, tem outra utilidade, igualmente forte, para o pensamento: a consistência daquele mundo onde os homens têm de viver juntos o exige. Essa necessidade é da ordem da ética e nela nascem juntas essas três *figuras* que os gregos também tiveram de denominar "natureza": "o homem", entre "o animal" e "o deus".

Essa configuração de três lugares, presente em toda a filosofia antiga, foi evidenciada no Capítulo 4, em uma única filosofia, a de Aristóteles, e a partir de uma questão peculiar: a relação do homem com a política. De fato, a vida política se fundamenta na dupla necessidade das coisas (esfera da vida e das relações sociais) e dos outros (esfera da vida boa e das relações de poder), que constituem a natureza animal do homem e põem à mostra sua inferioridade em relação à natureza dos deuses. Ao mesmo tempo, porém, ela é a marca da superioridade da natureza do homem em relação à natureza do animal, pois possibilita que ele alcance, à semelhança dos deuses, a felicidade e a autarcia. A política é especificamente humana, portanto, ao menos na medida em que não é nem animal nem divina e, mais profundamente, na medida em que ela é, no homem, o que representa a animalidade de sua parte divina e a divindade de sua parte animal. A isso justamente se deve a estranha e precária "natureza" do homem.

Essa fragilidade natural é o tema do Capítulo 5, no qual abordamos um conceito fundamental da ética antiga, especificamente aristotélica e epicurista: a amizade. É de novo mais como *figura* filosófica geral do que como conceito próprio de uma doutrina particular que consideramos a amizade. Como para o animal, constatamos que a figura da amizade transpõe os limites das escolas e impõe-se aos filósofos, apesar – ou através – das oposições doutrinais. Melhor (ou pior): como as do animal, as exigências próprias da figura da amizade põem em risco a coerência das filosofias. E é de novo a necessidade subterrânea de pensar a especificidade do homem que provoca esses deslocamentos e tensões superficiais. Mas, enquanto a figura "impensada" do homem se define por contraste com as figuras do animal e do deus, a *mesma* figura se impõe pelas exigências internas do conceito ético de amizade. De fato, a natureza do homem, que atravessa as doutrinas de Aristóteles e Epicuro e as concilia, só pode ser definida por esta consequência ética: o homem é esse estranho vivente, nem deus nem animal, que *pode ter amigos*. É preciso ser uma natureza muito singular – para dizer a verdade, muito "mediana" – para necessitar de amigos, isto é, para não poder viver feliz sem outros semelhantes dos quais não se tem necessidade nenhuma para viver. Assim, essa mesma figura do homem, definida por contraste e negativamente nas invenções paralelas do deus e do animal (capítulos 3 e 4), revela-se (Capítulo 5) positivamente na amizade: figura intermediária, talvez, mas que, ao invés de ser cindida entre seus dois extremos, dessa vez é conciliada com ela mesma e definida por sua relação consigo mesma. A amizade garante *intrinsecamente* a especificidade de uma natureza do homem que o animal e o deus estabeleciam *extrinsecamente*.

A invenção da natureza do homem é um efeito ético. Essa natureza é precária, garantida e ao mesmo tempo ameaçada por seus "outros", a animalidade e a divindade, que estão tanto nela como fora dela. Mas outro efeito dessa precariedade ética do homem é sua *existência* no tempo, que lhe permite desvencilhar-se da imediatidade presente – o que não pode fazer o animal –, mas não a ponto de alcançar a eternidade – da qual participa o deus. Resulta daí a permanente contaminação do presente certo pelo futuro incerto. Essa é a essência do medo, e ela é própria do homem, porque os animais desconhecem o futuro, e o futuro dos deuses é sempre certo. O presente, único tempo que existe, está sempre sob a ameaça do futuro, tempo que existe unicamente para o homem. Assim, toda a vida é contaminada pelo medo. Para Epicuro, essa é a razão principal por que o homem precisa de ética. Medo da morte e medo dos deuses são as principais razões da infelicidade humana. Há uma semelhança profunda entre esses dois sintomas. Eles possuem gênese, manifestações e efeitos tão análogos que podemos interpretá-los como *duas figuras* de um mesmo mal fundamental, o mal que é sermos humanos – como tentaremos mostrar no Capítulo 6. Ao contrário do que dizem as aparências, ou das opiniões preconcebidas, uma mesma configuração reúne *mortalidade* da alma e *existência* dos deuses. Em ambos os medos, o que os homens temem *é*, mas não é nada que devam temer, visto que somente pode ser o que é sob a condição de não ser nada para eles. É porque aquilo que eles temem existe que eles não têm nada a temer dele. A existência absoluta daquilo que o homem teme depende de sua inexistência para ele. É reconciliando-se com o que a morte ou os deuses são *em si mesmos* que o homem poderá se reconciliar *consigo mesmo* e curar seus males. É conhecendo a natureza real da morte ou dos deuses que o homem deixará de temê-los e se submeterá a sua natureza real – a que ele não é, mas tem de ser.

Através desses estudos específicos, surgirão respostas às perguntas gerais: como e por que o pensamento antigo inventa o homem? Como? Inventando ao mesmo tempo o animal e o deus. O pensamento monoteísta inventou o homem concebendo um Deus *criador* do homem e de suas normas. O pensamento grego não dispõe de tal conceito. A invenção do deus vivo e imortal pelos filósofos antigos é insuficiente para fundamentar a essência humana. O homem não pode ser definido positivamente a partir da essência desse deus; mas também não pode ser definido apenas por simples negação, como *não sendo* esse deus. É preciso inventar outro vivente, que dessa vez seja mortal: o animal. O homem pode, a partir daí, definir-se pela dupla negação – nem esse deus nem esse animal –, que é ao mesmo tempo dupla afirmação – natureza divina em tudo que não é animal e natureza animal em tudo que não é divino. A *natureza* do homem nasce assim entre duas outras naturezas e, por conseguinte, em conformidade com a sua própria, vivendo como deve viver, porque ele é o que é (cf. Capítulo 3), vivendo politicamente (cf. Capítulo 4), vivendo de amizades (cf. Capítulo 5), vivendo no tempo (cf. Capítulo 6), ao contrário dos outros viventes, animais ou deuses. Veremos também *por que* é necessário inventar essa natureza. Não tendo *essência* transcendente, o homem correria o risco de não existir. E, não sendo submetido à ordem do céu que ele contempla acima de sua cabeça, ele correria o risco de ficar abandonado ao caso e à desordem que ele vê na natureza sob seus pés. Ele correria o risco de ser como *a* natureza sem fé nem lei que existe fora dele, se não houvesse *uma* natureza dentro dele. Porque não tem essência é que o homem deve ter uma natureza. Mas o que prova que ele *tem* uma natureza é que ele *é* uma natureza. E o que prova que ele *é uma* natureza é a existência das duas outras, que seguramente são naturezas na medida em que são sempre e necessariamente iguais a si mesmas. O homem é semelhante a essas naturezas quando é semelhante à sua *própria* natureza. No entanto, ele difere delas na medida em que *elas* são necessariamente iguais à sua própria natureza, enquanto a natureza dele é sair dela, pelo alto ou pelo baixo, e tornar-se semelhante à natureza delas, divina ou animal. Portanto o pensamento antigo deve fundamentar a necessidade absoluta e a variabilidade infinita dessa natureza do homem em um conceito *imanente*, reunindo essas propriedades aparentemente opostas: a necessidade e a variabilidade. É a essa tripla exigência de imanência, necessidade e variabilidade das normas éticas e políticas que corresponde, mais uma vez, a estranha e equívoca ideia grega de "natureza".

Nota: As observações gerais anteriores valem tanto para os pensamentos clássicos (de Sócrates a Aristóteles) como para os pensamentos "helenísticos" que, mais do que qualquer outro, fizeram da "natureza" o centro de sua ética. Sob esse aspecto, a honra deveria ser toda do estoicismo, que fez do lema "viver em harmonia com a natureza" o alfa e o ômega de sua ética. (Aliás, essa é a única tese conhecida do misterioso tratado *Da natureza do homem* atribuída a Zenão de Cítio; cf. Diógenes Laércio VII, 87.) Contudo, essa continuidade deve ser relativizada. Ao contrário das outras correntes da Antiguidade, o estoicismo dispõe do conceito de natureza universal, de ordem cósmica que não dá margem ao acaso, à qual são submetidos todos os seres naturais e que, em última instância, se assemelha à providência divina. Mas é porque, segundo esse conceito, todo ser age sempre de forma natural, faça o que fizer, que essa "natureza" é incapaz de fundamentar a distinção do bem e do mal e fornecer um conteúdo normativo ao "viver em harmonia com a natureza". Portanto, primeiro é preciso que o homem tenha uma natureza definida por oposição a outras naturezas no seio da natureza (planta, animal e deus) para determinar a finalidade que "é" (e deve ser) naturalmente a sua. A ética estoica repousa justamente nessa passagem de um sentido do conceito para outro da expressão "viver em conformidade com a natureza". (Sobre essa "passagem" – normal em todos os sentidos do termo –, cf., por exemplo, Cícero, *Da finalidade do bem e do mal* I, 20-2.) Conforme o ponto de vista, a possibilidade e o sucesso dessa ética serão a riqueza de um conceito ou a ilusão de uma palavra: a natureza, a um só tempo universal e particular, cósmica e humana, destino fora de nós e liberdade dentro de nós, razão e inclinação, ora para admirar, ora para fazer ser, ora *is*, ora *should*.

Esta nota brevíssima deve ser entendida como um arrependimento por termos reservado tão pouco espaço ao estoicismo tanto nos estudos que se seguem como nos que os precederam.

3

O ANIMAL E O DEUS:
DOIS MODELOS PARA O HOMEM

A invenção do animal na Antiguidade

É útil nos interrogarmos sobre "o animal na Antiguidade", pois é possível afirmarmos, sem paradoxo, que o animal não existe. É precisamente porque ele não existe que devemos compreender como e por que ele foi inventando em certos textos da Antiguidade.

Dizer que o animal não existe não é, evidentemente, negar que seja cômodo dizer que os cães, os papagaios e as trutas são animais ou, mais em geral, não querer falar de animal para subsumir nele certas espécies vivas, com as determinações que se decidir atribuir a elas (sensibilidade ou motilidade, por exemplo). O conceito de animal talvez conserve certa pertinência classificatória. Contudo, em especial depois que as teorias evolucionistas se impuseram, é muito difícil imaginar que os chimpanzés pertencem ao mesmo gênero de seres que os protozoários e a um gênero radicalmente diferente dos australopitecos – nossos "ancestrais" –, e, por conseguinte, afirmar que existe *a priori* uma diferença de natureza entre o vegetal, o animal e o homem.

Somos mais capazes, portanto, de discernir o que o uso teórico do conceito de animal acarreta em termos de pressupostos metafísicos – não necessariamente para rechaçá-los, mas para assumi-los da maneira adequada, se necessário.

Acontece que o grego também não era *a priori* uma língua muito favorável à eclosão desse conceito metafísico.

Sabemos que o conceito grego de *zôon* não corresponde exatamente a nenhum dos nossos conceitos modernos, e em especial ao de animal. Em extensão, *zôon* compreende as espécies animais (insetos, aves, peixes, mamíferos etc.), os homens e os deuses, mas não as plantas.[1] Em outras palavras, *zôon* designa um gênero do qual cavalo e homem, por exemplo, são espécies: o homem é forçosamente um *zôon*, da mesma forma que o cavalo ou o deus, mas o emprego da palavra *zôon*, por si só, não nos permite saber se ela faz referência a um cavalo, a um homem ou a um deus.[2] Portanto, *zôon* não corresponde nem ao nosso "animal" (visto que inclui os homens e os deuses) nem ao nosso conceito de "vivente" (visto que exclui as plantas). Para evitar confusões, e diferenciá-lo do animal e do vivente, traduzimos *zôon* por "ser animado".[3]

---

1 Platão classifica os homens nos *zôa* (*Górgias* 516b), em especial por oposição às plantas (*Fédon* 70d; *O banquete* 188a; *República* VII, 532b, X, 596e; *Sofista* 265c); ele distingue os *zôa* mortais dos deuses (*Sofista* 265c; *O banquete* 206c ss.; *Fedro* 246c-d; *Timeu* 77a). Os deuses são *zôa*: cf. o texto extraído de *Fedro*, bem como *Eutidemo* 302a (a denominação de *zôa* é dada a tudo que possui alma, em particular aos deuses; cf. também *As leis* X, 899c). É claro que há também os textos nos quais Platão traça uma linha demarcatória entre os homens e os outros seres animados: o homem, assim que vê, aplica seu raciocínio ao que ele vê (*Crátilo* 399 c); o homem reconhece apenas a justiça e os deuses (*As leis* IX, 874 ss.); homens e animais têm o poder da sensação, mas apenas o homem tem o poder de raciocinar a seu respeito (*Teeteto* 186b-c).

2 Cf., por exemplo, Aristóteles, *Metafísica* XIV, 1, 1088a 9 ss.: a unidade de medida do homem, do cavalo, do deus é o *zôon*. Cf. também *Categorias* I, 1a 8: *zôon* é tanto o homem como o boi, o nome e a definição são os mesmos.

3 Note, além disso, que o conceito de animal também não corresponde ao de *empsychon* – que designa o vivente por oposição ao inerte *apsychon* (cf., por exemplo, *Da alma* I, 404b 2 etc.). Ele estaria mais para o *therion*, mas, com exceção de alguns textos analisados adiante, os *théria* são em geral os animais selvagens por oposição aos domesticados, ou os animais terrestres por oposição às aves e aos peixes.

Para passar do ser animado ao animal na língua grega, ou seja, para que o pensamento do animal seja possível, evidentemente é preciso admitir que ele constitua em si um gênero homogêneo, de sorte que uma identidade essencial reúna todos os seres animados que possam incluir-se nele e uma diferença essencial o separe de todos os outros seres animados, homens ou deuses. Ora, parece – em todo caso é o que tentaremos mostrar aqui – que essas duas condições se encontram reunidas apenas nos textos raros e absolutamente singulares – tanto pelo objeto (a ética) como pela ontologia (descontinuísta e trinitária) – nos quais eles se assentam, e nunca nos textos clássicos de Biologia ou Cosmologia.

Podemos distinguir, de fato, dois tipos muito diferentes de textos "filosóficos" que se referem ao que *nós* denominamos animais. A esses dois tipos de textos correspondem duas ontologias biológicas, duas formas diferentes, e talvez até opostas, de pensar e ordenar o conjunto dos viventes dentro do conjunto dos seres do mundo. Essas duas ontologias repousam sobre princípios e se ordenam por fins que, em última instância, são incompatíveis: a primeira é absolutamente avessa à ideia metafísica de animal; a segunda, ao contrário, constitui essa ideia.

A inexistência do animal no mundo dos viventes

Comecemos pelo primeiro tipo de texto em que Platão e Aristóteles abordam a questão dos animais, o que enuncia a *ciência* de um e de outro acerca dessa questão: o *Timeu* de Platão e as obras biológicas de Aristóteles.

OS VIVENTES NO *TIMEU*

Não há lugar para o animal na ordem platônica do *Timeu*. No mundo há muitos *zôa*, seres animados compostos de uma alma e um corpo – e o primeiro deles é o próprio mundo (30b), que comporta todos os outros seres animados (31a-b e 69b-c), quer mortais, quer imortais. Do topo à base dessa hierarquia há uma série

gradual de seres animados: os deuses (39 ss.), que são seres animados imortais que vivem no céu (dentre os quais se destacam os
astros fixos, que são as estrelas, e os astros errantes, que são os
planetas); os seres animados mortais alados, que vivem nos ares;
os seres animados aquáticos, que habitam as águas; e os seres
animados terrestres. Em resumo, para Platão, o reino da vida
é "um vasto *continuum*" que, passando pelos demônios e pelos
homens, vai dos deuses aos moluscos – e talvez mais além, visto
que no *Timeu* há um excerto estranho e talvez único que classifica
as plantas entre os *zôa* (77a) que possuem alma e têm "sensações
agradáveis e dolorosas, e desejos" (77b).

O reino animal, portanto, não é claramente delimitado nem
pelo topo nem pela base. Não há animal no *Timeu*. Obviamente,
entre as plantas e os homens há espécies que *nós* qualificaríamos de animais, mas a progressão de uma espécie de ser animado para outra é gradual, e essa gradação é necessária à justiça
cósmica: tornando comensuráveis entre si todas as condições de
vida das espécies em uma escala única e graduada, ela possibilita uma metensomatose *justa*, isto é, proporcional ao valor da
vida passada. Mas, ao mesmo tempo, essa gradação exclui a possibilidade de homogeneização dos animais em um gênero único,
agrupado por uma determinação comum e oposta, por exemplo,
à dos homens. O *Timeu* reconhece, portanto, apenas dois tipos de
unidade (ou essência) no mundo animado: a unidade (a essência) da espécie, a soma dos congêneres; a unidade (a essência) do
vivente, ou ao menos do ser animado; mas entre as duas não há
lugar para uma essência do animal.

OS VIVENTES EM ARISTÓTELES

O mundo de Aristóteles é mais receptivo ao animal do que o
de Platão? Não, é menos.

O tratado *Da alma*[4] distingue uma série de almas ou faculdades hierarquizadas, isto é, faculdades ordenadas "segundo uma

---

4 O que já se pode observar é que uma das questões iniciais desse tratado é a
    seguinte: a sentença que expressa a alma é única, como a que corresponde ao

sequência" (II, 3, 415a 1), de modo que a faculdade superior supõe ao mesmo tempo todas as faculdades inferiores. Mas ocorre que nenhuma dessas almas ou faculdades corresponde *exclusivamente* ao animal como tal. Todos os viventes possuem a faculdade reprodutora; todos os seres animados possuem a faculdade sensitiva,[5] ao menos sob a forma do tato; a maioria – mas não todos – possui também as faculdades motora e desiderativa, e alguns possuem também a faculdade intelectual. Mas nada disso caracteriza o animal como tal. A faculdade sensitiva, por exemplo, não é uma *peculiaridade* do animal, pois é comum a todos os seres animados.[6] Além do mais, a linha que separa os seres animais móveis (desejantes e imaginantes) dos imóveis é tão importante quanto a que separa mais na base os seres animados inferiores (sensíveis imóveis) das plantas (vegetativas).

A verdadeira distinção biológica se dá entre almas (ou faculdades), e não entre grandes gêneros de seres vivos (vegetal/animal/homem); além do mais, em *extensão*, as classes engendradas pela primeira não correspondem às que procedem da segunda, a primeira não constitui classes, isto é, gêneros coordenados divisíveis em espécies, mas, se tanto, uma série de escalas consecutivas, ordenadas e subordinadas umas às outras.[7] É isso que

---

ser animado, ou existe uma sentença diferente para cada alma, por exemplo, para o cavalo, o cão, o homem, o deus (I, 1, 402b 5-8)? A primeira é rejeitada por Aristóteles, mas a segunda põe no mesmo plano diversas espécies de seres animados (cavalo, cão, homem, deus), das quais nenhuma corresponde a "animal". Aristóteles não diz, por exemplo, uma sentença definidora para o vegetal, o animal, o homem e o deus.

5 Cf. também *Ética a Nicômaco* I, 6, 1098a 1. Do mesmo modo, em Platão, cf. *Teeteto* 186b-c e *Crátilo*, 399c, já citados na n.1.

6 Cf. *Da alma* II, 2, 413b 1-3: a faculdade nutritiva é comum a todos os viventes, inclusive as plantas, enquanto o ser animado é constituído pela sensibilidade. Cf. também *Da alma* III, 12, 434a 27-9; III, 9, 432a 30 (por natureza, os seres animados são dotados de sensação); *Metafísica* I, 1, 980a 28 (o que define o ser animado é a sensibilidade, *aisthesis*); bem como *Partes dos seres animados* III, 4, 666a 34 (e II, 1, 647a 21; II, 8, 653b 22; II, 10, 656a 3; IV, 5, 681a 19), e *De sensu* I, 436b 11.

7 Isso explica por que a ontogênese (ou pelo menos a embriogênese) do ser animado passa sucessivamente e imperceptivelmente por todos os graus hierarquizados das formas de vida, por exemplo: alma nutritiva, depois alma sensitiva, ou então: ser animado, depois cavalo ou homem, depois tal cavalo

o naturalista de prontidão mostra na *História dos seres animados*. Há diferentes maneiras de classificar os seres animados (I, 1), de acordo com seu hábitat, modo de viver ou morfologia, mas não há nenhuma correlação definida entre esses tipos de determinação; por conseguinte, o animal não constitui um *gênero* de ser animado.

Consideremos o ser animado ao qual damos o nome de "homem". (Não é por simples comodismo, e não sem antropocentrismo, que Aristóteles toma o homem como elemento de comparação, mas sim porque, das espécies animadas, essa é a que se conhece melhor; cf. *História dos seres animados* I, 7, 491a 22). Do ponto de vista do hábitat, o homem se classifica entre os seres animados terrestres que se movem e respiram (I, 1, 487a 27); do ponto de vista do modo de viver, está entre as formigas e os grous como ser animado político (I, 1, 488a 9), mas está entre as mulas como ser animado manso (I, 1, 488a 27), e com as aves (IV, 9, 536a 20) e as cobras (IV, 9, 536a 6) como ser animado que emite sons; do ponto de vista morfológico, está com o cavalo e a foca como ser vivíparo (I, 5, 489a 35),[8] e com as aves como ser bípede[9] etc.

O verdadeiro motivo da inexistência do animal reside no princípio de continuidade de todas as formas de vida, já bastante explicitado e desenvolvido na *História dos seres animados*: "A natureza passa gradualmente dos seres inanimados para os seres animados, de tal sorte que, em razão da continuidade, a linha de demarcação que separa uns dos outros é imperceptível, e não se pode determinar a qual dos dois grupos pertence a forma intermediária..." (VIII, 1, 588b 3-7). Sendo assim, "a transição dos vegetais para os seres animados é contínua: [...] dentre os seres marinhos, existem alguns dos quais podemos nos perguntar se é

---

ou tal homem (*Da geração dos seres animados* II, 2, 736a 35 ss.; IV, 3, 767b 30 ss.).

8 Aliás, ele é o primeiro dos vivíparos, os mais perfeitos dos seres animados (*Da geração dos seres animados* II, 3, 737b 27).

9 Cf., por exemplo, *Partes dos seres animados* 643a 3: o homem é o único vivíparo bípede. (Cf. também *História dos seres animados* V, 1, 539a 14).

um ser animado ou uma planta".[10] É o caso das águas-vivas. O tratado sobre as *Partes dos seres animados* (IV, 5, 681a 36 ss.) observa que elas extrapolam as classificações aceitas e "sua natureza está entre o vegetal e o ser animado".[11] Então, que critério adotar? Se tomarmos o critério da locomoção, "toda a classe dos moluscos assemelha-se à das plantas, se a comparamos aos seres animados locomotores"; a dificuldade é a mesma se tomarmos o critério da sensitividade, pois alguns seres animados, como as esponjas, parecem não ter nenhuma e, sob esse aspecto, são parentes dos vegetais (VIII, 1, 588b 21); "assim, é sempre por uma diferença imperceptível que se passa de uma espécie para outra, tal espécie mostrando-se mais dotada para a vida ou para o movimento do que outra" (VIII, 1, 588b 22-3).

É impossível, portanto, encontrar um critério de distinção absoluto entre o ser animado e a planta, por exemplo. Na base, a extensão dos "animais" é vaga, porque só a muito custo os "seres animados" conseguem formar uma classe. Mas, no topo, ela é claríssima: somente os "animais" não podem constituir uma classe distinta dos seres animados humanos, ou até mesmo dos divinos. O homem é uma espécie de ser animado, com diferenças e determinações próprias,[12] certas superioridades em um grande número

---

10 Cf. também *Partes dos seres animados* IV, 5, 681a 10 ss.: a natureza passa de forma contínua dos seres inanimados (*apsuchon*) para os animados (*zôa*), de sorte que há seres vivos (*zônton*) que não são animados e assemelham-se tanto uns aos outros que a diferença entre eles parece infinitesimal.

11 Sobre as águas-vivas (cifozoários e actínias, grupos em que se incluem as medusas e as anêmonas), cf. também *História dos seres animados* IV, 6, 531b 9.

12 Por exemplo, o homem tem um cérebro maior do que os outros, em comparação com seu tamanho (*Partes dos seres animados* II, 7, 653a 27; *História dos seres animados* I, 16, 494b 28), e mais suturas no crânio (*Partes dos seres animados* II, 7, 653a 37); ele também é o único ser animado para o qual o tempo de gestação é variável (*História dos seres animados* I, 7, 491a 22). Quanto à faculdade intelectiva, note que o tratado *Da alma* a reserva aos seres animados superiores (homens e deuses; cf. II, 3, 414b 18), enquanto a *História dos seres animados* a apresenta como uma aptidão compartilhada em graus variados por outros seres animados (por exemplo, o carneiro é estúpido e sem inteligência; cf. IX, 3, 610b 22). A inteligência dos homens e dos deuses é comparada (*Metafísica* XII, 7, 1072b 14-1073a 13) e equiparada (ibid. XII, 9, 1075a 6 ss.).

de aspectos[13] e certas inferioridades em outros;[14] e mesmo que seja considerado apenas o aspecto em que a superioridade dessa espécie de mortais sobre as outras, isto é, a faculdade do conhecimento, parece incontestável, é por graus que se passa dos seres animados inferiores que dispõem apenas de sensação – que, por sua vez, possuem um número infinito de graus – para aqueles que possuem memória (e sensatez) e, na sequência, para aqueles a quem ela dá a capacidade de aprender (e o conhecimento empírico, portanto), antes de se chegar aos seres animados que, à semelhança do homem, têm acesso ao conhecimento racional.[15] De todo modo, o homem não constitui sob nenhum aspecto uma *classe* distinta da do animal. É óbvio que a unidade do homem é real, mas essa realidade é da espécie, a única absoluta; portanto, ela não nos permite pensar, mesmo que negativamente, a unidade conceitual do animal; ao contrário, ela a exclui.

Dessa forma, o animal não tem essência porque o conceito de animal nem sequer tem valor em extensão como conceito classificatório: na medida em que a biologia aristotélica reconhece, acima das espécies, a existência de classes *reais* (e não nominais, por simples comodidade metodológica) – por exemplo, as classes do vegetativo, do sensitivo, do motor, do intelectual –, nenhuma corresponde ao animal; e na medida em que ela se apoia em uma ontologia do vivente, esta é "ordenadora" e não "classificadora" (subordinação das formas de vida, hierarquia das almas, ordenação das faculdades), é diversificadora e não unificadora (os seres

---

13 Por exemplo, o homem tem aptidão para adquirir ciência (*Tópicos* 130b 8); é o mais sensato (*Partes dos seres animados* IV, 10, 687a 7); dos seres animados, é em quem o alto e o baixo correspondem mais diretamente à sua determinação cósmica (*História dos seres animados* I, 15, 494a 28); é o único dos seres animados terrestres a ficar de pé (*Partes dos seres animados* II, 7, 653a 30-1 e IV, 10, 686a 25 ss.); e também é o único com mãos, porque é o mais inteligente (*Partes dos seres animados* IV, 10, 687a 6 ss.).

14 Por exemplo, o homem é inferior à maioria dos seres animados no que diz respeito às faculdades perceptivas, afora o tato (*História dos seres animados* I, 16, 494b 16); é inferior aos seres animados divinos no que se refere à inteligência (*Metafísica* XII, 9, 1075a 6 ss.).

15 Cf. *Metafísica*, I, 1, 980a 27-980b 30. Cf. também *Da alma* II, 3, 415a 7 ss.

animados se ordenam de modos diversos, conforme os critérios escolhidos),[16] é continuísta e não descontinuísta. Decerto seria muito mais fácil demonstrar a impossibilidade do pensamento do animal nos textos "científicos" da Antiguidade se, ao contrário de Platão e Aristóteles, buscássemos uma teoria antiessencialista como, por exemplo, o epicurismo. A ontologia biológica é muito mais claramente continuísta no epicurismo: como de fato o mecanismo cego que explica por completo a formação das espécies vivas e em particular das espécies animadas poderia homogeneizá-las e separá-las dos homens? O que se vê em Lucrécio é que a única unidade no mundo dos viventes é a da espécie, e muitas espécies de viventes (das quais o homem, apenas uma espécie entre outras) puderam sucessivamente nascer, existir ou se extinguir aos montes, ao acaso das combinações atômicas e sem nenhuma outra regra além da seleção natural.[17] Aqui tampouco, e *a fortiori*, encontraremos uma essência do animal como tal.

A invenção do animal nos textos éticos e políticos

A ESSÊNCIA NEGATIVA DO ANIMAL

Os textos biológicos e cosmológicos que acabamos de citar não repousam sobre nenhuma das condições de pensamento capazes de dar existência ao animal no sentido que estabelecemos aqui, isto é, como um gênero homogêneo de viventes, de

---

16 Por isso ocorrem numerosas sobreposições de gêneros, como diz Aristóteles (Da geração dos seres animados II, 1, 732a 15): os seres animados bípedes não são todos vivíparos ou ovíparos; da mesma forma os quadrúpedes... Esse mesmo princípio permite a crítica da divisão dicotômica (Partes dos seres animados 642b 21 ss.).

17 Cf. Lucrécio V, 783 ss., que evoca essa constituição quase darwiniana das espécies, a seleção das espécies mais aptas. Surgiram sucessivamente os vegetais (783-7), as aves (801) e os animais terrestres (mortalia saecla, 805), dentre os quais os homens, no tempo determinado (822); mas a profusão inicial da vida era tal que possibilitou a existência de muitos monstros inviáveis (837-54) e espécies que se extinguiram por seleção natural (855-77).

modo que uma identidade essencial agrupe todos os que podem ser classificados como tal e uma diferença essencial os distinga de todos os outros, homens ou deuses. Mas, por outro lado, eles nos permitem compreender algumas das condições *de direito* da invenção do animal: são necessários um pensamento classificador do mundo e uma ontologia descontinuísta do vivente. É preciso ainda um princípio de unidade de todas as espécies animadas distintas do homem e do deus que seja *mais forte* do que o princípio de diversidade que separa as espécies animadas. Ora, como vimos nos textos que citamos, não há nenhum outro princípio de unidade interno e positivo para o ser animado a não ser o princípio de unidade da espécie (a geração) ou, ao menos, o princípio de unidade de tal ou tal faculdade do ser animado: portanto, não é possível um princípio de unidade interno e positivo do animal como tal. Somente é possível um princípio de unidade *externo* e *negativo* – e só pode ser a de outro ser animado. Esse outro ser animado é o próprio homem. Tal é o princípio de dedução *a priori* de toda invenção possível do animal. De fato, o animal só pode começar a existir se nos dotarmos de condições de pensá-lo como *um* ser, cuja unidade genérica provém do fato de o pensarmos como *não sendo* esse outro ser ao qual ele é *naturalmente* justaposto e que é ele próprio *uno*: o homem.

Podemos tirar daí uma consequência necessária para o pensamento antigo, dado o que sabemos sobre o zôon, o ser animado. A constituição antiga do animal consiste na maioria das vezes no fato de se pensar que o gênero dos seres animados (*zôa*) se divide em três "naturezas" ou em três "faunas" essencialmente distintas: o animal, o homem e o deus. Em outras palavras, a invenção metafísica do animal depende necessariamente da constituição de um pensamento do homem como tal; porém, dadas as limitações da língua e da cosmologia grega, essa invenção ocorreu em textos filosóficos da Antiguidade que substancializavam três gêneros de seres animados de acordo com certa ontologia ternária e descontinuísta, isto é, *sobre fundamentos incompatíveis com aqueles que, em outros textos, permitiam pensar o vivente e o mundo*. Assim, enquanto, em um sentido, o pensamento antigo – e talvez o pensamento *tout court* – tinha todo o *interesse* em não dar existência ao animal (para pensar a unidade hierárquica do mundo), em outro sentido ele tinha todo o *interesse* em dar existência ao animal (para pensar a "natureza do homem") – sentido esse que veremos adiante. Podemos citar um certo número de textos em que o animal é dotado de essência –negativa, ao menos. Platão, por exemplo, fala do animal como tal no famoso mito de Prometeu do *Protágoras*, em que o sofista justifica a prática democrática da política pelo desequipamento original do homem ("nu, descalço, sem abrigo, sem armas"; cf. 321c): aqui, o animal existe com uma natureza distinta da natureza do homem e do deus; as espécies animais mais diversas são agrupadas em uma mesma natureza: a de um vivente mortal inteira e naturalmente equipado com suas condições próprias para viver e perpetuar-se (320d-321c), em paralelo aos deuses, que também são naturalmente constituídos para viver e perpetuar-se eternamente, mas em oposição aos homens, que são viventes mortais desequipados naturalmente e que, para poder viver e perpetuar-se, têm de cooperar entre si no trabalho da natureza e nos confrontos da vida política (322b-c).

O animal ainda pode ser visto no texto da *República* que estabelece a distinção de moralidade e imoralidade na tripartição da alma humana. A parte elevada, que deve ter o comando no homem moral, é chamada "humana ou, antes, divina" (589d). Quanto à parte baixa, ela é ilustrada por uma imagem constitutiva do animal como tal: a "de uma ideia única de animal múltiplo e policéfalo, com cabeças de animais mansos e animais bravios dispostas em círculo" (IX, 588c). Não conseguiríamos definir melhor o animal: uma única ideia (*mian idean*), a despeito da diversidade das espécies e das diferenças radicais de costumes (bravios e mansos), mas essa ideia una é distinta da do homem (o todo) e da do deus (a parte elevada do homem).[18]

O animal também pode ser vislumbrado, talvez, no texto do *Banquete* que teoriza o desejo erótico pelo belo como uma tendência do mortal à imortalidade: "todos os animais, tanto os que caminham como os que voam" (207a), tendem a reproduzir-se e, ao contrário dos homens, nos quais esse comportamento é refletido

---

18 Cf. também *Político*, 309b-c; *As leis* VI, 766a.

(*logismos*, 207b), no animal ele é uma tendência irrefletida a perpetuar-se e permanecer eternamente o mesmo, como o deus;
aliás, ao contrário do animal, que pode imortalizar-se apenas na
procriação, pela conjunção física dos amantes, o homem pode
também se imortalizar no estudo, pela comunhão psíquica do
mestre e do discípulo (207e-208a).

Em Aristóteles, encontramos o animal, por exemplo, em
todos os textos da *Política* (objeto do próximo capítulo) que definem a vida política, a linguagem (que é a condição da política) e o
"bem viver" (que é o fruto propriamente humano da política), por
oposição à vida dos animais e dos deuses. É especialmente significativo, de acordo com esse ponto de vista, que nos textos do *corpus* biológico o homem não seja diferenciado da abelha, da vespa,
da formiga e do grou, e, como eles, seja alinhado entre os seres
animados políticos, isto é, seres animados gregários que agem
com o objetivo de realizar uma obra una e comum,[19] enquanto no
corpus ético e político[20] o homem é considerado político por natureza e oposto aos outros seres animados, animais e deuses.

Também podemos ver o animal em todos os textos da *Ética a
Nicômaco* sobre a felicidade. No Livro X, em particular, Aristóteles
contrapõe "a vida dos animais que não o homem", que são incapazes de realizar atividades que lhes propiciem felicidade, a dos
deuses, cuja vida é inteiramente bem-aventurada, e a dos homens,
que podem alcançar essa felicidade divina em breves momentos
de contemplação (X, 8, 1178b 7-32; cf. também X, 7, 1177b
26-7). Paradoxalmente, o animal também pode ser visto em um
texto da *Ética a Nicômaco* sobre a bestialidade. Sabemos que a
bestialidade é uma forma extrema de intemperança humana que
excede a medida do vício, do mesmo modo que, simetricamente,
a virtude heroica e divina excede no homem a própria medida da
virtude (VII, 1, 1145a 22-32): da mesma forma que o animal não
tem vício nem virtude, assim também o deus (VII, 1, 1145a 25).
Apenas o homem é capaz de vícios e virtudes e, por conseguinte,

---

19 *História dos seres animados* I, 1, 487b 32-488a 13 ss.; VIII, 1, 589a 1 ss.
20 *Ética a Nicômaco* I, 5, 1097b 11; IX, 9, 1169b 18; cf. VIII, 14, 1162a 18; *Ética a
Eudemo* 1242a 23; *Política* I, 1253a 2 e 7.

dos excessos dos vícios e das virtudes. Esse texto da *Ética a Nicô-maco* é muito instrutivo sobre a maneira como o animal se cons-titui. Pois a natureza do animal, especificamente, define-se de forma negativa por nunca poder ser bestial, visto que ela é sempre igual ao que ela é, isto é, desprovida de reflexão; apenas o homem, saindo por baixo de *sua própria natureza*, alcança a bestialidade, na qual o desejo o domina sem nenhum comedimento, um estado mais perigoso do que o vício (VII, 7, 1149b 30-1150a 8) e a pró-pria selvageria do animal.

Mais em geral, o conjunto da *Ética a Nicômaco* demonstra ser um local de nascimento favorável ao pensamento do animal. Podemos ver como ele se constitui, apesar do sentido habitual da palavra *zôon* no texto, que quase nunca tem o sentido de animal. A única exceção parece ser um trecho do Livro I: "É com razão, pois, que não chamemos feliz nem ao boi, nem ao cavalo, nem a nenhum outro animal, pois nenhum deles é capaz de participar de uma atividade dessa ordem [a virtude]. Também por esse motivo, tampouco a criança pode ser feliz [...]" (1099b 33-1100a 2). Mas essa exceção é justamente a significativa: em um contexto concei-tual em que se faz uma distinção absoluta entre os *zôa* capazes de vida ética (e de felicidade) e os que não o são, Aristóteles é levado a pensar esse segundo grupo como uma classe (que aqui ele deno-mina *zôa*) e inventar esse "animal" que seus textos biológicos são incapazes de conceber. Essa exceção confirma a regra que tentá-vamos estabelecer, a saber: que *o interesse* do pensamento ético em pensar o animal como tal conseguiu vencer a resistência da língua e *o interesse* do pensamento cosmológico em pensar a con-tinuidade biológica do vivente. Contudo, essa regra é confirmada por todos os outros textos da *Ética a Nicômaco* em que *zôon* aparece em seu sentido "normal", que aqui traduzimos por "ser animado" ("animal" + homem + deus). Esse sentido genérico de *zôon* é explicitamente teorizado em um texto que talvez nos forneça a chave da invenção do animal:

> Não existe uma sabedoria única que se aplique a todos os seres animados [*zôa*], mas existe uma sabedoria diferente para cada espé-cie, do mesmo modo que não existe uma arte médica única para

todos os seres [*onta*]. E se objetarem que o homem supera em
perfeição os outros seres animados [*zôa*], isso não tem a mínima
importância: existem de fato outros [sempre *zôa*], de natureza
muito mais divina do que o homem, por exemplo, para nos atermos
às realidades mais visíveis, aqueles dos quais o sistema cósmico se
constitui. (VI, 7 1141a 31-1141b 2; trad. J. Tricot, modificada)

AS TRÊS FAUNAS, TRÊS FIGURAS DO VIVENTE

Esse último excerto nos permite esclarecer os três aspectos
comuns a toda essa série de textos, por oposição aos precedentes.
Primeiro, nele encontramos um conceito, o de animal, que agrupa
em uma única essência todos e somente aqueles que denominamos animais, qualquer que seja sua diversidade. Segundo, nota-
mos em todos esses textos a afirmação de uma descontinuidade
radical e uma diferença essencial entre três classes naturais, três
"faunas": o animal, o homem e o deus. Por último, nele podemos encontrar a caracterização das diferenças de natureza dessas
três faunas por aspectos de oposição que respeitam um mesmo
esquema: o gênero central (homem) tem em comum com os dois
gêneros extremos (animal e deus) duas determinações naturais
pelas quais estes se opõem entre si; corolariamente, esse gênero
central é excluído, por duas determinações naturais, de cada um dos
dois gêneros extremos, em conjunto com cada um dos dois outros.

Por exemplo: o homem é mortal como o animal, mas por
oposição ao deus, que é imortal. O homem é apto para o pensamento como o deus, mas por oposição ao animal, que é inapto
para o pensamento. Ou ainda: o homem, como o animal, necessita das coisas para viver, mas por oposição ao deus, que é autossuficiente; o homem, como o deus, é apto para a vida boa (à
felicidade, à contemplação), mas por oposição ao animal, que é
apto apenas para a sobrevivência ou a reprodução. Etc.

E vemos que a ética epicurista entraria facilmente nesse
esquema. Apesar do naturalismo epicurista que inclinaria Epicuro, mais do que Platão ou Aristóteles, a uma dispersão desor-
denada de todas as formas de vida, na qual não há lugar para

uma essência do animal em geral, ainda que certo materialismo pudesse fazê-lo propender para o ateísmo, encontramos na ética epicurista todas as particularidades constitutivas da ontologia descontinuísta e essencialista das três faunas. Primeiro, encontramos nela a mesma definição da natureza do deus em Platão e Aristóteles: "ser animado [*zôon*] imortal e bem-aventurado" já era a definição do deus no *Fedro* de Platão, na *Ética* e na *Metafísica* de Aristóteles.[21] Ser animado, como o animal e o homem, imortal por oposição aos dois outros e bem-aventurado por oposição ao animal, mas à semelhança do homem. Sobretudo, há no epicurismo, para o qual o prazer é o princípio e a finalidade da vida de todo ser animado,[22] dois tipos de prazer acessíveis ao homem.[23] Há o prazer "constitutivo", denominado "em repouso", que diz respeito ao pleno gozo do ser animado de todas as suas faculdades físicas ou psíquicas; é um prazer estável, contínuo, puro, invariável e máximo;[24] o modelo desse prazer é o prazer divino: os deuses são os únicos que podem gozar imutável e continuamente dele. Mas há também o prazer em movimento, referente ao gozo que acompanha a recuperação do ser animado de seu estado natural perturbado pelo desejo, pela carência, pelo cansaço ou pela dor. O modelo desse prazer é o prazer animal: os animais conhecem apenas esse tipo de prazer e todos os animais

---

21 Platão (*Fedro* 246c): "Nós criaremos um conceito do deus [...] como sendo um certo ser animado imortal". Sobre os deuses de Aristóteles como seres animados (*zôa*) bem-aventurados, cf. *Ética a Nicômaco* X, 8, 1178b 18 ss. (e *Do céu* II, 1, 284a 28), bem como *Metafísica* XII, 7, 1072b 29: por isso denominamos o deus um ser animado eterno perfeito. Sobre o conceito do deus no epicurismo, cf. Epicuro, *Carta a Meneceu* 129 (e *Máximas principais* I); Lucrécio I, 44-9 (= II, 646-51); III, 18-24; Cícero, *Da natureza dos deuses* I, 16, 45.

22 A aptidão para o prazer é uma característica do ser animado (*zôon*, animal): Diógenes Laércio X, 34; X, 137; Cícero, *Da finalidade do bem e do mal* I, 9, 30 (cf. também Epicuro, *Carta a Meneceu* 129). Note também, visto que as duas questões estão relacionadas (cf. Lucrécio II, 257-60), que a "vontade livre" explicada pelo desvio imprevisível dos átomos (*clinamen*) não concerne apenas aos homens, mas a todos os animantes (II, 256): é ela que origina o movimento dos seres animados, de igual forma o dos cavalos (II, 263-71) e o dos homens (II, 272-80).

23 Cf. Diógenes Laércio X, 136; Cícero, *Da finalidade do bem e do mal* I, 11, 37-8.

24 Cf., por exemplo, *Máximas principais* III e XVIII.

o sentem, justamente porque devem se alimentar para perpetuar seu ser e acasalar para perpetuar sua espécie.[25] O homem está entre os dois: ele pode sentir os dois, para a sua felicidade ou para a sua grande infelicidade.

Porque essa é justamente outra particularidade saliente em todos esses textos. O homem está entre as duas naturezas e, por isso, tem uma natureza precária. Ele pode descer até a natureza animal (aquela dentro dele que se assemelha à que está fora dele, a do animal). Ele pode também se elevar até a natureza divina, tornar-se semelhante a ela (aquela que está fora dele porque está primeiro dentro dele). Ele pode cair sob o domínio da fera que habita dentro dele (como diria Platão), tornar-se associal e rebelde à vida coletiva (como afirma Aristóteles), ou buscar circularmente ao infinito o prazer em movimento do animal e jamais chegar à quietude ou à felicidade (como mostra Epicuro).[26] Ele pode também se elevar à imortalidade divina pelo desejo de conhecimento (Platão), à felicidade divina, mais do que humana, da contemplação (Aristóteles), ou alcançar o prazer estável do sábio, que é "como um deus entre os homens" (Epicuro, *Carta a Meneceu* 135). Ser entre dois outros seres torna a natureza do homem frágil e instável.

Inversamente e sobretudo, porém, é essa situação intermediária entre o animal e o deus que *constitui* essa natureza do homem. Sem as duas outras, ela não seria, seria nada. É o que mostram as comparações entre os textos que citamos.

Consideremos, por exemplo, o mito de Protágoras e o início da *Política* de Aristóteles. No plano doutrinal, esses dois textos são antitéticos, pois dão explicações opostas ao laço político – que acabarão constituindo os dois grandes tipos de teoria clássica do fundamento do político. Para Protágoras, o homem existe naturalmente como indivíduo isolado, já dotado de suas finalidades individuais

---

25 Lucrécio, *Venus voluptas* I, 1; sobre a relação natural entre o prazer animal e a reprodução, cf. também II, 173-4, V, 177-8.

26 Sobre esse sintoma da pleonexia (prazer que, ao invés de se satisfazer com seu objeto, alimenta-se a si mesmo e torna-se fútil), cf. Lucrécio III, 1052 ss. Sobre o processo que leva de um desejo natural a um desejo fútil, cf. Epicuro, *Máximas principais* V, VI, VII, XIV; Lucrécio IV, 1073-4, V, 1115 ss.

(sua sobrevivência), rebelde por natureza à vida social e aceitando o laço político apenas como um mal menor contra o risco de morte violenta (322b) e, obviamente, por interesse. (Reconhece-se aqui o princípio das teses contratualistas, antigas ou modernas, ou do liberalismo moderno.) Para Aristóteles, o homem é naturalmente político e não existe naturalmente senão na e pela Cidade; é ela que lhe permite concluir e realizar sua natureza, de sorte que, qualquer que seja seu interesse e independentemente de todo risco de morte (sua sobrevivência), ele realiza na Cidade sua finalidade mais elevada (a felicidade). A doutrina desses dois textos é oposta, portanto.

Contudo, talvez exista um ponto de vista mais fundamental sob o qual um e outro podem ser lidos como fundamentados em um mesmo processo de pensamento, e dizendo essencialmente a mesma coisa. O que eles dizem é que há de fato uma essência do homem e que essa essência está necessariamente ligada ao político. O que explica e fundamenta tal laço político senão o fato de que o homem é o único dos seres animados a necessariamente participar dele? Nem os deuses nem os animais são capazes disso. Os deuses não vivem politicamente, pois, como diria Protágoras, sendo imortais (cf. 320c), eles não precisam proteger sua vida de agressões de outrem; pois, como diria Aristóteles, sendo autossuficientes e eternamente felizes em felicidade contemplativa, eles não precisam da felicidade propiciada pela vida comum. Os animais não vivem politicamente, pois, como diria Protágoras, eles já são equipados naturalmente com as condições de sua sobrevivência (presas, chifres e garras) e não precisam proteger-se dos ataques dos outros seres animados pela proteção dada pelo laço social; pois, como diria Aristóteles, eles são inaptos para a felicidade proporcionada pela vida política. De modo mais fundamental, tanto para um como para o outro, o que nos garante que o homem possui uma natureza é o fato de existirem duas outras naturezas de seres vivos, animados, de um lado e de outro da sua, que vivem de maneira diferente dele. O que satisfaz esse conceito vazio de natureza é a diferença da natureza do homem em comparação com as outras duas, que são igualmente vazias, mas necessárias para satisfazer a única natureza que interessa, a do homem, e construídas negativamente de um lado e de outro da sua, para que possam vir introduzir-se negativamente e por contraste (e da forma simétrica e paralela que vimos em nosso esquema) todas as determinações que deviam ser atribuídas ao homem. O animal apolítico e o deus apolítico são as duas invenções paralelas necessárias à invenção do homem político. E o homem é essa invenção que só poderia ser fundamentada em outras duas: a do animal e a do deus.

Isso é confirmado ainda pela análise paralela de textos relativos não mais à origem e ao fundamento do político, mas à origem e ao fundamento de nossas normas "morais". Tomemos mais uma vez duas doutrinas opostas. De um lado, por exemplo, uma teoria (aristotélica) que vê a felicidade na prática regrada das virtudes; de outro, uma teoria (epicurista) que vê a felicidade na busca do prazer. De um lado, uma teoria do prazer que o restringe aos limites da *sophrosunê* (a temperança, a justa medida do prazer, nunca de mais nem de menos), da *enkrateia* (o domínio de si de quem sabe resistir aos desejos excessivos, mesmo sendo incapaz do *habitus* da temperança), e, por último, da humanidade – porque, além do vício, há apenas a bestialidade. De outro lado, uma teoria do prazer que não tem nenhum limite, a não ser a regra interna da plena satisfação.

Por mais opostas que sejam essas duas doutrinas morais, talvez exista um ponto de vista mais fundamental sob o qual uma e outra podem ser lidas como fundamentadas em um mesmo processo de pensamento, e dizendo essencialmente a mesma coisa – e talvez até mesmo dizendo *sob esse ponto de vista* a mesma coisa do que os textos de Platão sobre o animal. O que elas dizem é que há de fato uma essência do homem e que essa essência está necessariamente ligada às normas morais, e de maneira especial a um uso apropriado, um uso humano, propriamente humano, do prazer. O que explica e fundamenta essas normas senão o fato de que o homem é o único dos seres animados a necessariamente participar delas? Nem os deuses nem os animais são capazes disso, por isso nem devem. Os deuses não precisam normatizar seu prazer, porque, como diria Epicuro, sendo bem-aventurados para todo o sempre, não precisam de nada e, por conseguinte, não sabem o que é o desejo, a carência ou a necessidade dos quais se alimenta a insatisfação que gera os desejos fúteis e insaciáveis – e, desse ponto de vista, as posições de Platão e Aristóteles seriam bastante próximas. Quanto aos animais, eles não precisam normatizar seu prazer, porque, como diria Epicuro, movidos pelos impulsos de sua própria natureza, eles não sentem nenhum desejo que não seja natural (fútil) e, por conseguinte, não buscam prazer fora da satisfação da necessidade e da carência; eles não precisam normatizar seu prazer, porque, como diria Aristóteles, não tendo nenhuma reflexão (*Ética a Nicômaco* VII, 7, 1149b 30 ss.), eles não podem ser intemperantes, perder um controle que de todo modo eles não possuem ou, mais fundamentalmente, porque, agindo sempre de acordo com sua natureza, eles não podem ser desnaturados;[27] e, se bem que os prazeres que ocasionam o desregramento (*akolasia*) no homem sejam exclusivamente os que também sentem o animal, ou seja, os prazeres do paladar e, sobretudo, os prazeres do tato, tais como os prazeres sexuais (*Ética a Nicômaco* III, 10, 1118a 23 ss.), o desregramento e a moderação (*sophrosunê*) são atributos do homem e não do animal.[28]

Mais uma vez, o animal naturalmente amoral e o deus naturalmente amoral são as duas invenções paralelas necessárias à invenção do homem moral.

A INVENÇÃO DA NATUREZA DO HOMEM

Sendo assim, o animal e o deus são as duas naturezas que delimitam a do homem. Aparentemente, essa situação a fragiliza, porque ela sempre pode se desviar de si mesma, para cima ou para baixo; na realidade, porém, essa situação a define, porque a essência do homem não é nada mais do que aquilo que não são as dos outros seres animados: os imortais, de um lado, e os

---

27 Sobre a bestialidade como desnaturação, cf. *Ética a Nicômaco* VII, 6 (1148b 15 ss.).

28 Cf. também essa mesma tese em *Política* I, 2 1253a 31-6: a injustiça armada (de sensatez e virtude intelectual) é pior do que tudo, portanto o homem sem lei é pior do que o animal.

ilógicos,[29] de outro. Dessa forma, é por uma dupla negação que, quando são fundamentadas as normas, é constituída a essência do homem – que é o que não são nem o deus nem o animal. Em contrapartida, em consonância com o mesmo esquema, essas normas se fundamentam seguindo um modelo duplo: como o animal e como o deus, o homem deve ser semelhante a si mesmo e *identificar-se com sua própria "natureza"*. Pois o animal e o deus são incontestavelmente seres animados com uma natureza *una* e estável e são necessariamente fiéis a ela, sem perigo de abandoná-la: o deus não pode tornar-se mortal e, por conseguinte, não pode começar a desejar irrefletidamente ou a viver em guerra; o animal é incapaz de conhecer a lei e, por conseguinte, não pode infringi-la. Por isso, o tema filosófico segundo o qual o homem deve imortalizar-se e tornar-se semelhante à divindade[30] convive em paralelo – às vezes até nos mesmos textos – com o tema do homem que deve conhecer sua *própria* natureza e prender-se a ela.

Paradoxalmente, é pelo que o animal e o deus *não são* que eles são nossos modelos para o que temos de ser para sermos nós mesmos. É porque nem o animal nem o deus podem viver politicamente que eles são nossos modelos do ponto de vista político: o homem apolítico é como um deus ou como um animal;[31] ao mesmo tempo, porém, o deus e o animal são os modelos do que deveria ser a vida política: bastar-se a si mesmo, poder viver

---

29 O animal nasce conceitualmente nos textos que citamos sob diferentes figuras lexicais. Às vezes, o termo que serve para pensar o conceito é *thérion* (que em geral significa apenas o animal bravio ou terrestre). Às vezes, é o termo *aloga* (os não falantes) como, por exemplo, no mito de Protágoras (321c 1; cf. também Xenofonte, *Hieron* 7, 3; Demócrito, fragm. 164, segundo Sexto Empírico, *Adversus Mathematicos* VII, 117; *Ética a Nicômaco* VII, 6, 1149a 10; III, 4, 1111b 12). Às vezes, é o termo *zôa* (cf. os textos citados da *Ética a Nicômaco*, n.31, e especialmente I, 10, 1099a 33-4 e VI, 7, 1141a 31-1141b 2). O animal, portanto, não é consequência da língua, mas, ao contrário, um conceito filosófico elaborado a despeito da língua.

30 Sobre a tendência do mortal a imortalizar-se, cf. de Platão o texto citado do *Banquete* 207d ss. (bem como *Fedro* 252c-d); de Aristóteles, *Da alma* II, 4, 415a 26-415b 7, e *Da geração dos seres animados* II, 1, 731b 23-732a 11. Tornar-se semelhante à divindade é um tema largamente desenvolvido em Platão, *Teeteto* 176 a-b; *República* VI, 500c-d; *Fédon* 79d-e; *Timeu* 90b-c; e em Aristóteles, *Ética a Nicômaco* X, 7, 1177b 25-1178a 8.

31 Cf. *Política* I, 2, 1253a 3-6.

em autarcia.[32] Eles são os modelos do que deveria ser a política porque um e outro se abstêm dela; e eles se abstêm dela porque a *natureza* deles é tal que ela não precisa da política. Do mesmo modo, porque eles não podem viver moralmente no sentido que lhe damos é que eles são nossos modelos do ponto de vista moral: o homem amoral é como um deus (além da virtude)[33] ou como um animal (aquém do vício); ao mesmo tempo, o deus e o animal são nossos modelos, porque nem um nem outro têm desejos errados: eles são a imagem do que seria nossa vida moral se ela fosse regrada por nossa própria natureza.

O homem é um animal e um deus a um só tempo, mas é um animal na medida em que não é um deus e um deus naquilo que não é um animal. Dessa forma, o animal tem uma função perfeitamente simétrica à do deus e ambas são constitutivas do homem. Dissemos anteriormente que o animal só pode existir se for pensado como *um* ser cuja unidade genérica provém de sua oposição a outro ser: o homem. Agora vemos que a ordem das razões está invertida. É para pensar o homem que se deve inventar por contraste o animal. Além do mais, essa invenção de uma natureza de um lado e de outro da nossa explica igualmente nossa dupla natureza, animal e divina. Daí resulta o fato de que todos os textos que inventam o animal são também aqueles em que se constitui o dualismo.[34] (E isso sempre se repete. É notório, por exemplo, o papel do animal em Descartes, uma das pedras de toque de seu dualismo. Descartes precisa do animal como modelo de um

---

32 Para Protágoras, a Cidade proporciona essa proteção contra as agressões dos outros seres animados que a torna autossuficiente. Em Aristóteles, o ideal de autarcia faz parte da própria definição da Cidade (cf. *Política* I, 2, 1252b 28-9; cf. também VII, 4, 1326b 2-10), e também da do deus (*Do céu* I, 9, 279a 20-2; *Política* VII, 1, 1323b 23-6; *Magna moralia* II, 15, 1212b 33 ss.).

33 O deus (ou o ser excepcional que tenha sua virtude heroica ou divina; cf. *Ética a Nicômaco* VII, 1, 1145a 18) não precisa ter domínio sobre si mesmo (*enkratês*) porque não tem desejos errados e, é claro, não precisa ser temperante (*sophrôn*). O animal, mesmo o mais bravio (e perigoso), também não tem desejos errados.

34 Como vemos aqui e ali em Platão, nos textos que mais se prestam a uma leitura dualista (por exemplo, *Fédon* 80a-b).

vivente puramente mecânico para compreender a dupla natureza do homem: pensamento e corpo.)

Se é assim, fica claro que a invenção do animal se deve à necessidade do pensamento de fundamentar normas. A filosofia grega clássica não conhece a distinção entre o ser e o dever ser. Assim como não conhece um Deus moral pessoal, fonte absoluta e incondicionada das normas. A norma só pode emanar do ser. E esse ser que é ao mesmo tempo norma foi chamado pelo pensamento grego de "natureza" (*physis*). O que deve fazer um ser? Nada mais do que ele tem de ser, ser o que ele é, ser em consonância com sua *physis*. O maior bem para um ser é ser em harmonia com seu ser real. Portanto, é preciso haver naturalmente uma "natureza" do que nós temos de ser. Então se inventa a metafísica da natureza do homem e da natureza conjunta do animal e do deus. Da existência destes últimos não há nenhuma prova cosmológica suficiente, mas há uma prova moral: o mundo pode existir sem o deus ou o animal, mas nada teria valor no mundo e, provavelmente, não haveria o homem. O que faríamos – e em consequência seríamos – sem eles para nos servir de exemplo? É porque falta aos gregos uma fonte transcendente do Bem humano – em outras palavras, é da ausência de tal fonte – que nasce o animal.

Donde a diferença, a tensão e às vezes até a contradição entre dois tipos de textos:[35] os que produzem o animal e os que o banem. Para os primeiros, o homem é um ser animado igual aos outros; para os segundos, ele se define por não ser nem animal nem deus.[36] Nos textos "científicos", na "filosofia da natureza", o

---

35 Por exemplo, nos textos biológicos de Aristóteles, o homem é um ser animado igual aos outros, um ser animado político comparável a outros, um ser animado falante como os outros; mas se nos restringirmos aos textos políticos, o homem aparece de preferência com o único político, o único dotado de logos etc.

36 Desse ponto de vista, poderíamos apontar a mesma tensão nos textos estoicos. De um lado, há os textos continuístas em que todos os seres naturais são hierarquizados de acordo com uma escala contínua (*scala naturae*), das plantas até os deuses, uma escala atribuída em especial a Posidônio (cf. Cícero, *Da natureza dos deuses* II, 33-6); trata-se de mais uma daquelas filosofias da natureza que insistem na proximidade originária de todos os viventes. De outro, há a filosofia moral que insiste no corte homem/animal. E há ainda os textos que definem o bem do homem por sua natureza, e a natureza do homem por

objetivo é pensar o mundo, e ele deve ser pensado segundo categorias continuístas e hierárquicas nas quais não há lugar para o
animal: nesse caso, interessa ao pensamento não pensar o animal, a consistência da unidade do mundo que se oferece à contemplação do homem e que se deve chamar "natureza" exclui o
animal. Mas existem casos em que é do interesse do pensamento
constituir o animal, contra tudo que afirmam os discursos biológico ou cosmológico, e apesar da resistência da língua: a consistência da unidade do mundo onde os homens têm de viver
juntos implica necessariamente o animal. Essa outra exigência
discursiva se denomina ética e é nela que nascem juntas estas
três outras *figuras*, estas três "naturezas": "o homem", entre "o
animal" e "o deus". Pois, quando se quer pensar o homem para
fundamentar suas normas, são necessárias categorias classificató-
rias e essências fixas, e inventa-se a figura do animal, do mesmo
modo como em outros contextos se inventa a figura da "criança"
ou do "selvagem".

---

uma relação dupla com a natureza dos animais e dos deuses, por exemplo,
Epiteto: o corpo é comum aos homens e aos animais (*zôa*); o pensamento
(*gnóme*) é comum aos homens e aos deuses (*Discursos* I, 3, 3).

– 4 –

O HOMEM POLÍTICO ENTRE
DEUS E ANIMAL

O aristotelismo tardio, nas três tradições monoteístas, tentou várias vezes fundamentar o político no teológico. Porque, como diz a célebre frase de São Paulo, "todo o poder vem de Deus".[1] Ora, o pensamento político de Aristóteles se fundamenta em uma visão diametralmente oposta à da reflexão medieval que, no entanto, a reivindica. De fato, para Aristóteles, a política é independente de qualquer teologia. De duas formas paralelas: os deuses não fazem política nem entre si (eles não vivem politicamente) nem para nós (eles não nos impõem uma vida política). Os deuses não conhecem a lei, e isso deve ser entendido em dois sentidos: o modo de vida dos deuses não pressupõe a lei, nossa lei não é determinada pelo modo de vida dos deuses. Mas isso não é tudo. Pois essa independência entre o político e o teológico é não só negativa, como positiva também: ela define a ambos.[2]

---

1 São Paulo, *Epístola aos romanos*, 13:1 ss.
2 Usamos a palavra "teologia" no sentido lato de todo discurso sobre o divino. A palavra é atestada nos pensadores gregos clássicos (por exemplo, Platão, *República* II, 379a, e Aristóteles, *Meteorologia* II, 1, 353a 35); em Aristóteles é

A política não é divina e a divindade é apolítica. Mais uma vez, a essa correlação corresponde outra, que a completa: a política não é animal e a animalidade é apolítica. Essas duas relações também podem ser ditas em termos que estejam mais de acordo com a configuração na qual o homem é inventado no pensamento grego: a política é propriamente humana, ela é um sinal de humanidade e realização da humanidade do homem, entre animalidade e divindade.

Os deuses, os animais e a política

Por definição, os deuses não fazem política. O que é um deus, afinal? É um indivíduo que existe plenamente. Que "é", simplesmente, mas na acepção plena da palavra "ser".[3] Que é sem poder não ser. Que é plenamente tudo que pode ser, sem nada nele que não seja efetivamente realizado. Um ser individual e, no entanto, absoluto; que *é* absolutamente, é por si e não depende de nada para ser, senão de si mesmo. Portanto, que vive (pois os deuses são viventes)[4] em autarcia. Como diz a *Metafísica*, a "vida [divina] é perfeita e eterna".[5] A vida dos deuses é sem carência e sem defeito. Porque é sem carência, ela é eterna,[6] ao contrário da vida precária que nós seres não divinos vivemos, obrigada a regenerar-se continuamente, a sustentar-se por outra coisa para não acabar. Porque é sem carência, ela é perfeitamente feliz, ao contrário da felicidade instável que conhecemos em nossas relações com nossos semelhantes. O tratado *Do céu* qualifica os deuses da seguinte forma: "imutáveis, impassíveis, gozando da melhor e da mais autárcica das vidas, por toda a eternidade" (I, 9, 279a

---

mais comum a expressão "ciência teológica" (*Metafísica* VI, 1, 1026a 10-32 e XI, 7, 1064a 28-1064b 14).

3 O "primeiro motor" do mundo é um ser necessário, que não pode ser diferente do que ele é, mas simplesmente é (*Metafísica* XII, 7, 1072b 12-3).

4 Cf. *Ética a Nicômaco* X, 8, 1178b 18; *Do céu* II, 1, 284a 28; e, obviamente, sobretudo *Metafísica* XII, 7.

5 *Metafísica* XII, 7, 1072b 28.

6 "O ato do deus é a imortalidade, isto é, a vida eterna" (*Do céu* II, 3, 286a 9).

20-2). Eles não precisam de *nada* para viver nem para ser felizes: "A felicidade e a bem-aventurança da divindade não dependem de nenhum bem exterior, ela é feliz por si mesma e em consequência da qualidade determinada de sua natureza" (*Política* VII, 1, 1323b 23-6).[7] Mas, acima de tudo, os deuses não precisam de *ninguém*, eles prescindem dos outros para ser e continuar a ser o que são. Bastando-se inteiramente a si mesma, a divindade não necessita de servo entre seus subordinados nem de amigo entre seus iguais.[8] A última palavra da *Ética a Eudemo* é: "Pois a divindade não governa dando ordens, mas é o fim a que visa a sabedoria ao dar ordens [...] posto que em todo caso a divindade não necessita de nada" (VIII, 3, 1249b 13-6).

Portanto, não existem senhores entre os deuses[9] nem eles são senhores. Por isso eles não fazem política nem *entre si*, visto que cada um vive inteiramente por si mesmo e não necessita nem de senhor nem de amigo, nem *para nós*, visto que cada um vive em autarcia e não necessita de servo. Ora, é esta dupla necessidade – necessidades das coisas e necessidade dos outros – que fundamenta nos viventes imperfeitos que somos a vida política: a primeira necessidade fundamenta a esfera do trabalho e da sociedade; a segunda fundamenta a esfera da justiça e da política propriamente dita.

Pois, se por natureza os deuses são apolíticos, os homens são notoriamente políticos por natureza. "O homem é um animal político por natureza e aquele que por natureza, e não por obra do acaso, não tem Cidade é um ser ou inferior, ou superior ao homem" (*Política* I, 2, 1253a 2-4). Com efeito:

> é evidente que a Cidade existe por natureza e é anterior ao indivíduo; de fato, se cada um isoladamente não pode bastar-se a si

---

7 Cf. também *Magna moralia*: o deus é autossuficiente e não necessita de nada (II, 15, 1212b 33 ss.).

8 "Pois não é próprio de um ser autossuficiente necessitar de pessoas úteis, de pessoas para se divertir ou de companhia" (*Ética a Eudemo* VI, 12, 1244b 6-7).

9 Aristóteles ironiza a crença popular que atribui um rei aos deuses (cf. *Política* I, 2, 1252b 24-7).

mesmo, ele estará no mesmo estado da parte em relação ao todo; o homem que não pode viver em comunidade ou que não tem nenhuma necessidade dela, porque se basta a si mesmo, esse homem não faz parte da Cidade: consequentemente, é um animal ou um deus. (I, 2, 1253a 25-9)

Essas análises revelam a *figura* do homem tanto por contraste como por similitude. A política define o homem de maneira negativa – ele não é nem deus nem animal – e positiva – o homem existe "entre duas" naturezas, porque a própria vida política existe "entre duas" vidas, acima da animal e abaixo da divina.

Dizer que o homem vive politicamente significa, de forma negativa, que, assim como os animais e ao contrário dos deuses, ele não é autossuficiente e não pode, por si mesmo, *ser* ele mesmo. Duas carências constituem a animalidade do homem: a dos outros e a das coisas. A primeira o leva a viver em comunidades que permitem satisfazer a segunda. Não sendo autárcico, o homem carece de tudo que permite ao vivente mortal não morrer – tais são suas necessidades: a comunidade política pode satisfazê-las, sobretudo porque ela própria é autárcica. É justamente isso que diferencia a comunidade política de todas as outras que ela engloba, como mostram as primeiras páginas da *Política*. Toda comunidade visa a um fim e toda comunidade natural visa a um fim natural, isto é, tende a satisfazer uma necessidade natural. Por exemplo, a comunidade do ato sexual entre o homem e a mulher visa a mitigar, mediante a reprodução de cada um desses seres em outro ser diferente deles, a carência essencial da vida animal, sua mortalidade: ninguém pode permanecer eternamente ele mesmo, à semelhança dos deuses; o animal só pode perpetuar sua "forma" pela procriação (I, 2, 1252a 26-31). A comunidade da família e a "aldeia" visam a satisfazer outra incompletude da vida animal: graças ao trabalho e à troca "econômica", elas satisfazem respectivamente "as necessidades cotidianas" (I, 2, 1252b 12) e as necessidades menos efêmeras (I, 2, 1252b 16). Contudo, nem o casal, nem o lar, nem a aldeia são autárcicos: eles não podem satisfazer todas as necessidades, ao contrário da comunidade política – a Cidade (I, 2,

1252b 28-9).[10] A cidade é a menor comunidade suficiente para satisfazer todas as carências dos que vivem nela. Dito ao inverso: é apenas na e pela comunidade que cada homem naturalmente incompleto enquanto vivente torna-se completamente o que ele é enquanto homem. Essas duas carências naturais no homem (a carência das coisas da qual provêm a carência dos outros) constituem sua natureza de vivente político e definem dessa forma, por negação, a natureza do deus, porque elas marcam o lugar vazio de um vivente perfeito e autárcico. Nesse sentido, a política marca distintamente a animalidade do homem.

De modo inverso, contudo, a política marca *também* a superioridade do homem sobre o animal. Pois a comunidade política não só satisfaz, enquanto comunidade autárcica, sua necessidade das coisas, sem as quais o homem não pode viver, como ela satisfaz sobretudo, enquanto comunidade perfeita, sua carência dos outros, sem os quais ele não pode viver *bem*: o homem é feito de tal modo que vive melhor com outros homens, mesmo que não tenha *necessidade* deles (necessidade sexual ou econômica). É nesse sentido, *positivo*, que ele é naturalmente político. E a comunidade política é a que permite ao homem conviver com outros homens não apenas para viver (sobreviver), mas também para viver bem, isto é, para ser feliz. "Formando-se para permitir [ao homem] viver, ela existe para [lhe] permitir viver bem" (*Política* I, 2, 1252b 29-30).[11] Portanto, "o homem é um animal naturalmente político" significa que há um *acréscimo* de humanidade à animalidade; e a política marca não apenas uma carência, mas também um suplemento. Com efeito, da mesma forma que os deuses e ao contrário dos outros animais, o homem pode viver para outra coisa que não seja viver, isto é, sobreviver: ele pode viver para viver *bem*. Pois, ao contrário das comunidades de animais, as comunidades humanas que chamamos de políticas não são simples sociedades de socorro mútuo. Elas nasceram de uma

---

10 Cf. também *Política* VII, 4, 1326b 2-10.
11 Cf. também: "A cidade é a comunidade do *bem viver* para as famílias e os grupos de famílias, tendo em mira uma vida perfeita e autárcica" (*Política* III, 9, 1280b 33-5).

carência (precisamos viver!), mas seu propósito não é apenas satisfazê-la e nada mais.

Do que se trata a política, senão da maneira de vivermos *bem* juntos? Decorre daí o fato de que, em política, nós falamos: discutimos o que é certo e errado, o que é justo ou injusto, a maneira como deveríamos viver para vivermos melhor juntos. A distinção essencial em Aristóteles entre "viver" e "viver bem", viver para viver ou viver para ser feliz é também a distinção do econômico e do cívico, isto é, da esfera social das necessidades e da esfera propriamente política. É dessa distinção que depende a barreira que separa animalidade e humanidade. De fato, as comunidades políticas não são as sociedades simples dos animais. Pois, se existem animais solitários, existem também animais gregários,[12] que vivem em bandos, e até mesmo animais sociais, como as abelhas, que dividem tarefas. Mas a Cidade visa mais: ela visa ao *bem*, o "bem" do qual tratam todos os discursos políticos, a felicidade de viver junto. "Os animais, com exceção do homem, não têm participação na felicidade" (*Ética a Nicômaco* X, 9, 1178b 24). Mas por isso mesmo, porque ela visa, para além do viver, ao viver *bem*, a política é "supra-animal", é, por assim dizer, um lugar-tenente do divino na comunidade humana. É o que afirma Aristóteles: "A vida inteira dos deuses é bem-aventurada, como também é a do homem, na medida em que existe certa semelhança neles com a atividade divina" (*Ética a Nicômaco* X, 9, 1178b 25-7). Pois, se os deuses são viventes imortais (que portanto prescindem de comunidades, ao contrário dos viventes humanos), eles também são animais que gozam da felicidade suprema (o que almejam os viventes humanos ao viver em comunidades políticas).

Assim, a Cidade pode ser definida como uma "comunidade que visa ao bem" (ou a felicidade).[13] Essa definição revela a situação intermediária do homem: "*comunidade*" à semelhança dos animais e ao contrário dos deuses, que são indivíduos que existem por si mesmos, mas "*que visa ao bem*" à semelhança dos deuses e ao contrário dos animais, que vivem apenas para ser e não

---

12 Cf., por exemplo, *História dos seres animados* I, 1, 488a 3 ss.
13 A cidade é a comunidade da vida feliz (*Política* III, 9, 1280a 33).

para ser bem. Portanto, a justiça, que é uma virtude política[14] ou o bem enquanto política, é também uma virtude humana – nada mais do que humana –, mas tem duas faces: deriva da animalidade, porque pressupõe dependência mútua ou dependência das coisas; mas deriva também da divindade, na medida em que é a realização *nesta* vida do *bem*. Por isso, imaginar deuses justos seria tão ridículo quanto imaginar animais justos. Como observa Aristóteles:

> Concebemos os deuses como seres que gozam de suma beatitude e soberana felicidade. Mas que espécie de ações devemos atribuir-lhes? Ações justas? Mas não daríamos a eles uma feição ridícula fazendo-os firmar contratos, devolver depósitos e outras ações semelhantes? (*Ética a Nicômaco* X, 8, 1178b 12; trad. J. Tricot)

Essa situação intermediária da política também pode ser mostrada pela faculdade humana que a corrobora e, ao mesmo tempo, a permite: a linguagem, ser intermediário, como o homem, e ser de duas faces, como a justiça. Os deuses prescindem de justiça, os animais são inaptos para ela, apenas o homem pode ser justo com seus semelhantes: a justiça traduz tanto a imperfeição quanto a perfectibilidade do homem. Do mesmo modo a linguagem. Em um dos textos mais famosos da Antiguidade, Aristóteles justifica o fato de o homem ser um animal *naturalmente* político pelo fato de possuir o *logos*:[15]

> O homem é o único dos animais a ter uma linguagem. A voz é a expressão do agradável e do desagradável, também a encontramos nos animais; a natureza deles chegou até o ponto de experimentar a sensação do desagradável e do agradável e de expressá-las uns aos outros. (*Política* I, 2, 1253a 10-4)

---

14 "A justiça é a virtude referente às nossas relações com outrem" (*Ética a Nicômaco* V, 3, 1130a 12-3).

15 De fato, a gênese da Cidade a partir das comunidades infrapolíticas – reconstituída logo no início da Política – é suficiente para justificar que ela seja um ser natural, e não instituído, por exemplo. O argumento da linguagem mostra que esse ser de natureza corresponde também à natureza *do homem*.

Os animais podem experimentar afecções, expressá-las e comunicá-las entre si. E não poderia ser diferente, visto que alguns são gregários. Mas ser gregário é uma coisa, ser político é outra muito diferente, e propriamente humana.[16] Do mesmo modo, expressar ou comunicar é uma coisa, falar é outra muito diferente, e propriamente humana: "A palavra é feita para expressar o nocivo e o proveitoso, e por consequência o justo e o injusto..." (I, 2, 1253a 14-8). A palavra começa quando paramos de dizer o que sentimos ("dói") para dizer o que julgamos ("é errado"); quando, ao invés de expressar ou comunicar o valor de afecções subjetivamente sentidas, referimo-nos objetivamente aos valores que tornam uma comunidade possível: "*Isto* é justo ou injusto".

A palavra humana está exatamente no "meio", entre animalidade e humanidade, como a política que a torna necessária e que ela torna possível: não há política sem linguagem, e não há linguagem sem comunidade política. A palavra humana deriva da animalidade porque deriva da dupla incompletude do homem: ser de necessidade, que sente afecções variáveis (prazer, dor) e precisa dos outros, nem que seja para lhes pedir "ajuda". No entanto, se o homem fosse apenas um animal, seria simplesmente gregário e disporia apenas da voz, de suas funções de expressão e comunicação. Mas ele também é político e visa *ao bem* na comunidade, para além da esfera social das necessidades; do mesmo modo, ele visa a *dizer o bem público* na comunicação, para além da esfera social da expressão afetiva. Nesse sentido, a linguagem, como a política, aponta para algo divino, a aspiração ao bem, que, na ordem política especificamente humana, chama-se "justiça". Se o homem fosse um deus, esse bem seria imutável, seria o de sua vida autárcica; se o homem fosse um deus, ele não teria necessidade de falar (falar com quem, se não há comunidade? E para que falar, se o indivíduo se basta plenamente?). Os deuses não falam, eles *pensam*, e não pensam em nada exterior a eles. Com efeito,

---

16 Ao menos de acordo com o *corpus* ético e político, e não de acordo com o *corpus* biológico, que estabelece distinções graduais entre viventes e coloca o homem entre os animais políticos, como a abelha, a formiga e o grou.

o pensamento (*nous*) é a única atividade digna da divindade; ela não pode não pensar em nada, não pode pensar sob a dependência de outra coisa (porque, nesse caso, seu pensamento não seria autárcico) nem pensar em outra coisa que não seja ela própria (porque, nesse caso, ela dependeria dessa coisa), então ela pensa eternamente em si mesma.[17] A linguagem dos homens, portanto, está entre a voz dos animais e o pensamento dos deuses. A voz dos animais expressa-se para fora deles e faz a comunicação entre eles, mas não pode dizer nada que não seja seus próprios afetos. O pensamento divino está no deus e permanece no deus, mas não tem nada para pensar fora dele, mesmo que seja digno dele. Os homens não pensam neles mesmos como deuses, não exprimem entre si o que sentem como animais, porém – e poderíamos definir dessa forma o que eles fazem quando falam –, entre animalidade e divindade, eles *pensam fora deles mesmos*. E é, sem dúvida, por isso que eles podem pensar objetivamente as coisas – o que o animal não pode fazer e o deus não se digna a fazer.

Podemos dizer, portanto, que a política – assim como a linguagem – é não só especificamente humana, por exclusão da animalidade e da divindade, mas também é no homem o que representa a animalidade em sua parte divina e o que representa a divindade em sua parte animal. Na animalidade do homem, que faz dele um ser imperfeito (de desejo, necessidade e carência), existe uma parte de divino: de fato, para o homem, viver politicamente é satisfazer suas necessidades em uma sociedade que, para além da sobrevivência, permite que ele obtenha, como os deuses, a vida *boa*; é, além disso, viver em nome de uma ideia do *bem* (ou da justiça). Mas, reciprocamente, na divindade do homem existe uma parte de animalidade, visto que é apenas com outros de sua espécie que ele pode obter essa vida autárcica que os deuses obtêm individualmente. O conceito de política permite por si só, portanto, recuperarmos nossas três grandes "faunas" e fundamentar a distinção radical que existe entre essas três figuras de viventes. A fauna propriamente animal é a dos viventes mortais

---

17 Cf. as análises da *Metafísica* XII, 9, 1074b 15-35. Cf. também *Ética a Eudemo* VII, 12, 1245b 7-198 e *Magna moralia* 15, 1212b 24-1213a 8.

que vivem solitários ou em sociedade, mas que, em todo caso, não vivem politicamente. A fauna divina é a dos viventes eternos que vivem sem laços entre si, mas vivem *bem* sem viver politicamente. Enfim, a fauna humana é a dos viventes mortais que não só vivem em sociedade, como não podem viver *bem* sem viver politicamente. A independência entre a vida divina e a vida política define bem uma e outra: os deuses são viventes que podem viver autarcicamente sem Cidade, são indivíduos que podem viver felizes por si sós; a política é a vida que possibilita aos homens alcançar a autarcia e a felicidade entre os homens.

É o que nos mostra, por oposição, o que seria uma vida apolítica.

Duas figuras do apolitismo

Em Aristóteles há duas figuras do inumano, tanto no plano ético como no plano político.

No plano ético, o que é ser humano? A questão é circular. Um homem perfeitamente homem realiza a obra peculiar ao homem.[18] E a ética é isso mesmo. O homem *homem* realiza atividades que condizem com a excelência própria a todas as possibilidades de vida humana contidas em sua natureza, e faz isso da melhor maneira possível. Sendo assim, ele é tudo e somente o que é o homem. Por exemplo, nem indiferente ao prazer nem dominado por ele, o homem vive de acordo com a virtude da "moderação" e nunca sente desejos excessivos. Talvez alguns homens, mais distantes da perfeição humana, não possam educar a esse ponto sua natureza, tornando-a conforme com a natureza do homem, isto é, com a medida perfeita, e são obrigados a controlar seus desejos para mantê-los nos limites do razoável:[19]

---

18 Cf. *Ética a Nicômaco* I, 6.

19 A *enkrateia* (oposto de *akrasia*), ou autocontrole, é distinta da virtude do *sophrôn*, o "moderado" (oposto do vício do *akolastos*), cuja disposição está sempre em harmonia com a justa medida. Sobre a virtude da "moderação", cf. *Ética a Nicômaco* III, 13-4; sobre a *enkrateia*, cf. *Ética a Nicômaco* VII. A "falta de autocontrole" é comparada ao vício da imoderação em VII, 1 e 9.

eles são *enkratês*, têm domínio próprio. Outros, menos homens, não conseguem dominar-se, são *akratês*. Contudo, assim como os *akratês* são simétricos aos *enkratês*, outros mais distantes da perfeição humana que os *akratês* são simétricos aos virtuosos: da mesma forma que os virtuosos se dispuseram progressivamente à moderação, os intemperantes têm uma perigosa disposição permanente para o desregramento.

Mas existem homens piores do que eles, homens menos humanos, ou melhor, homens inumanos: existem homens "bestiais". E, de novo, há simetria em relação ao ponto de perfeição, isto é, ao homem que é tudo e somente o que um homem pode ser. Assim como há para o homem uma possibilidade de virtude sobre-humana, a "virtude heroica ou divina", há para ele uma possibilidade igualmente rara de vício inumano: a bestialidade (*Ética a Nicômaco* VII, 1, 1145a 19). Esta consiste em sentir prazer com coisas desagradáveis *por natureza* – enquanto o prazer é o "ato da disposição harmônico com a natureza" (VII, 13, 1153a 14). Esse prazer contra a natureza parece ter três causas diferentes (VII, 6, 1148b 15 ss.): o acaso (por exemplo, doença ou loucura; cf. VII, 6, 1148b 25), os maus hábitos (VII, 6, 1148b 28 ss.) ou a própria natureza! – que parece ser a causa da bestialidade propriamente dita: a mulher que sente prazer em estripar mulheres grávidas para devorar o feto que elas carregam no ventre, os selvagens que comem carne humana etc. (VII, 6, 1148b 20-4). Na bestialidade, não é o homem que se torna uma fera, identificando-se com uma natureza diferente da sua (a do animal), mas é a própria natureza do homem, mais distante de si mesma do que no homem imperfeito ou no pervertido, que parece ir contra ela mesma.

Encontramos essas duas figuras do inumano no plano político. Do mesmo modo que o homem dispõe de duas maneiras simétricas de buscar prazeres sensíveis contrários à sua natureza, ele dispõe de duas maneiras simétricas de abandonar sua natureza de animal político. Existe o indivíduo que abandona a comunidade pelo alto, por assim dizer, aquele que se exclui da comunidade dos homens, retira-se solitário na compreensão das coisas (a vida teorética do sábio) e aspira à felicidade dos deuses, como uma espécie de equivalente *contemplativo* da virtude *prática* do herói. Esse homem divino é apolítico – tal como um "deus mortal".[20]

Na conclusão da *Ética a Nicômaco*, Aristóteles compara a felicidade da vida ativa, a do homem que vive politicamente, com a felicidade da vida contemplativa, a do sábio: esta última é, talvez, a "felicidade perfeita", pois é a que mais basta a si mesma e é a dos deuses (*Ética a Nicômaco* X, 8, 1178b 8-23).[21] Mas, admita-se, embora essa felicidade seja superior à que é proporcionada pela política, embora o bem da verdade seja superior ao bem da justiça (porque é eterno e autossuficiente),[22] o homem só consegue atingi-la por breves instantes, pois ela é elevada demais para o ser mortal que ele é. "Uma vida desse tipo será muito elevada para a condição humana: pois não é enquanto homem que viveremos desse modo, mas na medida em que possuímos um elemento divino em nós" (X, 7, 1177b 26-7). O homem vislumbra a felicidade divina, mas não pode alcançá-la por completo. Ele não pode excluir-se totalmente da humanidade que existe dentro dele. Segundo essa primeira figura do inumano, o homem é apenas um quase deus, um deus imperfeito.

Mas há uma segunda figura do inumano e uma segunda forma de apolitismo: a do indivíduo que se esquiva da comunidade por baixo, por assim dizer. O homem que se retira na contemplação das coisas, que foge dos encargos da Cidade, refugiando-se na sabedoria, é mais do que humano; é menos do que humano o homem que se esquiva da Cidade "afastando-se da lei e da justiça" (*Política* I, 2, 1253a 32-3). Esse fora da lei é o pior dos

---

20 O termo é de Aristóteles, citado por Cícero (*Da finalidade do bem e do mal* II, 13, 40).

21 A única atividade dos deuses não é nem prática (eles não agem) nem poiética (eles não produzem), mas sim teorética (*Ética a Nicômaco* X, 8: cf. também *Metafísica* XII, 9). Os deuses não têm nenhuma atividade exterior a eles mesmos, como diz *Política* VII, 3, 1325b 22 e 29. Isso significa que eles não se intrometem em nossa vida.

22 Sobre a autossuficiência da contemplação, cf. *Ética a Nicômaco* X, 7, 1177a 28. O homem justo, ao contrário, ainda necessita de seus semelhantes, para com os quais ou com os quais ele age com justiça (X, 7, 1177a 30-2). A contemplação é a mais constante das atividades (X, 7, 1177a 22).

seres. Como o homem bestial, desce abaixo do animal, porque volta as armas próprias do homem (a inteligência, por exemplo)[23] contra as virtudes às quais elas foram feitas *naturalmente* para servir. Apenas o homem pode ser naturalmente desnaturado.

Nos dois casos (moral e o político), essas duas figuras do inumano, o mais do que humano e o menos do que humano, em um extremo e outro do homem *homem*, essas duas figuras não são inteiramente simétricas, mas paralelas. Uma e outra pendem para o pior. O indivíduo inumano por excesso, apolítico ou amoral por descomedimento, não consegue ascender à divindade para a qual tem tendência; ele fica aquém dela. O indivíduo inumano por deficiência, apolítico por rompimento com o laço social ou amoral por perversão, desce além da animalidade. Um homem sempre pode ser pior do que um animal e não pode nunca ser tão bom quanto um deus. Ao menos o indivíduo. Pois, como espécie humana, é o inverso. Desse ponto de vista, o homem tende ao melhor. Todas as espécies, aliás, almejam o melhor, isto é, o divino, todas tendem em seu ser a assemelhar-se a ele.[24] Os animais – e até mesmo as plantas – fazem isso pela reprodução. Reproduzindo-se, eles imitam o ser necessário e eterno, pois a reprodução é a atividade perfeita dos viventes pela qual eles são eternamente eles mesmos, não individualmente semelhantes aos deuses, mas em específico, isto é, conservando sua forma (*eidos*) ao longo de sua vida, e de vida em vida, perpetuando a espécie de geração em geração.[25] De sorte que essa autarcia, que define a vida divina, acaba sendo oferecida três vezes ao homem: pela reprodução, pela política e pelo conhecimento. O homem pode aspirar à autarcia (e vislumbrar a eternidade) pela comunidade sexual, procriando. Dessa forma, ele eleva sua animalidade à divindade. Mas essa autarcia está abaixo da condição humana. O homem também pode aspirar à autarcia (e vislumbrar a eternidade) pela vida teorética do

23 Cf. *Ética a Nicômaco* VII, 8, 1150a 1-8, e *Política* I, 2, 1253a 33-7.
24 Cf., por exemplo, *Do céu* II, 12, 292a 14-292b 25. O princípio dessa "imitação" é formulado na *Metafísica* IX, 8, 1250b 28.
25 Cf., por exemplo, *Da geração e da corrupção* II, 10, 336b 27-34; *Da alma* II, 4, 415a 26-415b 7; *Da geração dos seres animados* II, 1, 731b 23-732a 1.

sábio:[26] contemplando o mundo sem agir nem produzir nada nele, esse homem (se pudesse se perpetuar) experimentaria o gozo dos deuses. Mas essa autarcia está acima da condição humana. Resta ao homem a autarcia própria e verdadeiramente humana, sua maneira própria de viver *por si mesmo*: viver autarcicamente nas cidades, isto é, viver de forma o menos imperfeita possível com os outros, seus semelhantes imperfeitos. Isso é viver politicamente.

Em Aristóteles, portanto, não há nem pode haver teológico-política. Os deuses não nos comandam e a lei humana não se fundamenta em uma ordem divina. Muito pelo contrário: a lei é nossa maneira humana e nada mais do que humana de vivermos juntos. Tudo que vincule os deuses à política, seja a deles ou a nossa, iria desdivinizá-los. De modo inverso, tudo que nos faz pender para o divino nos desvincula politicamente, tudo que nos vincula aos outros homens da Cidade nos desvincula dos deuses. Os deuses não fazem política porque vivem por si mesmos, e vivem *bem* assim. Por isso, eles nos deixam viver bem por nós mesmos, isto é, sem eles, mas em comunidade, isto é, uns *pelos* outros: o lugar de *nossa* autarcia é a política.

Ao contrário dos pensamentos medievais que o reivindicam, Aristóteles fundamentou a comunidade política sem recorrer ao poder divino – e fez isso graças ao conceito de *natureza*. O que o homem é indica o que ele deve fazer para seu próprio bem. Compreende-se, assim, o lugar do deus nas análises políticas de Aristóteles. Não lhe cabe fundamentar leis, justificar poderes ou garantir pactos. Ele não é um guardião da ordem. Não há teológico-política em Aristóteles, mas ela não é uma ausência total; é por natureza que o teológico é apolítico e é por natureza que a política é ateológica, porque é por natureza que o homem é político – em outras palavras, é da natureza da política ser propriamente humana. A função do divino não é, *na ordem do humano*,

---

26 Além dos textos da *Ética a Nicômaco* X citados antes, cf. os comentários de *Partes dos seres animados* (I, 5, 644b 22-645a 23) sobre o gozo – de todo modo divino – que o homem pode obter da compreensão das coisas, quer as mais divinas e as mais elevadas (porém as mais distantes dele), quer as mais bestiais ou as mais vis (porém as mais acessíveis para ele).

fundamentar qualquer poder que seja, assim como não é, *na ordem do ser, fazer* ser o que quer que seja – por exemplo, "criando". Nos dois casos, a função do divino é *ser* simplesmente, isto é, ter uma natureza que, por contraste, confirme a nossa. As funções do deus e do animal são simétricas, mas não são apenas negativas. O ser do deus é a semigarantia da delimitação de nossa natureza, cuja outra metade é dada pelo ser do animal. Eles são as duas faces opostas de nossa natureza. As duas figuras do apolitismo *no homem* (animal e divina) têm o mesmo papel na constituição da *figura do homem* "naturalmente político" do que as figuras do animal e do deus têm, *fora do homem*, na constituição da "natureza" do homem em geral. Duas "outras" naturezas são necessárias para garantir a "mesmidade" da nossa. O que assegura a nós, homens, que nós somos realmente essa natureza que vive politicamente, isto é, juntos, sem deuses nem senhores, a não ser o fato de que há outras formas de ser e viver tão naturais quanto a nossa: a dos deuses e dos animais, que existem fora de nós, como outras naturezas apolíticas, e também em nós, como duas figuras do apolitismo?

Voltamos assim à nossa configuração de três lugares – o animal, o homem e o deus – na qual cada uma das figuras extremas se encerra na natureza que a define e a figura intermediária se define pelas duas naturezas que a confinam. Essa configuração é classificatória: permite a existência do Homem. Mas ela não é *também* hierárquica? Além disso, ela não corresponde a um princípio de ordenação, a uma *escala* dos seres e dos viventes no mundo? Do animal até o deus, não existem apenas três classes, definidas cada uma por sua *natureza* e pela natureza das outras duas, mas três tipos de viventes *naturalmente* hierarquizados desde o mais inferior até o mais superior. A "natureza" não é esse conceito que justifica tanto a ordenação dos viventes como sua classificação? Ela faz os dois papéis, sem dúvida, mas temos de diferenciá-los. O Animal ou o Homem só começam a existir a partir de um pensamento classificatório (e descontinuísta) e não a partir de um pensamento ordenador (e continuísta),[27] e ape-

---

27 Cf. o capítulo anterior.

nas quando o propósito é fundamentar normas éticas ou políticas. É conveniente atribuir uma natureza ao Homem para que ele se identifique com ela para seu próprio bem. Contudo, para os seres humanos concretamente considerados, essa natureza é *naturalmente* mais ou menos distante deles e a identificação com o Homem é mais ou menos fácil – a questão, dessa vez, é de grau. Assim como todos os viventes (das plantas aos astros, passando pelos homens) podem ordenar-se hierarquicamente de acordo com seu grau de distanciamento natural em relação à vida do Deus (ato puro), da mesma forma todas as comunidades podem ordenar-se de acordo com seu grau de distanciamento em relação à comunidade naturalmente perfeita e autárcica (a comunidade política), e desse modo ser comunidades hierarquizadas, e todos os homens podem ordenar-se hierarquicamente conforme seu grau de distanciamento natural do Homem, perfeito e acabado, em harmonia com sua própria natureza: a criança obedece naturalmente ao adulto, o escravo ao senhor, a mulher ao homem... Mas quando o homem se relaciona apenas com o homem, adulto, senhor, então ele pode identificar-se com sua própria natureza e depender apenas dele mesmo, viver de acordo com o regime político mais *natural* ao homem, aquele em que ninguém é mestre, todos comandam e todos obedecem.[28]

Quando o propósito é *fundamentar* as normas e não se pode, ou não se quer, procurá-las no céu, é necessário inventar uma natureza imanente do homem que precisa ser para seu próprio bem. Não há outra razão para o fato de ele viver em cidades ou se curvar a regras morais. Obedecendo a sua natureza, ele comanda a si mesmo. Mas quando o propósito é *definir* essas normas, o mesmo conceito de natureza humana fica disponível para outro uso: basta medir o que separa o homem do homem para forçar alguns a obedecer, "para seu próprio bem", ao Homem que existe neles e às vezes tem as feições do homem diante deles.

---

28 Essa é a própria definição de autoridade política – por contraste com todas as outras – nas comunidades subalternas (casal, lar, aldeias). Cf. *Política* I, 7, 1255a 18; I, 12, 1259b 4-9; III, 4, 1277a 9. Sobre as consequências desse princípio sobre a natureza de um bom regime, cf. *Política* II, 1, 1261a 30-1261b 9; III, 6, 1279a 8-13; VII, 14, 1332b 20 ss. etc.

5

O HOMEM FELIZ TEM AMIGOS? FIGURAS ENTRECRUZADAS DA AMIZADE EM ARISTÓTELES E EPICURO

Duas antinomias entrecruzadas

O homem feliz tem amigos? A pergunta não é absurda. Ela engendra antinomias e está na interseção de preocupações éticas, antropológicas e políticas. Considerá-la a sério pode levar a consequências inesperadas, ou até mesmo catastróficas...

Por um lado, a questão parece resolvida: é evidente que o homem feliz tem amigos. Primeiro porque, sem amigos, sozinho, isolado, abandonado por todos, qualquer homem seria o mais infeliz dos homens. Logo, o homem feliz tem amigos e, se possível, muitos, fiéis e felizes. Aliás, essa é a única definição possível do homem feliz.

Sim, mas acontece que, se o homem fosse realmente feliz, ele não teria necessidade de nada nem de ninguém; logo, ele não teria amigos, bastaria a si mesmo. Então que carência é essa dentro dele que o impele para o outro? Que insatisfação é essa que o faz não poder ficar só, não poder se contentar em ser ele mesmo, ser em relação com ele mesmo? Que ferrão secreto é esse que o impede de ser feliz? Se fosse feliz, plenamente feliz, ele seria "autárcico", autossuficiente, sem amigos, satisfeito com o que ele é ou com o que ele tem, sem depender dos outros, do que eles são, do que eles têm. Aliás, essa é a própria definição necessária do homem feliz.

Há um meio de resolver a dificuldade. Dizendo: o homem feliz tem amigos e precisamente por isso é que ele é feliz; o homem não pode ser feliz sem amigos, assim como não pode ser feliz se é pobre ou doente. O que prova que a amizade é um componente da felicidade comparável à riqueza ou à saúde. O homem feliz é *pleno*: tem boa saúde, vive na abastança e tem muitos amigos; esses são os chamados "bens exteriores" indispensáveis à felicidade. A antinomia está resolvida: o homem feliz tem amigos não porque é feliz, mas porque tem amigos.

Porém, nesse ponto, a primeira antinomia engendra uma segunda. Se o amigo, assim como a riqueza e a saúde, é um dos "bens exteriores" necessários ao homem feliz, é porque nossos amigos não são nada mais do que seres úteis para nós. Se temos *necessidade* de nossos amigos, como eles podem ser *amigos*? Dizendo: o amigo é justamente aquele com quem podemos contar, "em caso de necessidade"... É amigo aquele que se nega a fazer um favor, a dar uma mão em uma dificuldade, a oferecer apoio no infortúnio? O amigo se define justamente por esse "em caso de necessidade": o amigo dos dias felizes é como um seguro que contratamos na ventura contra a desventura, uma previsão do imprevisível. Aliás, essa é a única definição sólida e verdadeira do amigo, do amigo sólido e verdadeiro.

Sim, certamente, mas então se objetará: se o amigo é aquele de quem necessitamos, então ele apenas nos é útil, é um simples instrumento a nosso serviço, e não um ser a quem amar. O que resta do amigo, se não é por ele mesmo que o amamos? Nós necessitamos dos outros, do encanador para consertar o encanamento, do padeiro para fazer o pão, dos vizinhos para os pequenos favores do dia a dia; e a necessidade que temos deles não impede as boas relações sociais ou a amabilidade: "Bom dia, boa noite, obrigado". Mas com o amigo é diferente: ele é o ser com quem estamos ligados pela amizade e não pela necessidade, pela premência da casa ou do pão etc. Não esperamos nada dele e, sobretudo, não há "toma lá dá cá". O amigo dos dias felizes é aquele que amamos porque, ao contrário dos outros, não estamos presos a ele por nenhum laço de utilidade ou necessidade. Aliás, essa é a única definição pura e autêntica do amigo, do amigo puro e autêntico.

Há um meio de resolver a dificuldade. Dizendo: o amigo verdadeiro é aquele que amamos por ele mesmo na ventura e pelas necessidades a que ele provê na desventura. Mas desse modo caímos na outra antinomia. Em que, e visando a que, o homem feliz – o homem sempre e plenamente feliz – necessitaria de amigos, se por definição ele não tem necessidades?

Estamos em um impasse, como diria Montaigne. O homem pleno não necessita de amigos e basta a si mesmo, mas só pode ser pleno pela amizade que o une aos outros. O amigo verdadeiro é aquele que nos é indispensável, mas só pode ser amigo sob a condição de não ser necessário. A primeira antinomia só se resolve arremessando-nos na segunda, que, por sua vez, nos arremessa de volta na primeira etc.

Essas antinomias entrecruzadas trazem à tona três conceitos e sua tensão interna: o amigo, a necessidade e a felicidade. O amigo é de quem temos necessidade ou de quem não temos necessidade? A felicidade é uma vida isenta de qualquer necessidade de outrem ou uma vida compartilhada com outrem? A necessidade de amigos é um sinal de nossa impossibilidade de sermos felizes ou a via necessária à nossa felicidade? Etc. Essas três contradições inserem a instabilidade no seio da Antropologia.

Essas antinomias nos levam a um círculo vicioso, da mesma forma como levaram toda a filosofia antiga a um círculo vicioso. Elas atravessam as reflexões tanto de Aristóteles como de Epicuro a respeito da amizade, pois tanto um como outro põem a *philia* no centro de sua reflexão ética.

Para compreendermos por que e como Aristóteles e Epicuro reservam esse lugar à *philia*, temos de fazer um desvio e examinar o que ela significa para ambos. Comecemos por Aristóteles.

O lugar da amizade na ética de Aristóteles

Aristóteles constitui o conceito ético de "amizade" por uma dupla especificação.

Sabemos que, até Platão, a palavra *philia* designa uma espécie de relação cósmica, uma afinidade que une todos os seres e os mantém unidos. No diálogo *Lísis*, apesar de a reflexão sobre a *philia* estar centrada na amizade humana, esta ainda conserva suas feições cosmológicas; e, ao contrário do que se encontrará nas éticas aristotélicas, a reflexão socrático-platônica ainda não é, por assim dizer, "antropocentrada". André-Jean Voelke[1] faz dois comentários a respeito dessa oposição entre esse diálogo e as éticas aristotélicas:

> O diálogo platônico refuta a tese segundo a qual toda amizade supõe reciprocidade (não existia *philia* sem *antiphilein*) em razão do fato, linguisticamente atestado e realmente legítimo, de que podemos ser amigos dos cavalos, da ginástica ou da sabedoria (*philo-sophia*), ao passo que esses objetos não podem nos "amar de volta" (212d). Na *Ética a Nicômaco* (VIII, 2), em contrapartida, encontramos a dedução inversa para estabelecer a definição da amizade: em virtude de a afeição (1155b 27) às coisas inanimadas não ser denominada *philia*, porque não é afeição recíproca, deduz-se que toda *philia* deve ser recíproca. A não reciprocidade permitia que a *philia* fosse estendida além do humano em Platão; a reciprocidade exige que a *philia* seja circunscrita à esfera do humano para Aristóteles.[2]

O *Lísis* e as *Éticas* aristotélicas refutam tanto a concepção empedocliana da *philia* (como atração do semelhante pelo semelhante) quanto a concepção heraclitiana (a harmonia resulta da discórdia); a semelhança das referências utilizadas é

---

1 Voelke, *Les rapports avec autrui dans la philosophie grecque d'Aristote à Panétius*, p.22.

2 A oposição no *Lísis* (212d-e) é mais clara no trecho correspondente na *Ética a Eudemo* (VII, 2, 1236b 3-4), cujo léxico parece quase inteiramente copiado do *Lísis* (cf. Price, n.11, p.9): por exemplo, *antiphilia* na *Ética a Eudemo* (1236b 3), em vez do *antiphilesis* da *Ética a Nicômaco*.

impressionante e faz sobressair ainda mais o fato de que essas refutações são feitas por razões absolutamente opostas. Em Platão, é em razão das exigências "lógicas" sobre o semelhante e o contrário (214a-216b); em Aristóteles, ao contrário, é em razão das exigências da amizade: "Deixemos de lado os problemas de ordem física, que não têm nada a ver com a presente investigação; examinemos apenas os problemas propriamente humanos e concernentes aos costumes e às paixões" (*Ética a Nicômaco* VIII, 2, 1155b 9-10).

Com Aristóteles, a amizade entrou no âmbito estreito das coisas humanas (distintas das coisas da natureza, isto é, a física); todas as dificuldades relacionadas à amizade serão dispostas e resolvidas dentro dos limites da ética. Essa é a primeira redução, ou especificação, operada por Aristóteles: de um conceito cosmológico, ele faz um conceito antropológico.

Mas, ainda nesse âmbito, ele faz uma segunda especificação. Pois, mesmo circunscrita aos limites humanos, a língua grega designa pela palavra *philia* uma gama muito variada de relações. E, ao menos à primeira vista, o conceito aristotélico de *philia* é tão hospitaleiro quanto a língua ordinária. Ele abrange todos os laços afetivos entre os seres humanos e estende-se para além e para aquém de nossa "amizade".

Para aquém do que denominamos "amizade", a *philia* compreende tudo que é para nós da ordem da "simpatia" – que une os seres humanos pertencentes a uma mesma comunidade, seja acidental ou essencial, seja natural ou convencional. Por ordem hierárquica, ela compreende sucessivamente: a simples cordialidade que une, por exemplo, companheiros de viagem ou companheiros de armas (VIII, 1, 1155a 21 ss.; VIII, 11, 1159b 29; VIII, 14, 1161a 13); a "confraternidade" que une os membros de uma cidade vivendo sob um mesmo regime, um sentimento parecido com a "concórdia" (*homonoia*) a que visam os legisladores (VIII, 1, 1155a 23);[3] e suspeitamos, por último, que essa *philia* pode se

---

3 Cf. também a análise da *homonoia* em IX, 6, 1167b 3, em que ela é definida como amizade política; cf. também a relação entre os diferentes tipos de amizade e os regimes correspondentes em VIII, 13.

estender até a "filantropia", um sentimento ainda mais genérico que une entre si todos os membros da espécie humana (VIII, 1, 1155a 19).

No sentido oposto, isto é, para além do que denominamos "amizade", situa-se tudo que designaríamos como relações afetivas ou mesmo amorosas: de um lado, a afeição entre irmãos e irmãs (VIII, 13, 1161a 27), a afeição (ou amor) paterno, materno e filial (VIII, 1, 1155a 16; VIII, 8, 1158b 11; VIII, 13, 1161a 15 ss), e a afeição entre marido e mulher (VIII, 8, 1158b 13 ss.; VIII, 13, 1161a 23 ss.; VIII, 14).

Enfim, na própria esfera antropológica, a *philia* parece se estender a todas as formas de laços entre os seres humanos, qualquer que seja o contexto, o grau ou o modo, desde a simples cordialidade até o amor carnal.

No entanto, essa extensão do conceito não o condena a uma indeterminação. Pois, no uso da palavra *philia*, Aristóteles opera uma segunda especificação, não mais em extensão, mas em "compreensão", o que explica o lugar reservado a ela em sua ética. E se a *philia* se estende a casos, formas de afeição ou comunidades humanas muito diversas, ela também obedece a condições de determinação muito rigorosas. A heterogeneidade das comunidades envolvidas não tolhe a riqueza do conceito. De fato, Aristóteles enuncia, logo no início da análise, três condições estritas para que seja possível falar de *philia*. Primeiro, é preciso querer bem ao outro (VIII, 1, 1155b 28). Segundo, é preciso que esse querer seja recíproco (o que diferencia a *philia* da simples benevolência). E, por último, é preciso que essa benevolência recíproca seja conhecida dos amigos (o que exclui, por exemplo, o simples sentimento de pertencimento a uma comunidade). A essas três condições soma-se aquela que se deduz delas, segundo Aristóteles, e que determina toda a análise e classificação aristotélica das amizades (VIII, 1, 1155b 16 ss.): a *causa* da amizade (do *philein*) que une os amigos é o amável, e este é de três tipos: o bem, o agradável e o útil.

Restringindo-nos a essas determinações, já bastante restritivas, seríamos tentados a deduzir, como David Ross,[4] que *philia*

---

4 Ross, *Aristotle*, p.322.

"pode designar toda atração mútua entre dois seres humanos". Mas essa ideia ainda seria muito ampla, ou melhor, muito indeterminada. Seres humanos podem ser "atraídos um para o outro" (nutrir sentimentos benévolos ou de afeição um pelo outro) sem que isso possa ser considerado, *stricto sensu*, como *philia*, porque, além do elemento afetivo (VIII, 1, 1155b 10), faltaria o elemento *ativo*, que tange à ética propriamente dita (ibid.). Todos os exemplos e todas as análises de Aristóteles na *Ética* mostram a necessidade desse elemento prático. E a prova está na *Retórica*, que define o *philein* (e o amigo) da seguinte maneira: "Amar é desejarmos a alguém o que consideramos bens [como na *Ética a Nicômaco*] para ele e não para nós mesmos [como na *Ética*] e também estarmos dispostos a fazer esses bens na medida do possível" (II, 4, 1380b 36-7). Ter um amigo não é apenas *amá-lo*, não é somente lhe *querer* bem, mas é também *agir* para lhe fazer o bem. Eis por que a extensão do conceito não impede a riqueza de sua compreensão: os âmbitos, as formas e os modos extremamente variados – ou heterogêneos – da *philia* não são *tipos* diferentes de *philia*, mas os diferentes contextos necessários ao nascimento, à manifestação e à realização desse *éthos* muito particular designado pelo nome de *philia*.

Esse elemento prático é essencial, portanto. Ele também explica o lugar eminente – e extenso (dois livros!) – que uma teoria da amizade ocupa em uma ética.[5] Pois a amizade é de fato – triplamente – um conceito ético: supõe um conjunto de ações, que essas ações visem a um bem e que elas sejam dirigidas tanto a um quanto ao outro. Assim, a teoria da amizade é essa componente da ética aristotélica (como também da ética epicurista) na qual a boa ação é dirigida *a* e centrada *em outrem*. Logo, a *philia* fornece a resposta essencial à questão: como uma vida boa, uma vida

---

5 Note também que, tanto na *Retórica* como na *Ética*, o amigo é definido como aquele que amamos ou que corresponde ao nosso amor (1381a 1). O elemento de reciprocidade é fundamental. O que significa, entre outras coisas, que, mesmo nas amizades imperfeitas (criadas por busca de prazer ou por interesse), na medida em que são amizades (e de fato são), existe reciprocidade.

humana plena, pode ser, e não pode não ser também, uma vida em que se *age* para outrem.

Não há dúvida de que a amizade não é a única qualidade moral nesse caso. Há também a justiça.[6] Convém apontarmos, portanto, como essas duas qualidades morais – essas duas "disposição a agir" – assemelham-se e distinguem-se.

Justiça e amizade decidem o agente a agir para o bem de outrem: sobre a justiça, Aristóteles recorda (e aplaude) a tese criticada por Platão: "a justiça é a única de todas as virtudes considerada um bem estranho, porque se relaciona a um outro" (*Ética a Nicômaco* V, 3, 1130a 3 ss.).[7] Sobre a amizade, um dos *leitmotive* do Livro VIII da *Ética a Nicômaco* é que, ao menos em sua forma perfeita, ela é a busca do bem de outrem tendo em mira esse próprio bem: "Quando os homens desejam o bem aos que eles amam por amor a eles, esse sentimento depende não de uma emoção, mas de uma disposição" (VIII, 7, 1157b 3; cf. também VIII, 4). Em outras palavras, de uma ética.

Justiça e amizade só têm sentido no âmbito de uma comunidade determinada. No que tange à justiça, isso é evidente, visto que ela é, por definição, a virtude conveniente a essa comunidade como tal.[8] Mas a amizade também supõe um quadro comunitário (uma vida em comum, institucionalizada ou não). Justiça e amizade são também dois componentes distintos e necessários do bem humano – do "bem viver" *da* comunidade, assim como de cada vida individual *dentro* dessa comunidade: é essencial que as relações entre seus membros (os concidadãos, por exemplo) sejam não somente justas (ou seja, de tal forma que ninguém tenha mais – ou menos – do que a parte que lhe deve caber), mas também "confraternais" (ou seja, de forma que os membros da comunidade sejam propensos a ser benevolentes e a ajudar ativamente uns aos outros). E do mesmo modo todas as comunidades humanas, quer sejam naturais, convencionais, passageiras,

---

6 A justiça legal é análoga à virtude completa, ao menos nas relações com outrem (*Ética a Nicômaco* V, 3, 1129b 27, 1130a 3 e 13).

7 O texto de Platão implicitamente criticado por Aristóteles está na *República* I, 343c.

8 Em especial a comunidade política. Cf. *Ética a Nicômaco* V, 10, 1134a 24 ss.

definitivas, determinadas por obra do acaso ou escolhidas de forma deliberada, segundo as afinidades de cada um. Por isso "a amizade e a justiça têm relação com os mesmos objetos e intervêm entre as mesmas pessoas; com efeito, em toda *comunidade*, encontramos alguma forma de justiça e de amizade coextensiva" (VIII, 11, 1159b 25 ss).

Todavia, apesar desses dois pontos em comum, as diferenças entre justiça e amizade são grandes. O homem justo age igualmente para o bem de todos os homens da comunidade porque *ele é justo*; o amigo, por sua vez, age para o bem de seus amigos porque *eles são seus amigos*. A justiça não faz distinção entre as pessoas; o amigo, ao contrário, *distingue* o amigo. Mas isso não é tudo. O homem justo age deliberadamente, *abstendo-se* de procurar seu próprio bem, enquanto o amigo age deliberadamente para buscar *positivamente* o bem de outrem.[9] Essas duas características podem ser resumidas da seguinte maneira: de todas as virtudes, a amizade é não apenas "desinteressada", mas também ativamente interessada no bem do outro na medida em que ele é *tal* outro.

Dito isso, compreende-se o lugar determinante que uma teoria da amizade ocupa em uma ética da felicidade ou da realização de si. Ela sustenta todo o peso do ato "desinteressado" que, em outras éticas, se apoia no respeito à lei ou no cumprimento do dever. Portanto uma "ética da felicidade", como a de Aristóteles ou Epicuro, não pode não reconhecer a *philia*: não podemos ser felizes, verdadeiramente felizes, sem amigos. Isso justifica o fato de amarmos nossos amigos e procurarmos fazer seu bem. Mas, ao mesmo tempo, cria-se a contradição. Pois se, como em Aristóteles, a amizade só se realiza na vontade do agente de agir pelo bem de outrem, como ela pode ser um componente *de sua própria felicidade*? E se, inversamente, ela é um componente da felicidade, como ainda pode ser amizade verdadeira, isto é, perfeita, uma amizade em que se é amigo de outrem sem procurar seu próprio interesse?

---

9 Cf., por exemplo, *Ética a Nicômaco* VIII, 2, 1155b 30-1, e VIII, 9, 1159a 27: a amizade consiste mais em amar do que em ser amado.

Eis por que a amizade tem lugar central na ética da felicidade. Mas eis também por que esse lugar, tanto quanto central, também é frágil. É o que mostram precisamente as antinomias imbricadas às quais elas dão ensejo.

O tratamento invertido das duas antinomias por Aristóteles e Epicuro

Assim reintroduzidas em seus respectivos quadros problemáticos, nossas duas antinomias iniciais ganham um novo sentido. Aristóteles trata *ex professo* da primeira: o homem feliz tem necessariamente amigos, sob pena de não ser feliz, mas se ele fosse de fato feliz, seria autossuficiente e sem amigos; contudo, a segunda antinomia está presente em toda a sua filosofia. Nos epicuristas é o inverso: eles se dedicam a desenredar a segunda: se temos necessidade de amigos para sermos felizes, é porque eles não são amados por eles mesmos; e se os amamos pelo que eles são, independentemente do fato de necessitarmos deles, o homem feliz não tem amigos. Mas a primeira antinomia também atormenta secretamente o epicurismo.

ARISTÓTELES EM FACE DA ANTINOMIA DA AMIZADE E DA FELICIDADE

Aristóteles apresenta a primeira antinomia – o homem feliz necessita de amigos? – no Livro IX da *Ética a Nicômaco* (Capítulo 9). Essa dificuldade aparece naturalmente em sua doutrina, no encontro das exigências opostas dos conceitos de felicidade e amizade.[10] Vimos anteriormente as que se relacionam com sua concepção de *philia*. As exigências do conceito de felicidade são contrárias a elas. Pois uma tendência dominante da ética

---

10 A dialética da felicidade como autossuficiência e da amizade como dependência era tradicional: está em Platão (*Lísis* 215a-b). Em Aristóteles, no entanto, ela se torna um legítimo problema.

aristotélica consiste em fazer do homem feliz aquele que, tal como o deus, basta-se a si mesmo.

Com efeito, os deuses são, por definição, viventes autossuficientes.[11] Eles não necessitam de nada nem de ninguém para ser e continuar a ser o que são. Por isso, Aristóteles observa na *Ética a Eudemo:* "A divindade é feita de tal sorte que não necessita de amigo" (VII, 12, 1245b 14); e explica: "Para a divindade, é claro que, não tendo necessidade de nada, ela não terá necessidade de amigos e não terá amigos, e não terá nada do senhor" (VII, 12, 1244b 7-10). Bastando-se inteiramente a si mesmo, o deus não necessita de um amigo entre os seus iguais, da mesma forma que não necessita de um servo entre seus subordinados: "pois não é atributo de um ser autossuficiente necessitar nem de pessoas que lhe sejam úteis, nem de pessoas que o divirtam, nem de pessoas que lhe façam companhia" (VII, 12, 1244l, 6-7). Ser feliz seria, para o homem, ser autárcico como o deus. Essa é a felicidade prometida ao indivíduo que se retira da comunidade dos homens "pelo alto" e se refugia solitário na contemplação das coisas.[12] Mas também vimos que o homem tem outra forma de ser feliz. É ser feliz não por uma aspiração solitária à autossuficiência, mas por uma vontade de autossuficiência comunitária; em outras palavras, vivendo com e por seus semelhantes na comunidade política – a única perfeita, porque é autossuficiente. Portanto, o homem pode aspirar a duas formas de felicidade. Como indivíduo, pode tender a *ser* plenamente na vida contemplativa, à semelhança do deus autossuficiente: esse seria o ideal de sabedoria. Como membro de uma comunidade, pode tender a *ser* plenamente (ou seja, "realizar-se") na vida ativa, por intermédio dessa mesma comunidade autossuficiente: esse seria o ideal político de justiça.[13] Essas duas formas de felicidade são as duas maneiras de o homem, enquanto homem, ser *autárcico* como o deus que ele não é.

---

11 Cf. Capítulo 4.
12 Cf. Capítulo 4.
13 Ou de sensatez, se nos colocamos do ponto de vista da qualidade intelectual que se requer para realizá-lo. É um ideal de justiça, se nos colocamos do ponto de vista propriamente *ético*.

Assim, é fácil compreendermos a dificuldade da *Ética a Nicô-maco* (IX, 9) para saber se o homem feliz tem amigos. Pois a amizade, apesar de ser reconhecida como um componente essencial da vida ética, aparece em uma posição instável. Como diz André-Jean Voelke: "Por que é que, mesmo sendo, ou parecendo, completamente independentes, ainda desejamos a presença de outrem?".[14] Essa instabilidade pode ser traduzida nos termos da antinomia de Aristóteles. Vejamos o texto.

Tese: "Não necessitam de amigos os que são plenamente felizes e se bastam a si mesmos: eles já possuem os bens da vida e, por conseguinte, bastando-se a si mesmos, não necessitam de mais nada" (IX, 9, 1169b 3-6).

Antítese: se o homem feliz é o que possui todos os bens, também devemos lhes reconhecer "amigos, cuja posse é considerada ordinariamente o sumo bem exterior" (IX, 9, 1169b 7-10).

Aristóteles resolve a antinomia primeiro "dialeticamente" (na primeira parte do Capítulo 9, até 1170a 12), criticando certos pressupostos da tese, o que conduz a uma versão melhorada da antítese; e depois "cientificamente", deduzindo a amizade da felicidade, ou melhor, um certo tipo de amizade como componente necessário da felicidade.

Em termos dialéticos, a tese se fundamenta em dois pressupostos discutíveis: um sobre o que são os amigos, e o outro sobre o que é a felicidade. Primeira suposição falsa: "O que querem dizer os partidários da primeira opinião, e sob que ângulo dizem a verdade? Será que a maioria dos homens não considera amigos os que apenas são úteis?". Este é o primeiro erro da tese: supor que os amigos se definem pelo fato de ser úteis; e apenas sob essa condição é possível concluir que o homem plenamente feliz não necessita de nada e, *por consequência*, prescinde de amigos (IX, 9, 1169b 23-8). Nesse sentido, é verdade, o homem feliz não necessita dos *serviços* de seus amigos. Segundo erro: supor que a felicidade é "uma coisa que existe de uma vez por todas como alguma coisa que nos pertence" (IX, 9, 1169b 29-30). Segundo a tese, portanto, a felicidade se define pela posse de bens que são

---

14 Voelke, op. cit., p.32.

identificados com coisas; e apenas sob essa condição é possível concluir que o homem feliz é o que *tem* tudo (IX, 9, 1169b 29-30). Ora, a felicidade não consiste na posse de alguma coisa, mas em uma maneira de viver, de dedicar-se às atividades para as quais se é feito, no exercício pleno de suas funções mais elevadas, no fato de ser completamente e plenamente *si mesmo*; portanto, o homem feliz é mais feliz na medida em que tem um amigo feliz cuja felicidade o enche de satisfação e do qual ele pode admirar a ação e a vida: "O homem plenamente feliz necessita de amigos desse tipo, uma vez que suas preferências tendem à contemplação de ações que sejam virtuosas e lhe sejam próprias, duas qualidades que possuem as ações do homem de bem que é seu amigo" (IX, 9, 1170a 2-4). *Solução dialética:* o homem feliz não necessita dos préstimos de um amigo, mas desfruta tanto melhor de sua própria plenitude porque a compartilha com seu amigo, que, como ele, também é plenamente realizado.

A demonstração "científica", por sua vez, funda-se em uma definição positiva do amigo verdadeiro: segundo a expressão que virará clichê, ele é um "outro eu" (IX, 9, 1170b 6). Esse conceito, apesar de obscuro, clareia a teoria aristotélica da amizade. Encarregado de resolver muitas das dificuldades do Livro IX, é como se ele as resumisse em si. É o elemento-chave da teoria segundo a qual toda relação com outrem, e consequentemente toda forma de amizade, tem seu fundamento na relação do homem consigo mesmo.

Encontramos a expressão "outro eu" inicialmente no Capítulo 4 (1166a 32), no qual Aristóteles lança a pedra fundamental dessa teoria. Ele mostra que todas as características da relação de amizade com outrem podem ser dispostas em estrito paralelo com as da relação consigo mesmo. O que lhe permite mostrar que a vida com o amigo em uma amizade "perfeita" (na qual se deseja ou se *faz* o que é bom para o amigo, tendo por fim esse mesmo amigo) é da mesma ordem da vida consigo mesmo do homem de bem.

Um segundo elemento da teoria é dado no Capítulo 8 (no qual o conceito do "outro eu" não atua de maneira explícita). Aristóteles vai mais longe – quando apresenta a solução da aporia: deve-se amar a si mesmo mais do que aos seus amigos, ou o inverso? Uma das respostas de Aristóteles consiste em mostrar que o homem de bem é sumamente *egoísta*, porque ele ama a parte intelectual de si mesmo com a qual ele se identifica – a parte que lhe dá autodomínio (IX, 8, 1168b 34): por isso mesmo ele ama e faz o bem aos seus amigos – a ponto de sacrificar a própria vida. Ao contrário, o homem "egoísta" (no sentido ordinário do termo) ama em si mesmo apenas o que não o constitui de fato (honras, riquezas, prazeres sensuais): por isso mesmo ele não quer bem aos outros. Em outras palavras, apenas aquele que ama verdadeiramente a si mesmo (ama em si o que é verdadeiramente ele) pode amar os outros e vice-versa. O que resolve a aporia inicial e a contradição aparente do egoísmo e do altruísmo.

Daí resulta o Capítulo 9 – ao qual agora podemos voltar: a expressão "outro eu" aparece duas vezes no capítulo (IX, 9, 1169b 6 e 1170b 6) para solucionar a aporia do homem feliz. O que é o amigo? É um ser exterior a nós mesmos com o qual temos as relações que temos conosco *quando somos felizes*. "Pois o homem virtuoso é para com seu amigo como é para consigo mesmo (sendo o amigo um outro ele mesmo)" (IX, 9, 1170b 6-7). Isso posto, o amigo é necessário à felicidade do homem feliz, não lhe servindo *stricto sensu* ao que quer que seja. Ele é necessário ao homem feliz para que este tome consciência do que ele é e do que ele faz, enquanto homem feliz, como o espelho nos é necessário para termos consciência da aparência que apresentamos ao outro. De fato, segundo a *Magna Moralia*:

> Do mesmo modo que, quando queremos ver nosso rosto, nós o vemos mirando um espelho, assim também, quando queremos conhecer a nós mesmos, nós nos conhecemos mirando um amigo. Com efeito, o amigo é, segundo nossa própria expressão, um outro nós. Se, pois, é agradável conhecer a si mesmo, mas, por outro lado, é impossível fazê-lo sem um outro que seja nosso amigo, o homem que se basta a si mesmo precisa da amizade para conhecer a si mesmo. (*Magna Moralia* II, 15, 1213a 20-6)

Sozinho, é impossível contemplar-se feliz: ser feliz não é um *estado*, mas um conjunto de *atividades* pelo qual realizamos o melhor possível nossas disposições mais elevadas; contemplar também é uma "atividade"; e não podemos realizar duas atividades ao mesmo tempo. Não podemos pensar e ao mesmo tempo pensar que estamos pensando, viver e nos ver vivendo, ou ainda, ser feliz e desfrutar de nossa própria felicidade. Por intermédio do amigo, em vez de simplesmente viver, isto é, sentir e pensar, nós tomamos consciência do fato de que vivemos, isto é, sentimos e pensamos. E é por tal consciência que essa vida feliz nos compraz. Fruímos a um só tempo da felicidade de ser o outro e de nossa própria felicidade no outro. "O amigo, por conseguinte, necessita participar da consciência que seu amigo possui de sua própria existência, o que só pode se efetuar vivendo e compartilhando com ele conversas e pensamentos" (IX, 9, 1070b 11-3).

Fechemos, pois, a *Ética a Nicômaco*: o caso parece encerrado e a dificuldade, resolvida. Sim, o homem feliz, apesar de completamente autossuficiente, tem amigos; seus amigos contribuem para sua felicidade – o que é bem provado pelos fatos e confirmado pelo belo argumento de Aristóteles. Mas as coisas não são tão simples. Pois todas as soluções de todas as nossas dificuldades anteriores estão assentadas sobre o conceito de amigo como um "outro eu". A responsabilidade é grande para um conceito tão enigmático: é como se a dificuldade fosse transferida de uma antinomia entre duas teses para uma contradição em um conceito. Avaliemos essa transferência. O homem feliz não necessita de ninguém, do contrário seria dependente, e como ser feliz sendo dependente de alguém? E, no entanto, ele necessita de amigos, do contrário não poderia se sentir feliz nem se ver feliz. Logo, o amigo não é um *outro*, senão ele seria um obstáculo à liberdade – à "autarcia" – do homem feliz; o amigo não é *eu*, senão não poderia servir de ponto de apoio externo à consciência da felicidade. A amizade não é nem uma relação consigo mesmo (evidentemente!) nem com um outro – enquanto outro. A antinomia do homem feliz é esclarecida, mas a obscuridade desloca-se para a própria amizade.

Teremos de voltar a ela, portanto. Mas não agora: voltaremos a ela apenas quando a obscuridade simétrica do conceito epicurista nos permitir esclarecê-la por contraste.

EPICURO EM FACE DA ANTINOMIA DA NECESSIDADE DE AMIGOS

Epicuro não trata de forma explícita dessa primeira antinomia, embora ela atravesse sub-repticiamente toda a sua ética – como é natural. Como Aristóteles, ele também considera "a autossuficiência [*autarkeia*] um grande bem" (*Carta a Meneceu* 130). É por isso, aliás, que "o sábio não pode apaixonar-se" (Diógenes Laércio X, 118): Lucrécio condena com violência a paixão amorosa em nome da liberdade do sábio (IV, 1058-191).[15] De fato, o sábio deve conservar sua independência, pois, como diz veementemente a *Sentença Vaticana* 77: "O fruto mais importante da autossuficiência [*autarkeia*] é a liberdade".[16] De maneira significativa, porém, a condenação do amor se adequa a certa apologia da amizade no epicurismo. Como se as duas teses opostas da antinomia do homem feliz tivessem repartido *eros* e *philia*: sim, o homem é feliz com o amigo (do qual ele não depende), mas é infeliz com o amado (porque depende dele). A oposição epicurista entre o amor e a amizade é, por assim dizer, o substituto (implícito, silencioso) da oposição dialética das duas teses aristotélicas em relação à amizade. Em contrapartida, o que é explícito em Epicuro é a segunda antinomia.

Note-se, contudo, que essa antinomia já estava presente em Aristóteles, embora de maneira menos enfática, em especial no Capítulo IX, 11 da *Ética a Nicômaco*, no qual se procura saber se os amigos são mais necessários na prosperidade ou na adversidade. Mas antes desse capítulo, um dos que concluem a longa dissertação aristotélica sobre a amizade, essa questão agora explicitada já permeava em silêncio toda a análise. Logo nas primeiras palavras do Livro VIII, Aristóteles justifica o lugar que pretende conferir à amizade em sua *Ética*, afirmando que "ela é o que há de mais

---

15 Lembramos ainda estes poucos versos, magnificamente traduzidos por Josy Kany-Turpin (in Lucrécio, *De la nature, De rerum natura*): "Acrescenta que eles [os amantes] se consomem e morrem na dor, que sua vida é submetida às vontades de outrem; seus bens desaparecem em fumaça, em tapetes da Babilônia, seus deveres definham, sua reputação cambaleia" (IV, 1121-4).

16 Tradução de Jean-François Balaudé in Epicuro, *Lettres, maximes, sentences*.

necessário para vivermos" (VIII, 1, 1155a 4-5). E acrescenta: "sem amigos, ninguém escolheria viver, ainda que possuísse todos os outros bens". A *philia*, portanto, é um componente essencial da prosperidade (VIII, 1, 1155a 8), e podemos até mesmo dizer que, quanto mais prosperamos, mais temos necessidade de amigos: por um lado, porque a finalidade dos componentes dessa prosperidade (riqueza, poderes etc.) é ser compartilhados com quem amamos; por outro, porque, sem amigos, não saberíamos mantê-los (VIII, 1, 1155a 5-11).

No entanto, quando a análise dialética é concluída, ou melhor, quando ela nos permite evidenciar a essência da amizade (como benevolência mútua e consciente, determinada pelo que merece ser amado no outro) e deduzir dessa definição suas três espécies, é como se houvesse uma tensão interna entre elas. De fato, existem três espécies de amizade, segundo o bem que se ama no outro: na amizade perfeita, os amigos se amam pelo bem que veem um no outro; nas duas formas imperfeitas, eles se amam pelo prazer ou proveito que tiram um do outro. Ora, na amizade perfeita – que corresponde mais propriamente à essência da amizade (cf. VIII, 4), um quer bem ao outro na medida em que este é bom. Aqui já há uma tensão entre amizade e felicidade: a amizade parece ser um componente essencial da prosperidade e, por conseguinte, da felicidade pessoal; contudo, na amizade, na amizade real, perfeita e acabada, nós amamos o outro pelo que ele é e não por aquilo que ele nos proporciona. Essa mesma tensão aparece entre forma perfeita e formas imperfeitas: naquela, amamos o outro por ele mesmo, *arriscando nossa felicidade*; nestas, nós o amamos pelo bem que ele nos proporciona, *arriscando nossa amizade*. Como se, quanto mais perfeita é a amizade, menos perfeita é a felicidade – e vice-versa. A tensão entre amizade perfeita e amizade imperfeita imita a tensão mais profunda entre amizade e felicidade que percorre todo o tratado, desde as primeiras linhas do Livro VIII até o penúltimo capítulo do Livro IX, quando finamente ela é abordada *ex professo*.

Mas voltemos a Epicuro, em quem a tensão entre felicidade e amizade é mais explícita, porque é mais séria: ela põe em risco a ética inteira.

Se o amigo é aquele que nos é útil, o que faz que seja realmente amizade e não interesse o laço que nos une a ele? Essa antinomia aparece tão inevitavelmente em Epicuro quanto a primeira em Aristóteles. Assim como há em Aristóteles um ideal de *autossuficiência* que se entrechoca com o *laço* de amizade, há em Epicuro um princípio *hedonista* que se entrechoca com a *devoção* aos amigos. Pois, da mesma forma que a tendência dominante da ética aristotélica consiste em fazer do homem feliz aquele que, como um deus, se basta a si mesmo, a tendência dominante da ética epicurista consiste em fazer da procura do prazer o único fim com valor em si mesmo; a prática das virtudes que qualificaríamos de altruístas só tem valor na medida em que serve para obtermos nossa própria felicidade.[17] A amizade é rebaixada à categoria de "virtude": é boa se, e somente se, for útil. Por conseguinte, apesar de reconhecida como um componente essencial da vida ética, a amizade aparece de novo em uma posição instável. Como diz Jean-Marie Guyau: "Eis a dificuldade: o epicurista necessita da amizade e a amizade, para sobreviver, necessita do desinteresse".[18] Essa dificuldade – ou essa instabilidade da amizade – provoca certo estrago. Em um sentido, é evidente que, se o prazer é o único objetivo, o interesse egoísta é naturalmente o único princípio de conduta, e a procura por amigos só pode ser interessada. O interesse de termos amigos é evidente: pela ajuda que eles nos dão em certas ocasiões e, sobretudo, pela garantia de podermos contar sempre com a ajuda que eles nos dão em certas ocasiões. "Não é tanto porque tiramos proveito dos serviços que nossos amigos nos prestam, mas é pela garantia que temos desses serviços" (*Sentença Vaticana* 34). Os serviços que nossos amigos

---

17 Como diz Epicuro: "Devemos escolher a virtude pelo prazer e não por ela própria, como escolhemos a medicina pela saúde". Essa analogia esclarece a relação entre fim e meios: o fim é o prazer constitutivo (que, assim como a saúde com relação ao corpo, se assemelha ao perfeito exercício de todas as funções do vivente); em relação a esse fim, as virtudes (e em especial a primeira delas, a prudência, cf. *Carta a Meneceu* 132) são apenas meios, da mesma forma como a medicina é o meio para a saúde.

18 Guyau, *La morale d'Épicure et ses rapports avec les doctrines contemporaines*, p.134.

nos prestam são esporádicos, mas a segurança que sua amizade nos dá é permanente.

Essa segurança permanente que o bom uso dos amigos nos dá permite um paralelo com o bom uso da física – o conhecimento dos "pactos da natureza", dos *foedera naturae*,[19] como diz Lucrécio. Contra as doenças fundamentais que atormentam os homens – temor dos deuses, temor da morte, ilimitabilidade do desejo, temor da ilimitabilidade da dor –, poderíamos nos contentar com um tratamento imediato, sintomático, e nos limitar aos conselhos da ética da sensatez, por exemplo. Mas o estudo da física mostra-se indispensável para dissipar nossos maiores temores, como lembram as *Máximas principais* XI e XII:[20] diante da natureza desconhecida e considerada potencialmente hostil, a física nos oferece não um favor especial, uma segurança temporária ou um consolo eventual, mas a única *segurança permanente* que há, e a certeza de que é *impossível* que os deuses nos prejudiquem ou que a morte tenha alguma relação conosco.[21]

Também podemos sugerir um paralelo entre o uso da amizade assim concebida e o uso epicurista do Direito – a instituição de leis, de "pactos de paz", os *foedera pacis* de Lucrécio (V, 1019-27; V, 1143-4 e 1152-5).[22] Estes nos dão uma segurança permanente diante dos outros homens que só fortuitamente o acaso imprevisível das relações "naturais" e as simples relações de força podem nos dar. A instituição de leis mostra-se indispensável para

---

19 Sobre esses pactos, cf. Lucrécio I, 584-91; II, 296-302; V, 55-61; V, 306-10; V, 920-4; VI, 906-8.

20 *Máximas principais* XI: "Se as dúvidas sobre as realidades celestes não nos perturbassem, tampouco as que tangem à morte, que receamos ser sempre alguma coisa relacionada a nós, ou ainda o fato de não compreendermos bem os limites das dores e dos desejos, não teríamos necessidade do estudo da natureza". *Máximas principais* XII: "É impossível dissipar o que receamos nas questões capitais sem saber perfeitamente qual a natureza do todo – quando muito, é possível dissipar alguma inquietação relacionada aos mitos; de sorte que, sem o estudo da natureza, é impossível receber os prazeres em troca e sem confusão" (trad. J.-F. Balaudé).

21 Sobre essa distinção dos dois níveis de tratamento das doenças fundamentais, cf. Capítulo 8, "Ser discípulo de Epicuro".

22 Sobre a doutrina epicurista do Direito, cf. Epicuro, *Máximas principais* XXXIII a XL.

dissipar a ameaça representada pela simples presença de homens desconhecidos e vistos como potencialmente hostis, dando-nos a certeza de que eles não podem nos prejudicar, posto que vai contra o próprio interesse deles.[23]

Do mesmo modo que a física nos dá segurança em relação à natureza e nos preserva do temor permanente da intervenção inesperada dos deuses em nossa vida, a instituição de leis sociais nos dá segurança em relação aos outros homens e nos preserva do temor permanente de agressões de sua parte, e a amizade nos dá segurança em relação às vicissitudes do destino e nos preserva do temor permanente de seus reveses. No fundo, a amizade também se assemelha a um pacto: não um "pacto da natureza" ou um "pacto de paz", mas uma espécie de "pacto entre sábios", como o imaginaram certos epicuristas, segundo diz Cícero quando expõe a teoria epicurista da amizade (*Da finalidade do bem e do mal* I, 70; trad. J. Martha). Os amigos são uma proteção para os amigos. Como diz Cícero: "Sendo a vida de um homem isolado e sem amigos constantemente exposta a uma série de sustos e ciladas, a sensatez nos aconselha a fazer amizades" (I, 66). Fazer do outro, e sobretudo do amigo, "um meio e não um fim"! Já se pode ouvir a indignação dos moralistas: atrever-se a manchar a pureza dos mais nobres sentimentos humanos com cálculos interesseiros!

Contudo, a simples coerência e a própria amizade, mais do que o coro ofendido dos opositores, exige que esse utilitarismo seja corrigido. O amigo só pode ser aquele que nos é *útil*, muito bem. Mas como aquele que nos é útil poderia ser nosso *amigo*? Temos de admitir que, se *amamos*, não é por interesse. A prova: "o homem sábio pode até morrer pelo amigo, se for necessário" (Diógenes Laércio X, 120 b). Como explicar essa devoção desinteressada, como explicar que "o sábio sofre menos se for torturado do que se o fosse seu amigo" (*Sentença Vaticana* 56)? Não, a amizade não é uma sociedade anônima de socorro mútuo, mas uma comunidade de atenção benevolente: "Compartilhemos dos sentimentos dos amigos não lamentando, mas velando por eles"

---

23 Sobre essa confiança dada pelas leis, e mais em geral pela filosofia, cf. *Máximas principais* XXXIX e XL.

(*Sentença Vaticana* 66). Portanto, devemos dizer que a amizade para o sábio não é um simples meio, mas um bem em si: "Entre as coisas das quais se mune a sabedoria para alcançar a felicidade da vida inteira, de longe a mais importante é ter amizade" (*Máximas principais* XXVII).

A amizade é útil ou desinteressada? Nem uma coisa nem outra, admite Epicuro: "Não é aquele que procura em todas as ocasiões os serviços do outro que é amigo, nem aquele que jamais mistura favores e amizade; pois o primeiro, aproveitando-se do reconhecimento, faz comércio das recompensas, e o outro nos priva de toda esperança para o futuro" (*Sentença Vaticana* 39). Sinal de dificuldade do mestre? Divergências entre os discípulos, talvez. E paradoxo dos paradoxos: no seio de uma escola conhecida por sua sólida coesão doutrinal, no seio desse Jardim onde a amizade era cultivada a ponto de se tornar um modo de vida, um dos raros pomos de discórdia parece ter sido a amizade. Nessa sociedade coesa, a amizade faz todos concordarem a respeito de tudo, exceto sobre o que é a amizade que os une. Talvez não por acaso. Seja como for, há divergências doutrinais e Cícero as reproduz, distinguindo três correntes: alguns epicuristas, talvez mais fiéis ao utilitarismo que serve de princípio à doutrina, dão ênfase ao fato de que buscamos amigos primeiramente como apoio, por mais que acabemos nos preocupando com seus prazeres e sofrimentos tanto quanto com os nossos: o sábio "fundirá em um mesmo sentimento os interesses de seu amigo e os seus próprios" (*Da finalidade do bem e do mal* I, 66); outros, talvez mais fiéis ao espírito da comunidade do Jardim, acreditam que a amizade, uma vez criada, se desvincula de qualquer interesse: "vê-se então desabrochar a flor de uma afeição tão grande que, mesmo que a amizade não traga nenhuma vantagem, os amigos não deixam de se amar por causa de si mesmos" (I, 69); e outros, talvez tentando conciliar os princípios da doutrina com as regras de vida entre amigos, prendem-se a "uma espécie de pacto entre os sábios que os obriga a amar seus amigos como a si mesmos" (I, 70).

Onde está a ortodoxia epicurista? Acreditamos que esteja nesta declaração ambígua do mestre: "Toda amizade é por si mesma desejável;[24] contudo, sua origem é a utilidade" (*Sentença Vaticana* 23). Há, então, duas temporalidades na amizade: o princípio que a torna possível é a utilidade, a modalidade que a faz ser é o prazer desinteressado, ou seja, a temporalidade do devenir contra a temporalidade do ser. E sua comprovação estaria neste outro texto epicurista: "A amizade nasce da necessidade; contudo, um dos amigos deve dar o primeiro passo (do mesmo modo como primeiro temos de semear a terra) e a amizade se conserva pela comunhão no gozo dos prazeres".[25] Para vir a ser, para simplesmente ser possível, o interesse é necessário: um procura o auxílio do outro, não existe outra causa para a sociedade, pois não existe sociabilidade natural. Se os homens pudessem viver em segurança sozinhos, eles não procurariam comunidade nem amizade.[26] Mas na medida em que procuramos o auxílio do outro por interesse, não é o amigo que procuramos, pois não há amigo – ainda não. A amizade começa no exato momento em que deixamos de *procurar* essa ajuda; nesse momento, mudamos de temporalidade e, ao mesmo tempo, a relação com o outro e sua ajuda. É assim tanto na amizade como no prazer: o "prazer em movimento" termina no momento exato em que chega ao seu máximo, isto é, quando cessa o sofrimento causado pela dor que o alimentava; nesse momento, ele se torna "prazer constitutivo", que é puro, pleno, sem nenhuma carência, e incapaz de gradação ou devenir.[27]

---

24 Leio *hairetê*, de acordo com a correção de Usener, e não *aretê*, como entende a versão manuscrita traduzida por J.-F. Balaudé, seguindo J. Bollack.

25 Segundo a coletânea conhecida como "Sobre o sábio", de Diógenes Laércio (X, 120b).

26 É o que mostra Lucrécio quando atribui *a origem* da amizade aos primeiros elementos da sociabilidade interessada: "Então eles começaram a criar laços de amizade com vizinhos que desejavam evitar males e ofensas, recomendaram filhos e esposas uns aos outros, indicando por gestos e sons inarticulados que era justo que todos tivessem compaixão pelos fracos. Mesmo que nem sempre houvesse concórdia, em grande parte eles respeitavam os pactos, do contrário o gênero humano teria desaparecido, as gerações não teriam continuado até nós" (V, 1019-27).

27 Cf. em especial *Máximas principais* III e XVIII a XX; bem como Cícero, *Da finalidade do bem e do mal* I, 37.

Existe amizade quando ela para de nascer e de devir: então duas pessoas *são* amigas; elas sentem uma pela outra uma afeição desinteressada, e ajudam-se não mais *porque* receberam ajuda ou *para* receber ajuda em troca, mas por amizade e prazer puro. Sim, podemos contar com os amigos: isso não os impede de ser nossos amigos, do mesmo modo que não nos impede de contar com eles. Mas o "toma lá dá cá" que possibilita a sociabilidade (e sem a qual não teríamos laços de amizade) é substituído pela reciprocidade da dádiva gratuita que efetiva a amizade. Salvam-se assim o interesse que governa a ética e o desinteresse que reina entre amigos; a amizade pressupõe relações sociais e regras de troca, mas ultrapassa essas regras para criar novas relações.

Fechemos, pois, *Máximas* e *sentenças*, do mesmo modo como fechamos *Ética a Nicômaco*: o caso parece encerrado e a dificuldade está resolvida. Os amigos se ajudam sem ser amigos para se ajudar, embora seja verdadeiro que eles nunca teriam se tornado amigos se não tivessem necessidade de ajuda. Os fatos provam o que Epicuro confirma. Mas, tanto aqui como em Aristóteles, temos o direito de nos questionar. É simples assim? O homem sábio evita seus semelhantes e procura a sociedade apenas por interesse, mas encontra no amigo um semelhante e descobre em sua sociedade o prazer da devoção; o sábio deve buscar apenas sua própria segurança, mas também deve buscar a amizade que pode colocá-la em risco. A natureza do homem é egoísta e rebelde à sociabilidade, mas é como se a amizade alterasse essa natureza, como se esta fosse contrária em sua essência à essência do homem. Em resumo, a antinomia do sábio é esclarecida, mas a obscuridade é deslocada: a própria amizade se torna obscura. E contrária à natureza.

As duas antinomias da amizade e as duas faces da natureza precária do homem

A amizade é obscura, contrária à natureza? É bem possível. Pois é como se a amizade desenhasse em negativo (para o epicurista) outra natureza do homem, nem completamente "egoísta" nem completamente "altruísta". Ou melhor: egoísta a ponto de usar os outros para garantir uma felicidade tranquila, altruísta a ponto de se devotar aos outros e até mesmo se sacrificar por eles. Insociável a ponto de só se abster de prejudicar os outros por força da lei, comunitário a ponto de poder viver no Jardim. E se a amizade põe em tão boa harmonia os membros do Jardim e tão em desarmonia suas palavras, não será porque a realidade do convívio entre amigos contradiz o princípio antropológico no qual se fundamenta a doutrina? A amizade serve de ponte entre as duas naturezas do homem: a que é ilustrada pela realidade do modo de viver no Jardim e a que é ensinada pelos textos da escola. Mas ela diverge tanto das duas definições opostas do homem que é ela que acaba aparecendo como obscura ou incompreensível em relação a uma ou outra. Não seria porque ela não pende para nenhuma das duas antropologias entre as quais ela parece dividida?

É o que nos mostra também a outra antinomia. Voltemos ao ponto onde a deixamos. Os contornos de outra ambiguidade antropológica aparecem nítidos.

A amizade aparecia como obscura porque não podia ser entendida nem como uma relação consigo mesmo nem como uma relação com o outro. Essa cisão leva a outra. A ética de Aristóteles hesita entre duas concepções da suma felicidade: a felicidade é ou a vida contemplativa, ou a vida ativa. Mas a felicidade é a realização da função do homem – e, portanto, sua definição depende da definição do homem. O homem é esse ser naturalmente carente que necessita de amigos porque é incapaz de ser o ser divino ao qual ele tende? Ou, ao contrário, o homem é esse ser naturalmente realizado quando vive no meio de seus semelhantes e se liberta da vida puramente animal porque é capaz de compartilhar sua felicidade com seus amigos? Se o homem é um subdeus inacabado, então sua verdadeira felicidade está na solidão, e a amizade é sinal de sua impotência para a felicidade e de sua própria fraqueza.[28] Se o homem é um sobreanimal, então sua verdadeira felicidade é comunitária, e a amizade é a efetivação

---

28 "Se é verdade que a divindade é tal que não necessite de um amigo" (Aristóteles, *Ética a Eudemo* VII, 12, 1245b 14).

dessa felicidade e sua verdadeira força. Tal é essencialmente a primeira antinomia.

Fundamentalmente, existe na ética aristotélica uma tensão entre duas *figuras do homem*: ele é ou o ser pensante, ou o homem político. No primeiro sentido, ele é um subdeus: como os deuses, ele pensa, mas pensa com mais dificuldade do que os deuses. Sob essa condição, ele aspira à autarcia como seu maior bem: não ter nenhuma necessidade das coisas, não ter nenhuma dependência dos outros. No segundo sentido, ele é um sobreanimal, porque, como os animais, é um ser de necessidade (ele come para restaurar seu corpo e copula para reproduzir sua espécie), mas vive em cidades que o elevam acima da animalidade: pela vida política, ele vive, relaciona-se e fala com os outros, dos quais ele depende, sem dúvida, mas no interior de uma comunidade propriamente humana e completamente independente, com os quais ele pode viver feliz – e com os quais ele não se contenta em sobreviver, como os animais.

A obscuridade do amigo se esclarece com essa ambiguidade.

O que de fato é a amizade? Não é relação consigo mesmo, pois, na medida em que me relaciono somente comigo mesmo, aspiro ao ser constante e absolutamente, portanto aspiro a ser feliz como um deus, associal, independente e contemplando eternamente o mundo pela ciência. Sob essa condição, a virtude da "sabedoria" (*sophia*) me bastaria. Mas a amizade não é tampouco uma relação com um outro, pois, na medida em que me relaciono com os outros, aspiro a viver politicamente com eles, em relações igualitárias de trocas sociais ou discursivas. Nesse sentido, a virtude da justiça me bastaria, ela *nos* bastaria. A ética aristotélica se divide entre dois ideais (vida teorética ou vida política) e entre duas definições do homem (ser pensante ou ser falante); sobretudo, ela talvez se divida entre duas relações que dividem cada um de nós, conforme nos voltamos para nós mesmos para ser ou para os outros para ser com eles. Entre sabedoria e justiça. Mas a amizade não é nenhuma dessas duas relações – nem com o eu nem com o outro, mas com o outro como eu – e constrói como que uma ponte entre essas duas margens opostas da antropologia. Pois, com o amigo, não estamos nem sozinhos como um deus nem com os outros como na Cidade; com o amigo, estamos – e agora é Epicuro quem fala – "como um deus" (*mas*) "entre os homens" (*Carta a Meneceu* 135). Na amizade, não vivemos nem da pura contemplação das coisas nem da relação com os homens. Como se, de novo, o amigo esboçasse muito discretamente uma reconciliação (obscura, contrária à natureza) entre esses dois ideais inconciliáveis (transparentes e "naturais") – do mesmo modo como reconciliou as duas "naturezas" opostas do homem: "egoísta" *ou* "altruísta". A não ser que, de novo, seja o inverso: a amizade não pende para nenhuma dessas duas antropologias descomedidas, ou em todo caso negativas, que fazem do homem um ser nem completamente divino nem completamente animal, e propõe uma antropologia positiva e à sua medida. O homem é um ser que pode ter amigos.

6

TEMOR DA MORTE E TEMOR DOS DEUSES SEGUNDO OS EPICURISTAS

A filosofia, para um epicurista, não valeria uma hora de suor se vivêssemos sem dor. Porém acontece que os homens sofrem, e não apenas de males físicos, mas também de perturbações da alma. Dessa constante antropológica deduz-se a necessidade da filosofia. Esta última é a condição do viver bem da alma, do mesmo modo que a medicina é a condição da saúde do corpo.[1] Como ela, a filosofia pode e deve diagnosticar a doença, analisar seu processo de formação (etiologia), administrar os remédios apropriados (clínica) e propor um estilo de vida que previna o retorno dos sintomas (dietética).

Sabemos que as doenças básicas da alma são quatro, em correspondência com as quatro primeiras *Máximas principais* e os "quatro remédios":[2] o temor dos deuses, o temor da morte, a ilimitabilidade do desejo e o medo da dor. Essas quatro doenças são vãs e fúteis, e a mensagem mais geral do epicurismo pode ser

---

1 Sobre a filosofia como medicina, cf. Capítulo 8, "Ser discípulo de Epicuro".
2 Sobre os quatro remédios, cf. adiante p.256.

resumida da seguinte maneira: não existe motivo para temer os deuses, a morte ou a dor, e o bem é acessível.

Todavia, é provável que, para os epicuristas, os dois primeiros sintomas (o temor dos deuses e o temor da morte) sejam filosoficamente os mais determinantes. E existem vários indícios disso.

Primeiro, eles são os dois únicos sintomas que, na opinião de Lucrécio, justificam sua obra e, de fato, o *Da natureza* é inteiramente dedicado à luta contra o temor dos deuses e o temor da morte por meio do conhecimento da "natureza das coisas". Podemos dizer que o objetivo maior dos livros I, II, V e VI é mostrar que os deuses não interferem no progresso do universo, enquanto o Livro III e, em menor medida, o Livro IV, ambos dedicados à alma, visam a nos libertar do temor da morte. Essa dualidade, aliás, é ilustrada pela dupla introdução de Lucrécio à sua obra no início do Livro I: os versos 44 a 51 (ou 44 a 101) anunciam um primeiro efeito salvador: libertar-nos da crença religiosa em deuses todo-poderosos; em seguida (versos 102 a 126), Lucrécio amplia o objetivo ético e extrai um segundo efeito salvador: libertar-nos do temor da morte.[3]

Voltando a Epicuro, podemos confirmar o lugar fundamental que ele outorgava às duas primeiras perturbações da alma. Estas não são apenas o objeto das duas primeiras *Máximas principais*, mas são também as duas únicas referidas na *Carta a Heródoto*, mais uma vez tanto em sua composição como em seus efeitos éticos explicitamente esperados. O resumo do conjunto da física conclui-se com as seguintes palavras:

> Além de todas essas observações gerais, é preciso considerar que: a maior perturbação para a alma dos homens origina-se no fato de se opinar que esses corpos são bem-aventurados e imperecíveis e ao mesmo tempo têm vontades, ações e causações contrárias a essas qualidades, e no fato de se esperar ou suspeitar um sofrimento terrível e eterno, como preveem os mitos, ou ainda, temendo-se a

---

3 Os versos 127 a 135 reúnem os dois efeitos: saberemos como tudo se realiza naturalmente sobre a terra – ou seja, sem intervenção dos deuses (127-9) – e qual é a natureza da alma – que não tem nada a temer da morte (130-5).

insensibilidade que existe no ser morto como sendo algo relacionado a nós. (*Carta a Heródoto* 81)

Esses dois temores são, portanto, os dois obstáculos principais à felicidade humana, mas são também os dois motivos principais de estudarmos a natureza: "a ataraxia é ser libertado de todos esses temores e ter constantemente na memória as doutrinas gerais e principais" (*Carta a Heródoto* 82).

Seja como for, esses dois sintomas são os que dependem necessariamente de um tratamento sintomático e, sobretudo, de um tratamento pela física, isto é, pelo conhecimento da natureza das coisas. Epicuro, é claro, não deixa de nos lembrar que a necessidade da física deriva dos quatro males (*Máximas principais* XI):[4] são eles que tornam necessário o estudo da natureza. Mas, no caso dos dois primeiros, a física tem um papel mais importante. Não há dúvida de que, fazendo bom uso dos prazeres e levando uma vida salutar (sendo sensato, por exemplo; cf. *Carta a Meneceu* 132), é possível não sermos demasiado atormentados pelo desejo fútil ou pela dor. Mas, sem o conhecimento da natureza das coisas, isto é, sem saber que toda a natureza (e tudo na natureza) se produz pelo encontro de átomos eternos no vazio infinito, não poderemos nos libertar dos temores relacionados à crença na imortalidade da alma ou na intervenção de espíritos (divinos ou outros) nos rumos de nosso mundo. O conhecimento verdadeiro da natureza das coisas é o *único* meio de nos libertarmos desses males, e ele é o que basta para nos libertarmos. Já o conhecimento da natureza física do corpo animal e das condições de saúde da

---

4 "Se não nos perturbassem em nada as conjecturas aflitas a respeito dos fenômenos celestes, e aquelas a propósito da morte, que esta possa ter alguma coisa a ver conosco, e ainda o fato de não conhecermos os limites das dores e dos desejos, não teríamos necessidade da ciência da natureza" (*Máximas principais* XI). De fato, sabemos como a física acalma o desejo infinito: mostrando como é fácil para o animal obter o bem maior, posto que este consiste no estado de equilíbrio constitutivo de seu organismo (*Máximas principais* III, XVIII e XXI). Ela também acalma o medo da dor, mostrando quais são seus limites: a mais intensa é a mais curta e a mais longa é a mais fraca (*Máximas principais* IV); além desses limites, existe apenas a insensibilidade da morte.

alma e do corpo não são suficientes para nos conduzir com toda a certeza à vida boa.

Sendo as fontes principais da infelicidade humana, esses dois temores são também as raízes primordiais da filosofia: aprender a viver feliz é desaprender a temer os deuses ou a morte.

Note-se que esses dois temores não são totalmente independentes um do outro. O texto da *Carta a Heródoto* (81) já citado confirma: se tememos a morte é, entre outros motivos, porque tememos os castigos dos deuses *post-mortem*; de modo inverso, não é apenas em nossa vida presente, mas também em nossa vida futura imaginária que tememos a interferência dos deuses. Por trás de todo medo da potência absoluta dos deuses, esconde-se também o medo de nossa própria morte, símbolo de nossa impotência absoluta, e esse medo, por sua vez, cobre-se sempre de um maior ou menor temor supersticioso dos deuses. Mas talvez não seja só isso: na verdade, gostaríamos de mostrar que, independentemente do que um deve ao outro, talvez eles sejam duas faces opostas de uma mesma configuração fundamental, duas figuras de uma mesma dor sem nome, a dor de ser homem. Em todo caso, eles apresentam em sua gênese, manifestação e efeitos certa semelhança de estrutura e, por isso, exigem um mesmo tipo de remédio. Essa semelhança, que faz que um esclareça o outro, remete negativa e indiretamente a uma única pergunta: o que é o homem para poder temer e para temer apenas o que não é nada para ele?

Gênese paralela dos dois males

Por que os homens temem – e absolutamente todos temem – os deuses e a morte? Tal unanimidade deve remeter a um processo genético necessário.

Nosso temor da morte se forma da mesma maneira que nosso temor dos deuses. Ambos se fundamentam em uma opinião falsa: que os deuses são perigosos, isto é, intervêm no curso do mundo; que a morte é perigosa, isto é, intervém de certo modo no curso de nossa vida. Essas opiniões falsas apresentam a gênese de toda opinião falsa: por ignorância da natureza das coisas, acrescentam-se a elas evidências primeiras incontestavelmente verdadeiras.[5]

Ao falar do temor supersticioso dos deuses sobre o qual se sustentam as práticas religiosas, Lucrécio explica da seguinte forma o mecanismo de sua gênese:

> Desde aquele tempo, os mortais viam dos deuses figuras mara-vilhosas, corpos de tamanho assombroso, enquanto sua mente velava, e mais ainda em sonho. Atribuíam-lhes a sensibilidade, por-que os viam mover-se, proferir discursos altivos, conformes com sua beleza, sua grande força. Conferiam-lhes a imortalidade, porque seu rosto se apresentava sempre e sua forma permanecia, mas tam-bém porque eram tão vigorosos que nenhuma força podia vencê-los, pensavam. Também achavam que sua sorte era bem mais ditosa, porque não os atormentava o medo da morte, e porque os viam em sonho realizar mil e uma proezas maravilhosas sem sentir cansaço nenhum. (*Da natureza* V, 1169-82)

Há, portanto, duas certezas no fundamento desse temor: a do conhecimento da existência dos deuses, e a do conhecimento de sua essência. "Que os deuses são" é conhecido com evidência e conforme o primeiro critério de verdade (o da sensação):[6] a ima-gem dos deuses está presente no espírito dos homens.[7] "O que os deuses são" é conhecido com evidência e conforme o segundo critério de verdade (o da prenoção):[8] os homens atribuem espon-taneamente aos deuses as propriedades da sensibilidade (o *sen-sum* característico do vivente; Lucrécio, V, 1172), da eternidade

---

5 Cf. *Carta a Heródoto* 50. Sobre a opinião falsa, cf. também *Máximas principais* XXIV; Diógenes Laércio X, 34; Sexto Empírico, *Adversus Mathematicos* VII, 211-6.

6 "Epicuro diz no *Cânone* que os critérios da verdade são as sensações, as pre-noções e as afecções" (Diógenes Laércio X, 31).

7 Para os epicuristas, todos os homens possuem uma ideia do deus. Cf. a refu-tação dos estoicos em Cícero, *Da natureza dos deuses* I, 13, 62-3.

8 Cf. Epicuro, *Carta a Meneceu* 123: "Enxergando o deus como um vivente incor-ruptível e bem-aventurado, em harmonia com a noção comum do deus esta-belecida em nós".

(V, 1175) e da felicidade. Essas propriedades em conjunto constituem precisamente a prenoção dos deuses assentada no espírito de todos os homens.[9] Em outras palavras, a resposta correta à pergunta: "o que é o deus?" é: "um vivente imortal e bem-aventurado", segundo a definição da *Carta a Meneceu* (123).[10]

Assim, a existência e a essência dos deuses são indubitáveis. A existência, como toda existência, é-nos dada pelo primeiro critério de verdade (a sensação);[11] a essência, como toda essência, é-nos dada pelo segundo critério de verdade (a prenoção).

No entanto, apesar dessas duas opiniões verdadeiras necessariamente evidentes e universalmente acessíveis, não é raro que uma opinião falsa referente ao papel dos deuses no mundo se insinue no espírito dos homens. As duas certezas precedentes dos homens sobre os deuses se juntam ao seu saber incompleto sobre o mundo. De seu conhecimento (parcial) sobre os deuses e de sua ignorância (parcial) sobre o mundo nasce a crença falsa na intervenção dos deuses *no* mundo.

> E eles admiravam o sistema ordenado do céu e o ciclo das diversas estações do ano, dos quais não podiam saber as causas. O recurso então era confiar tudo aos deuses e submeter tudo ao aceno de sua cabeça. Situaram no céu morada e estadia divinas, porque veem evolver no céu a noite e a lua [...] os estrondos repentinos e os fortes sussurros de ameaça. (Lucrécio V, 1186-90 e 93)

Os homens fazem uma observação inquestionável sobre o mundo (a regularidade dos fenômenos celestes), mas associam uma ignorância a ela: eles não conhecem a natureza das coisas

---

9 Trata-se das três "propriedades essenciais" do deus (Lucrécio I, 449 ss., e Epicuro, *Carta a Heródoto* 68 e 70-1), isto é, "o que não poderia ser subtraído [deles] sem acarretar uma perda total" (Lucrécio I, 451-2), ou "as propriedades que o acompanham sempre, sem as quais é impossível conceber o deus" (Epicuro, *Carta a Heródoto* 70).

10 Cf. também a primeira das *Máximas capitais*: "O ser bem-aventurado e incorruptível não tem preocupações e não as causa a outrem".

11 A existência do vazio é a única que não é conhecida como se conhecem os corpos – estes são conhecidos pela experiência direta (ela é conhecida de maneira mais indireta). Cf. Lucrécio I, 422-9.

(ou seja, a física) e, por consequência, as *causas* do movimento dos astros. Eles não sabem que os astros são apenas corpos materiais, agregados de átomos provisoriamente estáveis apenas pelo tempo de nosso mundo. Dessa ignorância nasce uma opinião falsa, distinta dos dados evidentes iniciais acerca dos deuses e do mundo, e que se acrescenta a esses dados: "Os deuses são a *causa* do movimento dos astros". Como nasce essa opinião falsa? Como toda opinião que diz respeito ao invisível,[12] ela é resultado da construção de uma "relação de consequência":[13] toma-se um dado observável (o movimento dos astros) como sinal de um fenômeno invisível (o poder dos deuses). Mas essa inferência a partir de sinais, que em princípio é legítima, nesse caso não é científica, visto que é refutável.[14] Na *Carta a Meneceu* (124), Epicuro chama isso de "*hypolepsis*", uma simples "presunção". No caso em questão, essa relação entre o sinal visível e o que ele significa é fruto apenas da ignorância: a opinião é falsa.[15]

Por que os homens constroem essa relação entre os deuses e o mundo (entre eles e nós, portanto), entre uma causa da qual eles desconhecem os efeitos e um efeito do qual eles desconhecem as causas? Sem dúvida porque sabem que os deuses são infinitamente mais poderosos do que nós[16] (são indestrutíveis de fato) e, por consequência, acreditam que eles devem ter a capacidade de provocar o movimento de toda a abóbada celeste; visto que são imortais (e imutáveis portanto), devem poder ser a causa dos fenômenos imutáveis (como o movimento regular dos astros).

É dessa opinião falsa, em todo caso, que nasce o temor: se os deuses têm a capacidade de mover o céu, devem ter a capacidade de interferir nos assuntos do mundo (consequentemente nos nossos) e, portanto, de nos fazer mal agora ou mais adiante

---

12 Cf., por exemplo, *Carta a Heródoto* 38-9. Em geral, porém, toda opinião depende de algo anterior e evidente, que serve como ponto de referência (Diógenes Laércio X, 33).

13 Segundo o conceito utilizado por Sexto Empírico, *Adversus Mathematicos* VII, 213.

14 Veremos o porquê: ela é refutável por confrontação com o segundo critério de verdade, a prenoção (a que temos dos deuses).

15 O mecanismo todo é resumido por Epicuro, *Carta a Meneceu* 123-4.

16 Lucrécio V, 1177-8.

(castigando-nos depois da morte).[17] É desse solo que se alimentam as superstições da religião (orações, sacrifícios etc.).

Mas, de acordo com as regras do método que exigem referir toda opinião aos critérios para refutá-la ou verificá-la, é fácil refutar a opinião segundo a qual os deuses interferem em nossa vida, pois essa opinião contradiz justamente o critério de verdade da essência dos deuses, é incompatível com a prenoção que temos deles.[18] Se os deuses são bem-aventurados, eles não têm perturbações e, consequentemente, não têm necessidade de intervir em nosso mundo, não têm o desejo de intrometer-se em nossa existência etc. O desejo de imiscuir-se nos assuntos alheios é contrário à autarcia do sábio (seja ele mortal ou imortal), o desejo de criar[19] supõe a necessidade de outra coisa, o desejo do novo; o desejo de castigar é uma paixão fútil (visto que a utilidade do castigo é apenas social).[20]

Eis o que tínhamos a dizer sobre a fonte do temor dos deuses e suas consequências, e da opinião falsa na qual se fundamenta esse temor e suas consequências. Passemos agora ao temor da morte, à sua fonte e consequências, e à opinião falsa na qual se fundamenta esse temor e suas consequências.

A opinião falsa que origina o temor da morte é a seguinte: ela é alguma coisa para nós. Como no caso da opinião falsa sobre os deuses, os homens têm conhecimentos inquestionáveis sobre ela. Embora a morte não esteja imediatamente presente para eles (sob pena de não ser mais a morte), sua existência é incontestável, tanto quanto a dos deuses. Que todo homem morre é de fato uma coisa que a razão infere e conclui legitimamente a partir de observações anteriores: todo vivente de nosso mundo

---

17 Cf. *Carta a Heródoto* 81.
18 Lucrécio I, 44-9 (= II, 646-51); III, 18-24; e Epicuro, *Carta a Meneceu* 123 e *Máximas principais* I; Cícero, *Da natureza dos deuses* I, 16, 43-5; I, 19, 51 etc. Essa prenoção dos deuses é uma noção comum (*Carta a Meneceu* 123) tanto na mitologia popular como na teologia erudita. É encontrada tanto em Platão (por exemplo, *Fedro* 246c) como em Aristóteles (*Metafísica* XIII, 7 1072b 28).
19 Lucrécio V, 165 ss.
20 Ibid., 1159 ss.

morre. Por conseguinte: nós morremos (um dia), isto é, um dia não sentiremos mais tudo aquilo que sentimos no momento presente. Pois, em consonância com nossa prenoção, "a morte é privação de sensação" (*Carta a Meneceu* 124).[21]

A existência e a essência da morte, assim como as dos deuses, são conhecidas. A morte existe inequivocamente, e nós sabemos o que ela é: a morte é ausência de sensação.

No entanto, apesar dessas duas opiniões verdadeiras necessariamente evidentes e universalmente acessíveis, não raro uma opinião falsa referente ao papel da morte em nossa vida se insinua nos homens. De fato, como no caso dos deuses, as duas certezas precedentes dos homens sobre a morte se juntam ao seu saber incompleto sobre a vida. De seu conhecimento (parcial) sobre a morte e de sua ignorância (parcial) sobre a vida nasce a crença falsa na intervenção da morte *na* vida.[22] Os homens fazem uma observação inquestionável acerca da vida: a sensibilidade – eles sentem. Sentir é de fato a propriedade de todo vivente, como vimos, e ela é conhecida com evidência, mas os homens associam uma ignorância a essa evidência: eles não conhecem a natureza das coisas (ou seja, a física) e, por consequência, as *causas* da sensibilidade no vivente. Eles não sabem, em especial, que a alma pela qual eles sentem é material, que ela é apenas um agregado provisoriamente estável de átomos que são mantidos juntos pelo invólucro de nosso corpo e têm existência apenas pelo tempo de duração de nossa vida.[23]

Desse conhecimento evidente do que é a morte (ausência de sensação) e dessa ignorância da sensibilidade nasce a crença falsa

---

21 *Stricto sensu*, não podemos ter uma "prenoção" da morte porque só se pode ter prenoção daquilo que já se experimentou (Diógenes Laércio X, 33), mas temos ao menos o conceito, construído provavelmente "com alguma ajuda do raciocínio" (Diógenes Laércio X, 32), por exemplo, por negação: viver é sentir (propriedade inseparável do vivente); estar morto é não viver, logo é não sentir.

22 É o que se deduz claramente de Lucrécio III, 870-87.

23 A sensibilidade da alma supõe a existência do corpo (vedando a sobrevivência da alma depois da dissolução do corpo). Isso é demonstrado por Epicuro em *Carta a Heródoto* 63-6 e amplamente desenvolvido por Lucrécio em III, 425-633.

(e contraditória) de que é possível sentir a ausência de sensibilidade. Das duas certezas (nós morremos no futuro, nós sentimos no presente), canonicamente fundamentadas, e dessa ignorância geral sobre a natureza das coisas, nasce uma opinião falsa, distinta dos dados evidentes iniciais acerca da morte, e que se soma a eles: "nós sentiremos que estamos mortos", "nós nos sentiremos mortos". Daí o temor de sentir que estamos morrendo ou sentir que estamos mortos, o temor de se sentir não mais ser etc. Lucrécio explica:

> Se vires, pois, um homem revoltar-se contra sua sorte diante da ideia de apodrecer depois da morte, como um cadáver abandonado, acabar sob as chamas ou entre os dentes das feras, estejas certo de que essas palavras destoam e que em seu coração lhe morde um ferrão secreto, mesmo quando protesta que não acredita que na morte conservará alguma sensação. Ele trai, creio, promessas e princípios e não se desapega radicalmente da vida, mas deixa sem saber alguma coisa de seu ser sobreviver, pois todo vivente, imaginando seu corpo dilacerado na morte por feras e aves de rapina, apieda-se de si mesmo e não se abstrai, não se retira o suficiente da estátua jacente que acredita ser, infectando-a com suas sensações, ali, de pé. Assim, revolta-se contra sua condição mortal, sem perceber que na verdadeira morte nenhum outro ele mesmo poderá chorar, vivo, de pé, sua própria perda, sofrendo por estar sob a terra, dilacerado ou queimado. (Lucrécio III, 870-87)

Mas, como no caso da opinião falsa sobre os deuses e do temor correspondente (os deuses podem nos fazer mal), é fácil refutar essa opinião falsa sobre a morte (a morte pode nos fazer mal): do mesmo modo que nosso temor dos deuses contradiz a noção que temos deles (visto que são bem-aventurados), o temor da morte contradiz a ideia que temos acerca da morte: "a morte é privação de sensação" (*Carta a Meneceu* 124), de modo que não podemos, por definição, "sentir" e estar mortos, e, por consequência, sentir que estamos mortos: "Nada, absolutamente nada, a nós que não seremos mais, poderá nos atingir ou excitar nossos sentidos" (Lucrécio III, 840-2). Mais uma vez, portanto, basta confrontar nossa "presunção" sobre a morte com nossa prenoção da morte para constatar imediatamente que aquela é incompatível com esta. E da mesma forma que os deuses não podem nos fazer o mal que *cremos* que eles podem nos fazer, sem deixar de ser o que *sabemos* que eles são (seres bem-aventurados), a morte também não pode nos fazer o mal que cremos que ela pode nos fazer, sem deixar de ser o que sabemos que ela é (privação de sensação). A morte, portanto, não é nada com relação a nós.[24]

Como o temor dos deuses, o temor da morte repousa, portanto, sobre uma opinião falsa. Esta possui, em ambos os casos, a mesma gênese: de um lado, duas evidências (sobre a existência e a essência dos deuses ou da morte); de outro, uma observação incontestável sobre o mundo (a regularidade eterna de seu movimento) ou sobre a vida (nós sentimos), acrescida de uma ignorância sobre sua natureza física (atomística), e disso nasce a crença falsa de que os deuses intervêm no mundo ou a morte na vida. Em ambos os casos, essa opinião é refutada da mesma maneira: referindo nossa opinião sobre os deuses ou sobre a morte à prenoção que temos a respeito dos deuses ou da morte: aquela é incompatível com esta. Logo, a opinião é falsa e o temor é fútil.

Efeitos idênticos dos dois males

Todavia, do mesmo modo que o desejo fútil é aquele que alimenta infinitamente a si mesmo, sem poder chegar ao bem que tenta alcançar, o temor fútil alimenta infinitamente a si mesmo, sem poder alcançar o mal que tenta evitar.

Vejamos o temor dos deuses. Diz Lucrécio:

> Vomita essas crenças [na intervenção dos deuses em nosso mundo], pois se não expulsares esses pensamentos indignos dos deuses, contrários a sua paz, seu sagrado poder ultrajado te fará mal repetidamente, não porque a perfeição divina seja sensível às

---

24 Epicuro, *Carta a Meneceu* 124; e Lucrécio III, 830.

ofensas ou a ira lhe inspire castigos cruéis, mas porque esses deuses impassíveis, vivendo em suma paz, se tu os imaginas soltando
fogo pelas ventas, nunca mais conseguirás aproximar-te de seus tem-
plos com o coração tranquilo, e essas imagens transmitidas por seus
corpos sagrados, anunciando ao espírito humano a forma divina, não
poderás acolhê-las com a alma serena. (Lucrécio VI, 68-78)[25]

Lucrécio descreve aqui a condição dos homens atormentados pela inútil preocupação com o desejo fútil (III, 1053-75).
Todo desejo ilimitado nasce de um desejo natural desviado de seu
caminho natural: por exemplo, o querer ser poderoso (ou rico)
para poder viver em segurança em relação aos outros homens
(desejo natural); no entanto, ninguém *nunca* é poderoso, porque
nunca se é senão mais ou menos poderoso; desejar ser poderoso,
portanto, é sempre desejar ser sempre mais poderoso e nunca ser
verdadeiramente poderoso.[26] O desejo fútil é a relação dolorosa
com um bem que está fora de nosso alcance, e cuja ausência alimenta infinitamente essa dor, ao passo que o temor fútil é a relação dolorosa com um mal que está fora de nosso alcance, e cuja
ausência nos liberta dessa dor. Mas o modelo do desejo ilimitado
que alimenta a si mesmo é, sem dúvida, o desejo de ser imortal,
que nada mais é do que o desejo do próprio desejo; ele nada mais
é que o exato correspondente do temor da morte. Desejo fútil e
temor fútil são coligados.
A religião cria e ao mesmo tempo explora um temor fútil
em relação a seres imortais impassíveis que, por excelência, não
deveriam ser objeto de temor. Mas a partir do momento que esse
temor fútil é criado, ele de certo modo deixa de ser fútil e por isso
alimenta a si mesmo. Em outras palavras, se não acreditamos que
os deuses são perigosos, então não há por que temê-los; mas, se

---

25 A mesma ideia parece encontrar-se em Epicuro, mas o trecho é discutível:
"Não são prenoções, mas presunções falsas as asserções do povo a respeito
dos deuses. A partir disso, vêm dos deuses os maiores malefícios [*scholie?*
acusações contra os maus] e os maiores benefícios". Como observa Conche
com toda a razão: esses estragos são consequência da opinião errada do povo
sobre os deuses (Épicure, p.218 ad loc.).
26 Cf. Lucrécio V, 1113 ss.; e Epicuro, *Máximas principais* VI-VII e XIV.

acreditamos que eles são terríveis, então eles o são realmente. Pois tememos que eles interfiram em nossa vida e nos façam infelizes e, agindo assim, é exatamente o que acontece: nós somos infelizes justamente por conta desse temor. Trata-se, portanto, do exemplo de um mal que se cria a partir da ilusão de sua existência e se alimenta dessa ilusão; sobre o modelo de um temor fútil que deriva sua realidade não do fato de que ele é a expectativa de um mal possível (pois esse mal é impossível), mas do fato de que ele é o mal inevitável dessa expectativa.[27] Logo, o insensato tem tanta razão de temê-los se os teme quanto o sábio de não temê-los se não os teme.

Podemos comparar o mecanismo do temor dos deuses, cujo objeto deriva sua realidade da ilusão de sua existência, com o mecanismo do temor da morte. Vejamos o que diz Epicuro: "Tolo é aquele, portanto, que diz temer a morte não porque sofrerá quando ela se apresentar, mas porque sofre porque ela terá de suceder" (*Carta a Meneceu* 125). Quase que se poderia substituir "morte" por "deuses" nessa frase sem torná-la menos verdadeira. Se tememos que a morte possa tornar nossa vida impossível, então de fato esse temor torna nossa vida impossível. Se tememos que os deuses possam tornar nossa vida impossível, então esse mesmo temor torna nossa vida impossível.

A morte e os deuses são dois males apenas para quem os toma como tais. São males cujo ser depende da opinião que os enuncia. Se ela deixa de enunciá-los, eles deixam de ser. A opinião vã – ou o temor fútil – que os enuncia nunca é confirmada em sua vacuidade, visto que, a partir do momento que ela existe como opinião, ou temor (pode me suceder um mal), ela é confirmada em seu valor de opinião, ou de temor (exatamente por isso um mal realmente me sucede). Arriscamos dizer que se trata de certo modo de temores "performativos", que, por oposição aos

---

27 Em compensação, que o mal seja *possível* é a motivação dos efeitos positivos de certos medos cujo objeto é real (e não ilusório): o medo da *possibilidade* de castigos *reais* é de fato o fundamento do Direito (cf. *Máximas principais* XXXIV e XXXV).

temores "constatativos" (que concernem aos males possíveis), criam a realidade dos males aos quais eles se referem pelo próprio fato de se referirem a eles; temores autorrealizantes da morte ou dos deuses que não devemos temer pelo mal que são, mas que são um mal pelo temor que criam.

Dois males, uma terapia

Similaridade de gênese; identidade de efeito. Mas também analogia de terapêutica. O temor fútil da morte deve ser tratado da mesma maneira que o temor dos deuses.

Compare-se o modo como as duas primeiras *Máximas principais*, ou, mais a propósito, os parágrafos 123-4 e 125-6 da *Carta a Meneceu* opõem-se a esses dois temores. Como assinalamos, nos dois casos basta confrontar a opinião falsa na qual eles se fundamentam (os deuses ou a morte podem me fazer mal) com a evidência incontestável da prenoção do deus – "conforme a noção comum do deus estabelecida em nós, não lhe atribuas nada que seja oposto a sua incorruptibilidade nem incompatível com sua bem-aventurança" (*Carta a Meneceu* 123) – ou com a da morte:

> a morte é privação de sensação [...]; não há nada temível na vida para quem compreendeu em verdade que não há nada temível na não vida [...]. Esperar aquilo cuja presença não nos perturba faz sofrer por nada. Assim, o mais terrífico dos males, a morte, não é nada para nós, visto que, quando somos, a morte não existe, e quando a morte existe, não somos mais. (*Carta a Meneceu* 124)

Mas essa confrontação não somente é necessária, como é suficiente nos dois casos, pois o efeito é o mesmo. O remédio consiste em fazer o "doente" tomar consciência de que a coisa que ele teme existe realmente, mas ela só pode ser o que ela é, *em si mesma*, se não é nada *para ele*; em outras palavras, há uma contradição intrínseca entre o que ele reconhece ser a coisa (a prenoção que ele tem dela, a definição implícita que ele oferece dela, o sentido em que ele emprega a palavra) e o que ele crê que ela pode ser em relação a ele; ou ainda, se ele admite realmente que ela é o que é por si mesma, então ele deve reconhecer ao mesmo tempo que ela não é absolutamente *nada* para ele que a admite como tal.

É o caso da morte: ela existe de fato para todo vivente, mas sendo por definição (essa é a prenoção que temos dela) o fim da vida do ser senciente, ela só pode ser o que é "em si" se não for nada para o ser senciente. É o caso dos deuses: os deuses existem realmente, mas sendo por definição (essa é a prenoção que temos deles) imortais e bem-aventurados, eles só podem ser o que são "em si" se não tiverem relação com os outros viventes mortais. Nos dois casos, o objetivo é mostrar a inexistência de toda relação, de toda ligação, de toda conexão entre eles (a morte, os deuses) e nós. Quanto mais a morte e os deuses são e são o que são, tanto menos eles são para nós. Nos dois casos, há uma nadificação do temor pelo rompimento da ligação, de todo contato possível entre a coisa e nós. A morte não é nada em relação a nós, ela é se e quando não somos, e somos se e quando ela não é; os deuses não são nada em relação a nós, eles são se e onde não somos, e somos se e onde eles não são. Nada de mal em nossa existência pode nos vir da deles, visto que a existência deles é definida, em sua própria essência, pela ausência de relação da existência deles com a nossa. O remédio contra o temor fútil (da morte, dos deuses) reduz o objeto temido a nada, não mostrando que ele não é nada em si mesmo, mas, ao contrário, mostrando que é porque ele é ele mesmo que ele não é nada para nós.

A morte existe, ela é alguma coisa, ela não é nada, mas ela é para nós apenas uma ausência de sensação, e por isso não podemos senti-la: do mesmo modo que ela não pode ser afetada por nós enquanto vivemos, não podemos ser afetados por ela enquanto vivemos. Os deuses existem, eles são alguma coisa, eles não são nada, mas eles são para nós apenas uma ausência de afecção; sendo imortais e bem-aventurados, eles não podem ser mais afetados (para o bem ou para o mal) por nossa existência mortal do que nós podemos ser afetados (para o bem ou para o mal) por sua existência imortal. Os deuses, "viventes imortais", são sem afeto negativo em si mesmos e por nós, viventes mortais, do mesmo modo que a "morte imortal"[28] é sem afeto negativo em si mesma e por nós, mortais viventes.

Com esse último paralelo entre os remédios para cada um dos dois temores, talvez tenhamos descoberto uma das chaves para um problema clássico. Por que o epicurismo não é um ateísmo, se toda a ética e toda a física epicurista parecem conduzir a ele, ensinando-nos a prescindir de deuses? À parte a função corretamente reconhecida dos deuses de Epicuro em sua doutrina (modelos de sabedoria, "ataraxia" e "aponia"), talvez haja uma razão "estrutural" mais fundamental, ainda que ligada a essa função. Opondo seus deuses aos deuses da religião popular, Lucrécio opõe ao mesmo tempo devoção verdadeira e falsa: "Devoção não é exibir-se dia e noite coberto com um véu e, virado para uma pedra, aproximar-se de todos os altares, nem se ajoelhar no chão [...], devoção é ver tudo com o espírito tranquilo" (V, 1198-200 e 1203). Essa oposição, que não tem nada de retórica, deve ser levada a sério.[29] A religião é ímpia, porque é contrária ao que os deuses são de fato: ela atribui a eles nossas afecções de mortais, mas também nossas paixões doentias, nossas perturbações (desejos, temores, insatisfações, vinganças etc.), em vez de reconhecer neles as *propriedades* que lhes são próprias ("ataraxia" e "aponia" dos seres bem-aventurados e imortais), e que são as mesmas a que aspiramos para nos curar de nossas perturbações. A doutrina epicurista, ao contrário, é piedosa, porque preserva a majestade e as propriedades do divino. "Poder tudo enxergar com o espírito em paz" é a própria definição do olhar devoto do sábio sobre o mundo.[30] Mas é porque se trata em primeiro lugar

---

28 Segundo a figura estranha e penetrante de Lucrécio: "Não pode ser infeliz quem não existe mais, e quando a morte imortal toma a vida mortal, pouco importa que um dia tenhamos nascido" (*mortalem vitam mors cum inmortalis ademit*) (III, 867-9). Cf. também a expressão *mors aeterna* ("morte eterna") em III, 1091.

29 A mesma oposição entre devoção falsa e verdadeira encontra-se implicitamente em Epicuro: "O ímpio não é quem rejeita os deuses do povo, mas quem concede aos deuses as opiniões do povo" (*Carta a Meneceu* 123-4).

30 Cf. o célebre início do Livro II (*Suave mari magno...*) que é, em um sentido, uma longa variação sobre esse tema.

do ponto de vista dos deuses, que podem olhar para os homens e para o mundo sem ser afetados por eles; e é simetricamente o olhar dos homens sobre os deuses, que não os afetam. A devoção consiste em olhar para os deuses como eles olham para nós; manter em relação a eles o máximo de distância que convém tanto à sua divindade quanto à nossa paz. Autárcicos, sem necessidade de outra coisa a não ser deles mesmos,[31] deixemos que os deuses sejam o que são, lá nos intermundos,[32] onde são em paz,[33] e eles deixarão que sejamos o que somos sem eles, em paz, em nosso mundo. Vivamos como eles, ocultos e em autarcia, e que o Jardim seja nosso intermundo!

O epicurismo não é um ateísmo. Os epicuristas não lutam contra o medo dos deuses negando sua existência, da mesma forma que não lutam contra o medo da morte negando sua existência, negando que morremos, que morremos real e completamente. Ao contrário, eles afirmam em alto e bom som: sim, nós morremos, mas morremos *absolutamente* e é por isso que a morte não é nada *relativamente* a nós. Do mesmo modo existe o divino, mas ele existe *absolutamente*, e é por isso que ele não é nada *relativamente* a nós.

O homem não é um animal e pode ser feliz como o deus; o homem não é um deus e pode morrer como o animal. Daí resultam os dois temores, os dois sintomas do mal de ser homem. Se fosse um deus, o homem seria imortal; se fosse um animal, ele não se saberia mortal; logo, é apenas como homem que ele pode temer a morte. Se, como um animal, ele não pudesse ser feliz, ele não teria nada a temer; se fosse sempre feliz como um deus, ele não temeria não ser feliz e não teria nada a temer dos que são

---

31 "A natureza absoluta dos deuses deve gozar inteira da imortalidade na paz suprema, à parte, bem longe das coisas de nosso mundo: livre de sofrimento, livre de perigos, confiante em seus recursos, sem nenhuma necessidade de nós, ela é insensível às mercês, inacessível à ira" (Lucrécio II, 646-51).

32 Cf. Epicuro, *Carta a Pítocles* 89. Cícero faz dos intermundos a morada dos deuses epicuristas (*Sobre a adivinhação* II, 17, 40; *Da natureza dos deuses* I, 18, 48 ss.). O conceito corresponde exatamente à descrição de Lucrécio da calma estada dos deuses e de seu modo de existência (III, 18-22 e V, 146-55).

33 "Ó corações sagrados dos deuses, repletos de paz serena, levando vida tranquila e calma eternidade" (Lucrécio II, 1093-4).

sempre felizes; logo, é apenas como homem que ele pode temer os deuses. A desventura é que o homem teme apenas o que não é nada *para ele*: a morte, os deuses, como as duas faces de sua própria impotência: ser *sempre* ele mesmo, permanecer o vivente que ele é (vivente mortal), ser o vivente que ele não é (vivente imortal) – a mesma impotência de ser sem poder não ser. Reciprocamente, a ventura é que o homem teme apenas o que não é *nada* para ele, e nem a morte nem os deuses podem impedi-lo de ser o que ele é. Porque são seres que só podem ser o que são se o deixarem ser inteiramente o que ele é: homem, feliz mortal.

PARTE III
FIGURAS DO DISCÍPULO

– INTRODUÇÃO –

Uma filosofia em geral é indiscutivelmente um conjunto de enunciados que aspiram à verdade. Uma filosofia antiga é, além disso, uma "opção por um modo de vida", como diz Pierre Hadot.[1] Mas talvez seja também uma certa *linhagem*:[2] declarar-se filósofo na Antiguidade é reivindicar um pertencimento a uma escola triplamente identificável por sua doutrina, por seus costumes e pela figura tutelar de um mestre. Que existe uma relação estreita entre as verdades às quais aderem os sectários e as práticas às quais eles se dedicam, isso é evidente. Mas será que existe também uma ligação necessária entre a doutrina da escola e o modo singular pelo qual os discípulos se inserem em determinada linhagem? Nesse caso, será que poderíamos definir algumas das grandes filosofias antigas não tanto a partir das verdades que nos ensinam os textos dos mestres, como se faz em geral, mas a partir dos

---

1 Hadot, *Qu'est-ce que la philosophie antique?*, p.18.
2 Muito precocemente, talvez desde os peripatéticos do século II a.C., os doxógrafos tentaram reconstituir as grandes filiações, estabelecendo diversas árvores de *sucessões* (cf., por exemplo, Diógenes Laércio I, *Prólogo*, em especial 13-5).

modos de adesão que exigem e supõem da parte dos discípulos, como tentaremos fazer aqui? Será que os discípulos criam certo número (limitado) de posturas possíveis diante do mestre? E será que essas diferentes figuras do discípulo não definem, por sua vez, as poucas maneiras possíveis de filosofar?

Nos três capítulos seguintes, tentaremos confirmar essas hipóteses, examinando três figuras do discípulo na filosofia antiga: o "socrático", o "epicurista" e o "aristotélico". De fato, é bem possível que o sentido da filosofia de Sócrates tenha se esclarecido não tanto pelos testemunhos de seu ensino, mas sobretudo pelas diferentes linhagens que nasceram do mestre. Também é bem possível que aquilo que durante alguns séculos significou ser discípulo de Epicuro ou de Aristóteles nos revele algo essencial a respeito da filosofia do Jardim ou do Liceu. E é bem possível até que esses três tipos de discípulos de certo modo sintetizem todas as figuras possíveis e ao mesmo tempo descrevam três funções possíveis da filosofia.

O que faz que essas três figuras sejam privilegiadas? Não há dúvida de que as correntes socrática, aristotélica e epicurista estão entre as que marcaram mais profundamente a história da filosofia antiga; mas isso aconteceu talvez menos pela importância de suas doutrinas, que de todo modo dificilmente poderíamos mensurar, do que pela importância de suas linhagens. De fato, diretamente de Sócrates brotaram algumas das maiores escolas filosóficas da história (das quais veio a de Platão) e, indiretamente, quase todas as filosofias antigas – salvo a epicurista. No que diz respeito a essa última, ela é a doutrina filosófica (ou seja, não religiosa) mais vigorosa da história ocidental: a que teve vida mais longa, mantendo estritamente sua identidade e integralidade (o estoicismo teve longevidade comparável, mas sua doutrina foi incessantemente modificada). Enfim, Aristóteles é o autor do conjunto de textos profanos mais lido e mais comentado dos dois últimos milênios. É por esse registro singular na história que essas três "escolas" filosóficas merecem nossa atenção – e é inicialmente por esse ângulo que abordaremos seus respectivos mestres. Isso vale em particular para Aristóteles: o Estagirita se tornou uma figura singular do mestre menos pela formação que ele próprio ofereceu

aos seus alunos do que pela marca insigne que o aristotelismo deixou na história – e será sob esse aspecto que estudaremos a figura
do "aristotélico". E se entenda por isso não tal ou tal ouvinte
direto de Aristóteles (como Teofrasto), ou tal ou tal escolarca do
Liceu, mas todos que, no longo prazo e no transcurso da história,
desde ao menos seus primeiros editores, fizeram do Mestre o que
ele é, colocando-se em sua linhagem segundo uma figura perene
e sempre renovada.

Seguindo a mesma lógica, podemos omitir escolas filosóficas cujos textos fundadores (como os de Platão) tiveram no longo
prazo uma influência ao menos tão determinante quanto os textos que estudaremos aqui. Porque se trata menos de avaliar a
influência, a longevidade, a constância e a evidência com as quais
se impuseram as verdades dos textos do que comparar *figuras* de
três faces ligando um conjunto de verdades, uma forma de discurso do mestre e um modo de dedicação dos discípulos. Supõe-
-se que os enunciados constitutivos de uma doutrina, por mais
argumentados que sejam, não podem ser reconhecidos como
verdades sem uma forma particular de interlocução do mestre
– determinando uma certa postura dos discípulos[3] – e, inversamente, sem um modo singular de fidelidade dos discípulos –
constituindo o mestre como tal. Não se trata, portanto, de fazer
um estudo exaustivo das linhagens. Tampouco de produzir uma
tipologia das relações mestre/discípulo. Para isso, teríamos de
considerar o platonismo, o ceticismo e sobretudo o estoicismo.
Este último, em particular, parece definir um tipo singular de
relação dos discípulos com o mestre: a cada geração a doutrina
estoica se reestrutura, se reformula, se refundamenta; cada discípulo invoca seu(s) mestre(s) e alguns, tornando-se mestres,
mudam as formas de interlocução conforme as transformações
internas da doutrina e das necessidades históricas ou sociais às
quais devem se adaptar externamente. Há, portanto, quase tantos estoicismos, ou linhagens estoicas, quantos filósofos estoicos.
Sendo assim, esse tipo estoico do discípulo, plural, fragmentado

---

3 Por forma de interlocução, entenderemos o tipo de endereçamento ao interlocutor necessário ao locutor para que suceda um efeito de verdade.

e, em todo caso, complexo, necessitaria de um estudo que distinguisse e eventualmente reduzisse suas diferentes constituintes a um pequeno número de figuras simples. O *tipo* estoico, em todo caso, mostra-se irredutível a apenas uma *figura*. Justamente porque é como se, entre todas as formas de ser discípulo, houvesse algumas figuras simples. Tentaremos mostrar que é o caso do socrático, do aristotélico e do epicurista, que talvez formem o alfabeto de todos os tipos possíveis.

Antes de entrar na análise do discípulo socrático e do discípulo epicurista, começaremos caracterizando nossas três figuras de maneira geral e esquemática, evidenciando em cada caso o destino do discípulo e o modo de relação que o une ao mestre. Por trás desse destino e dessa relação, há sempre uma contradição singular.

O discípulo socrático é aquele cujo destino consiste em criar sua própria doutrina, apoiando-se na autoridade do nome do mestre; ele *fixa* para sempre o que aprendeu pessoalmente com o mestre, mas que este não poderia ter dito completamente, e o difunde a todos. A relação que o ligava ao mestre é uma relação de amor. Depois da morte do mestre, cada discípulo socrático se prevalece dessa relação pessoal para registrar por escrito suas palavras e sistematizar seu discurso. Ao fazer isso, ele se entrechoca com seus condiscípulos, que fazem o mesmo e dizem o contrário. Ele descobre a contradição no outro discípulo. Seu destino é o do filósofo *criador*. Mas ele só se torna *criador* reivindicando-se como simples discípulo. E só pode se dizer legitimamente discípulo do mestre negando que os outros o sejam.

O discípulo epicurista é o oposto do socrático: é aquele cujo destino o condena a não poder acrescentar nem suprimir nada do discurso já escrito para sempre pelo mestre; ele só pode repeti-lo. A relação que o ligava ao mestre é a do doente com o médico que o curou. Sendo assim, é em sua própria posição de discípulo que ele descobre a contradição: se afinal ele só pode ser um bom discípulo repetindo o mestre, ele só pode ser um verdadeiro discípulo tornando-se mestre, ocupando para algum outro a posição do médico que o mestre ocupou para ele. Seu destino é o do simples *transmissor*. Apenas nessa condição ele próprio pode se tornar mestre.

Entre o discípulo epicurista e o socrático, há o aristotélico: trata-se do discípulo cujo destino consiste em buscar infinitamente o que o mestre quis realmente dizer e, glosando-o, jamais termina de completar e concluir os escritos do mestre. A relação que o ligava ao mestre não é direta, pois é intermediada pelos textos que ele deixou; no entanto, essa relação é do mesmo tipo daquela que liga o aluno ao professor. Cumprindo seu destino, que é explicar, comentar e interpretar o pensamento do mestre, o discípulo bate de encontro em uma contradição que, mais uma vez, é o motor de seu trabalho de discípulo, mas nesse caso ele a descobre no próprio texto do mestre, cujas tensões ou ambiguidades são insuperáveis e condenam seu empreendimento a recomeçar infinitamente. Seu destino é o do *intérprete*. Ele nunca poderá se tornar mestre, porque ainda lhe resta dizer o que o mestre quis dizer.

Vejamos, então, estes três discípulos: os socráticos, irmãos órfãos antagônicos, os epicuristas, psitacistas incuráveis, aos quais juntaremos os aristotélicos, hermeneutas nunca satisfeitos.

7

SER DISCÍPULO DE SÓCRATES

O "paradoxo do socrático"

Se Sócrates é a figura central da história da filosofia antiga, o "socrático" constitui o problema central dessa história: como o "socrático" é possível? Como é possível que as doutrinas filosóficas da Antiguidade tenham sido consideradas, em sua maioria, diferentes ramos saídos de um mesmo tronco chamado "Sócrates"? O historiador, talvez mais ingênuo do que o psicanalista, espanta-se que filhos tão diferentes e às vezes tão antagônicos tenham reivindicado um mesmo pai. A questão é pertinente em particular para os sucessores imediatos de Sócrates, e o espanto chega ao seu mais alto grau diante da oposição entre o hedonismo de um Aristipo e o ascetismo de um Antístenes. Esse problema já era considerado clássico na Antiguidade, e podemos partir da formulação que os antigos lhe deram.

Recordemos a análise proposta por Cícero:

> Como de Sócrates nasceu de certo modo um grande número
> de escolas filosóficas, que nessas discussões variadas, opostas e

encaminhadas em todos os sentidos preocuparam-se cada qual com uma ideia, vimos desenvolver-se uma série de famílias, por assim dizer [*quasi familiae*], divididas por opiniões, muito distintas e diversas, posto que todos esses filósofos quisessem ser chamados de continuadores de Sócrates [*philosophi socratici*] e o acreditassem ser. (*Do orador* III, XVI, 61)

Sabemos que, na *Cidade de Deus*, Santo Agostinho faz a mesma análise desse paradoxo histórico, com uma nuance a mais de espanto e severidade em relação a Sócrates:

A glória dessa vida e dessa morte explica por que, depois de Sócrates, houve um grande número de sectários de sua filosofia que rivalizaram em zelo no estudo das questões morais [...]. Mas a natureza desse bem soberano não aparece claramente nos diálogos de Sócrates, dada sua maneira de tratar as ideias, de afirmar e negar sucessivamente. Cada qual pegou o que lhe agradava e determinou como melhor lhe pareceu o fim ideal [...]. Sobre esse estado, os socráticos formaram concepções divergentes; a ponto de alguns (pode-se crer discípulos de um mesmo mestre?), como Aristipo, porem o bem soberano na voluptuosidade, e como Antístenes, na virtude. Outros defenderam ainda diferentes conclusões e seria muito demorado enumerá-los. (VIII, 3)

A tese que se atribui unanimemente a Sócrates, e que mais espantava seus contemporâneos, a da virtude-ciência, é tratada com frequência de "paradoxo socrático". Nas páginas seguintes, chamaremos a maneira como a própria Antiguidade viu e formulou o destino dos discípulos de Sócrates nos textos que acabamos de citar – um destino que, segundo dizem, consistiu em elaborar depois da morte do mestre e a partir de seu ensino as doutrinas mais divergentes – de "paradoxo do socrático". Designamos com esse nome menos uma realidade do que certa *concepção* da história da filosofia antiga que remonta a Cícero-Agostinho. Portanto, analisaremos primeiro esse paradoxo em si, sem nos preocuparmos em saber, por ora, se ele é ou não historicamente fundamentado.

Podemos tentar aprofundar *a priori* a situação paradoxal do socrático comparando-a com a estrutura na qual o discípulo se insere em geral. Todo discípulo supõe um mestre, uma disciplina e condiscípulos. Ora, no caso do discípulo socrático, o paradoxo é que esses três elementos se destacam por sua ausência. Essas são as três faces do paradoxo.

O simples fato de que *haja* discípulos já é paradoxal, pois Sócrates não reconheceu discípulos. Primeira face do paradoxo: o que é ser discípulo de quem não quer ser mestre?

Além disso, ser discípulo significa aprender alguma coisa de um mestre. E, para isso, é preciso que o mestre tenha alguma coisa a ensinar, teses ou doutrinas que ele considere verdadeiras, e que o próprio discípulo considere verdadeiras depois (ou talvez até mesmo antes) de compreendê-las, aceitá-las, assimilá-las e retê-las. Ora, Sócrates vive repetindo que não sabe nada; aliás, ele não escreve nada, não fixa nenhuma doutrina que possa ser conservada na memória. Segunda face do paradoxo: como ser discípulo sem disciplina, como ser discípulo de um mestre sem ensinamento?

Mas ser discípulo não é apenas se reconhecer um mestre a quem se deve o ser que se é e o saber que se sabe; é também se reconhecer em outros discípulos e ver neles o produto do mesmo mestre e do mesmo ensinamento. Em suma, não existem discípulos sem condiscípulos. Ora, uns e outros, uns *contra* os outros, os socráticos fundaram escolas antagônicas. É possível até mesmo supor, por certos indícios textuais, que cada escola se apresentava como a única herdeira legítima de um testamento espiritual que Sócrates não deixou e desaprovava veementemente as escolas rivais como pretendentes ilegítimas, ou qualificava as outras doutrinas como heréticas em relação à ortodoxia socrática. Essa é provavelmente uma das justificativas para os "diálogos socráticos" (*logoi socratikoi*), um gênero literário praticado por todos os socráticos: cada herdeiro podia pôr na boca de Sócrates seus próprios pontos de vista e na dos interlocutores de Sócrates os pontos de vista dos outros pretensos "socráticos". Eis a terceira face do paradoxo: como ser discípulo sem *con*discípulos, como ser discípulo contra eles?

Temos, portanto, *discípulos sem mestre, sem disciplina e sem con-discípulos*. Ora, é possível que, longe de constituir uma espécie de anomalia enigmática, essa estrutura paradoxal seja a realização da *forma pura do discípulo*, e que ela possa explicar uma *função essencial* do discípulo. De modo geral, podemos formular a hipótese de que o discípulo tem por vocação – e talvez, em um sentido, por "função" – dogmatizar o discurso do mestre ou, mais amplamente, pensá-lo na forma de uma totalidade acabável. Em todo caso, essa é a intenção que sustenta a ação de cada um dos discípulos socráticos, e essa veleidade subjacente aparece de forma bem clara quando relacionamos as três faces do paradoxo. Se os discípulos podem falar tão contraditoriamente em nome do mestre (nos "diálogos socráticos", por exemplo), fundar escolas tão opostas, ensinar doutrinas tão diversas, é porque o mestre mesmo não escreveu absolutamente nada, não fundou uma escola e sua "mensagem" ou "pensamento" não constituía uma doutrina, como observam Cícero e Santo Agostinho. Donde o papel dos discípulos: o que era investigação, problema, aporia e interrogação no mestre torna-se lição, doutrina e dogma no discípulo. O que dava vida ao pensamento no mestre, os conceitos que ele teve de formar à medida que os problemas se apresentavam, todas essas ferramentas se tornaram elementos de um sistema no discípulo. Elas se tornaram o próprio objeto do pensamento do discípulo. As ferramentas do mestre para pensar as coisas tornam-se no discípulo meios para a compreensão do pensamento atribuído ao mestre. O mestre pensa as coisas e o discípulo pensa o pensamento do mestre. O mestre deve ser *um* por definição para todo discípulo, portanto a função do discípulo é pensar o que o mestre disse como um todo. Como, no caso em questão, o mestre transmitiu seu pensamento em conversas das quais todos podiam reivindicar, e havia mais "folga" nas palavras do mestre do que há em geral, era lógico que essa "folga" pudesse ser *negada* por doutrinas diversas e incompatíveis. Com efeito, o discípulo nega qualquer "folga" (contradição, tensão, limites) no pensamento do mestre, uma vez que é esse pensamento que ele pensa, e também que ele pensa esse pensamento sob a figura do uno. A unidade (total, sistemática, universal) que o discípulo atribui comumente e *a priori* ao pensamento do mestre, no caso dos socráticos, só podia ser constituída e, por assim dizer, produzida por cada discípulo de forma individual e separada dos outros. De modo que, entre o mestre e os discípulos, entre Sócrates e os socráticos, não foi uma doutrina que se constituiu, mas tantas doutrinas unas quantos ouvintes ele teve. Portanto, longe de ser uma exceção incompreensível na história das relações mestre/discípulo, nosso "paradoxo do socrático" exprime perfeitamente a função mais geral de todo discípulo.

Por esse motivo é que nosso paradoxo de três faces não remete apenas ao que podemos chamar a *função* pura do discípulo (dogmatizar o discurso do mestre), mas a uma *forma*, um esquema, um tipo particular que funciona como suporte e pode ser chamado a "forma pura do discípulo". O "paradoxo do socrático" é de certo modo a expressão mais pura do "paradoxo do discípulo" em geral – que podemos formular nos seguintes termos.

De um lado, cada qual necessita se dizer discípulo do mestre tanto mais quanto o mestre não quer ser mestre ("não sei nada, não ensino nada, não tenho discípulos"). A relação do discípulo com o mestre, nesse caso, é não só assimétrica, como unilateral. O discípulo é, por assim dizer, *puro discípulo sem mestre*. De outro lado, cada qual necessita apoiar o sentido expresso de sua doutrina no nome do mestre tanto mais quanto o mestre não fixou nada que possa ser chamado de doutrina. Por isso, todos podem fundamentar sua doutrina em *seus próprios princípios*. Mas, paralelamente, cada discípulo se define pelo laço exclusivo que tinha com o mestre, e por isso os discursos dos discípulos são plurais e antagônicos. De modo que chegamos ao seguinte esquema: cada discurso do discípulo é definido por uma dupla relação de afirmação que nos dois casos se entrechoca com sua negação. Com relação ao mestre, a afirmação "eu sou teu discípulo" se entrechoca com a negação "tu não és meu discípulo porque não tenho discípulo"; com relação aos condiscípulos, a afirmação "eu sou seu discípulo" se entrechoca com a negação dos outros condiscípulos "tu não és seu discípulo porque eu sou seu único discípulo".

Mas devemos deixar de lado o raciocínio *a priori* e passar para a análise dos fatos para confirmar nossas hipóteses: tentaremos mostrar como essa função (a função pura de todo discípulo, isto é, pensar o discurso do mestre como totalidade acabável) e essa forma (a forma pura do discípulo, puro discípulo órfão e, por isso, mestre, fundador de escola e doutrina) se *realizaram* na relação singular dos "socráticos" com Sócrates, isto é, triplamente pelo que ele foi para eles (primeira parte), pela maneira como ele se dirigiu a eles (segunda parte) e pelo que ele disse a eles (terceira parte). Na mesma ocasião, teremos de explicar o essencial, que é não apenas negativo (por que não existiu um socratismo), mas também positivo: do ensinamento do mestre, o que permitiu esse destino singular dos discípulos? Por que e como alguma coisa de Sócrates se conservou nos socráticos? O que se transmitiu exatamente de Sócrates para Antístenes, Aristipo, Euclides, Platão e consortes, e também o que se omitiu? O que o mestre teve de ser para permitir (em todos os sentidos do termo) esses discípulos, e o que em contrapartida eles tiveram de reter ou esquecer em Mégara, Cirene ou na Academia? Enfim, o que é *ser discípulo de Sócrates?* E tentaremos responder a essas perguntas considerando sucessivamente o ponto de vista da relação dos discípulos com o mestre Sócrates (o que ele representou para eles), o ponto de vista do modo de interlocução de Sócrates (como ele se dirigia aos seus discípulos) e o ponto de vista "doutrinal" (o que Sócrates disse aos seus discípulos).

A relação dos discípulos com o mestre

O que foi Sócrates para aqueles aos quais nos referimos até agora como seus "discípulos"? O termo é adequado? Esclarecer essa questão lexical talvez nos ajude a esclarecer o que foi essa relação singular.

O LÉXICO DO DISCÍPULO SOCRÁTICO

Não nos esquecemos do célebre protesto de Sócrates na *Apologia* de Platão, no qual ele dizia jamais ter feito uma concessão injusta aos que seus detratores chamavam seus discípulos (*mathétas*), e acrescentou: "Ora, jamais fui mestre (*didáskalos*) de ninguém"

(33a). Essa dupla negação (não sou mestre, ninguém é meu discípulo) é repetida algumas linhas depois (33b): "Jamais prometi a nenhum deles ensinar nem ensinei de fato nada que se aprenda".

Essas declarações se explicam facilmente pelas circunstâncias em que foram ditas e ocupa um lugar natural na retórica judicial da *Apologia*. Elas correspondem a uma acusação oficial de corrupção de jovens. Sua função era derrubar duas das motivações implícitas no processo: de um lado, eximir-se de responsabilidade nos crimes de ouvintes seus aos quais se queria chegar através dele (Alcibíades, Cármides, Crítias); de outro, distanciar-se dos sofistas, que se vangloriavam de ensinar (em especial a virtude) e cobravam por seus ensinamentos.[1] Poderíamos interpretar essas declarações, de maneira mais profunda, como a negação clássica de todo mestre (eu não sou mestre) em forma de *double-bind* endereçado aos que tinham afeição por ele: "Sejam vocês mesmos!". Mas é só isso? Em outras palavras, Sócrates teve realmente discípulos?

Um argumento textual nos inclinaria a responder negativamente e estaria de acordo com a *Apologia*. Em nenhum testemunho antigo das primeiras gerações, Sócrates disse que ensinou o que quer que seja ou quem quer que seja, ou que foi "mestre". De modo recíproco, jamais nenhum dos que denominamos socráticos foi chamado "discípulo". Porque, aparentemente, foi muito mais tarde que esses qualificativos começaram a ser usados para estes e aqueles. Vejamos, rápida e sucessivamente, dois pontos: como a relação de Sócrates com os socráticos era tratada no início (ou seja, no século IV) e como foi tratada depois? Comparemos o léxico de nossas três primeiras testemunhas (Platão, Xenofonte, Aristóteles) com o léxico usado, na outra ponta da linha cronológica, por nosso informante tardio e mais completo, Diógenes Laércio.

Não encontramos em nenhuma parte em Platão ou Xenofonte o termo "mestre" aplicado a Sócrates, tampouco o correlato

---

1 Essas duas explicações também são válidas para o início dos *Memoráveis*, de Xenofonte, em que aquele que é chamado de acusador (provavelmente Polícrates) afirma que Sócrates é um mestre que teve como discípulos Alcibíades e Crítias, entre outros. (Cf., por exemplo, *Memoráveis* I, 2, 12.)

"discípulo" a um de seus ouvintes. Nossas duas testemunhas diretas e independentes jamais empregam esse léxico. Em Platão, ao contrário, o próprio Sócrates diz com frequência – e, obviamente, com ironia – que deseja se tornar discípulo de algum de seus interlocutores: de Eutífron no *Eutífron* (5a e 5c), em matéria de devoção; no excerto autobiográfico do *Fédon* (99c), ele afirma que seria discípulo de qualquer um que lhe fizesse entender a noção de "causa"; no *Crátilo* (428b-c), diz que quer entrar para a lista de discípulos de Crátilo em matéria de retidão dos nomes; da mesma forma, no *Protágoras*, declara que foi discípulo de Pródico em lexicologia (341e). Poderíamos ler essas passagens apenas como um exemplo da famosa "ironia" socrática: "eu não sei nada, mas você sabe" (= eu não sou o mestre, mas o aluno de meu interlocutor). Mas isso não é tudo: a questão não é apenas que, em Xenofonte ou Platão, Sócrates declara em primeira pessoa que não é mestre nem tem alunos; é que, mais profundamente, em nenhum momento esses autores falam, em terceira pessoa, de Sócrates como mestre ou dos socráticos como discípulos de Sócrates. Nas poucas passagens em que Platão menciona a relação de Sócrates com os socráticos, ele não emprega os termos "mestre" e "discípulo": nem na *Carta* VII, por exemplo, na qual ele fala de seu "amigo" Sócrates, nem no início do *Fédon* (59b-c), que trata dos que estavam ao seu lado no momento de sua morte.

Aristóteles também não usa esses termos para designar a relação de Sócrates com seus ouvintes. O que é particularmente significativo, visto que a "dogmatização" de Sócrates começou a partir dessa segunda geração, a de Aristóteles. Ele nunca se refere a Aristipo,[2] a Antístenes[3] ou aos megáricos[4] como discípulos ou mesmo como ouvintes de Sócrates; o único "socrático" que ele reconhece como tal é Platão. E, mesmo de Platão, no

---

2 Por exemplo, em *Metafísica* III, 2, 996a 32, Aristipo é chamado de sofista. A exceção significativa é *Retórica* II, 23, 1398b 29-31, em que ele se refere a Aristipo com a palavra "camarada" (*hetairos*).

3 Por exemplo, em *Metafísica* V, 29 e VIII, 3, *Política* III, 13, 1284a 11-7 e *Tópicos* I, 104b 20-1, Antístenes é incluído entre os filósofos célebres; em *Retórica* III, 10, 1411a 24-5, ele faz referência ao Cínico, muito provavelmente Diógenes.

4 Por exemplo, em *Metafísica* IX, 3.

Livro I da *Metafísica* ele diz apenas que ele "aprovou Sócrates", e não que "seguiu o seu ensinamento". E mais adiante, no Livro XIII, designa os platônicos apenas com um "eles" que significa os socráticos.[5]

Na outra ponta da linha cronológica, em compensação, o léxico do mestre e do discípulo aparece bastante bem estabelecido em Diógenes Laércio. Em II, 20, ele fala do "discípulo" (*mathétes*) de Sócrates, Ésquines. O mesmo qualificativo é usado em II, 74 em referência a Aristipo – significativamente no excerto em que Diógenes comenta que é paradoxal que ele cobrasse por suas lições, justo ele, um "discípulo" de Sócrates. Em VI, 2, diz que Antístenes encorajava seus "discípulos" a ser "condiscípulos" (*summathétas*) de Sócrates. Outro termo que aparece em Diógenes Laércio e é completamente desconhecido de seus contemporâneos é "aluno" (*akrotatés*) – o ouvinte, aquele que ouve no duplo sentido de escutar e obedecer: é usado a propósito de Xenofonte (II, 48), que Sócrates parou na rua para fazê-lo admitir que não sabia como se faz um homem de bem. "Segue-me e aprende", Sócrates teria dito ao jovem Xenofonte, que depois disso se tornou seu aluno, segundo Diógenes Laércio. Enfim, um último termo aparece em II, 47 para designar coletivamente todos os socráticos: "sucessores" (*diadexamenoi*), um termo muito esclarecedor sobre a maneira como a doxografia concebe a filosofia e sua história segundo a ordem irreversível das genealogias intelectuais. Ao concluir a parte sobre Sócrates, Diógenes escreve: "De seus sucessores, que foram denominados socráticos, os principais são Platão, Xenofonte e Antístenes; dos que são chamados os dez, os mais eminentes são quatro: Ésquines, Fédon, Euclides e Aristipo".

É como se, muito tardiamente, para constituir genealogias mestre/discípulo, Sócrates tivesse sido transformado no cabeça de uma escola, no portador de um ensinamento que seus alunos coligiram, desenvolveram e depois transmitiram – coisa que ele nunca foi para seus contemporâneos.

---

5 *Metafísica* XIII, 4, 1078b 31; XIII, 13, 1086b 7.

De fato, o léxico que encontramos nestes últimos para designar os ouvintes de Sócrates é outro. Já citamos o termo "amigo" (*philon*) usado por Platão (*Carta* VII, 324e). Também podemos citar "camarada" (*hetairos*) em Aristóteles (*Retórica* II, 1398b 31): falando de Sócrates a Platão, cuja atitude presunçosa não teria lhe agradado, Aristipo disse: "nosso camarada nunca nos falou assim". Mas os dois termos usados por Xenofonte são significativos: "os que passam seu tempo com ele" (*sundiatribontes*) e "os que estão com ele", ou seus "companheiros" (*sunontes*). A primeira designação também se encontra no excerto da *Apologia* de Platão que já citamos, na qual Sócrates nega ser um mestre e ter discípulos (33b-c); ele se pergunta nessa ocasião: "Por que apraz a alguns passar tanto tempo comigo?". É exatamente nesse contexto (ou seja, em oposição aos termos "discípulo" e "aluno") que encontramos o termo em Xenofonte: "Ele jamais afirmou ser mestre [*didáskalos*] disso [ou seja, como ser um homem de bem], porém, mostrando-se tal como era, fazia os que passavam seu tempo com ele ter esperança de se tornar eles próprios homens de bem" (I, 2, 3). Em outros casos, encontramos os dois termos: que se examine "o que ele dizia cotidianamente aos que passavam seu tempo com ele e então se julgue se ele era capaz de tornar melhores seus companheiros" (I, 4, 1-2); ou ainda: "é fácil ver que nada era mais proveitoso do que frequentar Sócrates e acompanhá-lo por todas as partes e em todas as ocasiões; pois sua lembrança, na impossibilidade de sua presença, não era de pouca utilidade para os que estavam habituados a frequentá-lo e para os que o aprovavam" (IV, 4, 1).[6] Esse último termo é o mais usado em Xenofonte: seus "companheiros", os que conviviam com ele, compartilhavam de sua vida e de seu modo de viver. É impossível referir todas as ocorrências relevantes do termo. Citamos quase ao acaso: "ele aconselhava muitas vezes seus companheiros a fazer isso, não fazer aquilo" (*Memoráveis* I, 1, 4); "ele tinha confiança que aqueles seus companheiros que adotassem seus princípios de conduta seriam bons amigos para ele e uns para os outros por toda a vida" (I, 2, 8); ele queria ser útil aos seus companheiros

---

6 Cf. também *Memoráveis* IV, 1, 2.

(III, 8, 1); o próprio Sócrates declara que jamais piorou seus companheiros, mas sempre tentou melhorá-los (IV, 8, 10); e em IV, 6, 1, Xenofonte mostra como Sócrates tornava seus companheiros mais dialéticos.[7]

Ainda de modo mais significativo, podemos destacar as passagens em que Xenofonte emprega o léxico do companheiro em conjunto com o do discípulo. Ele escreve em I, 2, 17:

> Talvez me objetem que Sócrates não devia ensinar política aos seus companheiros antes de eles se tornarem sábios. Não contesto; mas vejo que todos os mestres se dão como exemplo aos seus discípulos, fazendo eles próprios o que ensinam e orientando-os com suas palavras. Ora, sei que Sócrates também fazia isto: deixava que seus companheiros vissem que ele era um homem de bem e dialogava com eles da mais bela forma sobre a virtude e outras coisas humanas.

É nítido o paralelismo: Sócrates faz para seus companheiros o que os mestres fazem para seus discípulos, isto é, dá o exemplo. A diferença aparece por contraste no texto: ele dialoga, eles ensinam. Encontramos o mesmo paralelismo mais adiante (em I, 2, 27-8), quando se trata de saber se Sócrates deve ser julgado pela conduta de Crítias e Alcibíades.[8] Xenofonte começa assinalando que um e outro se transferiram para outros mestres, e que ninguém costuma responsabilizar o antigo professor de flauta ou o antigo preceptor pela corrupção de seus discípulos, uma vez que mudaram de mestre. Todavia, não foi essa analogia que Xenofonte escolheu para inocentar Sócrates: "Os pais que vivem com seus filhos, quando estes se comportam mal, não são considerados responsáveis se eles próprios se comportam com sensatez. É dessa maneira que se deveria julgar Sócrates". Ele passa do léxico

---

7 Cf. também *Memoráveis* I, 2, 24; I, 2, 39; I, 2, 51; III, 12, 1.
8 Em *Memoráveis* I, 2, 13-4, como também em I, 2, 38, Xenofonte tenta caracterizar o tipo de relação que existia entre Sócrates e Alcibíades (ou Crítias). Lembra, em I, 2, 60, que Sócrates nunca exigiu salário por seu convívio; em I, 6, 11, Antifonte o critica pelas mesmas razões. Em I, 6, 1, Sócrates afirma que Antifonte queria lhe roubar certas relações.

do ensino para o das relações de convívio afetivo no seio da família, para a relação pai/filhos. Em I, 2, 38, aliás, Xenofonte caracteriza o tipo de "frequentação" que existia entre Sócrates e seus ouvintes como uma "educação" que exige afeição. O diálogo com Antifonte (I, 6) também merece nossa atenção e vai no mesmo sentido: Antifonte critica Sócrates por não cobrar salário de seus companheiros, como fazem os mestres com seus discípulos (I, 6, 3). E Sócrates responde que, ao contrário dos que são pagos, ele não é obrigado a conversar com quem não quer (I, 6, 5).

Note-se que, em Platão, "frequentação" (*sunousia*), além do sentido manifestamente erótico, designa o local e a condição do exercício dialético. De fato, em muitos textos nos quais opõe a retórica à dialética, Platão explica que a retórica é praticada nos locais instituídos do espaço público (assembleia, tribunal, ajuntamentos comemorativos), enquanto a dialética só pode ser praticada em "reuniões privadas",[9] em um espaço constituído para encontros de amigos, separado dos locais cívicos.

Tiramos duas conclusões dessas análises.

A primeira refere-se à oposição entre o sentido da filosofia no tempo de Sócrates e o sentido que ela terá nos doxógrafos: quanto mais eles tendem a procurar o máximo possível uma lógica na sequência dos filósofos, assemelhando-os a uma série ordenável de opiniões, mais os antigos (inclusive Aristóteles, que de todos é o que mais tem tendência a identificar as investigações de seus predecessores com uma série de resultados obtidos sucessivamente) tendem a ver a filosofia como uma escolha de um modo de vida e, mais precisamente, de um certo tipo de vida coletiva ou comunitária. Essa conclusão se junta à que tiramos da definição da filosofia antiga segundo Pierre Hadot.[10]

A segunda conclusão refere-se especificamente a Sócrates. Três particularidades parecem definir a relação que ele tinha com seus ouvintes, denominada *sunousia* pelos antigos: trata-se de uma relação que exige o compromisso de *uma vida em comum*

---

9 Cf. Platão, *Laques* 196b, *Protágoras* 335b-c, 347d-348a, *Alcibíades* I, 114c, *Fedro* 261b-e, *Sofista* 233b ss. etc.

10 Cf. em especial Hadot, op. cit.

(e não apenas de posicionamentos intelectuais), *afeição*, quer filial, quer amorosa (e não apenas a neutralidade da transmissão de conhecimentos ou *savoir-faire*), e *conversas dialogadas* com alguém, portanto discurso simétrico (e não apenas o ensino em sentido único: do mestre para o discípulo).

OS ÓRFÃOS ANTAGÔNICOS

Poderíamos sugerir já de saída, entre parênteses e de modo hipotético, um primeiro ângulo interpretativo sobre o "paradoxo do socrático" que leva em consideração a dimensão afetiva, e até erótica, da relação de Sócrates com seus ouvintes. Sabemos que uma das condições para que a "refutação" socrática tenha sucesso é a existência de uma relação oposta à simples imparcialidade discursiva, visto que supõe uma relação afetiva verdadeira, entendida como amor do ouvinte pelo mestre. Desse ponto de vista, a "relação socrática" segue a tradição grega da história da educação. Sabemos que, na Antiguidade, a relação pedagógica não podia ser separada de sua dimensão afetiva. Essa é, sem dúvida, uma das razões – a nosso ver paradoxal – pelas quais os sofistas causaram escândalo: eles trocaram a neutralidade financeira chocante (o mestre é pago para ensinar, o discípulo é pago para aprender) pelo compromisso afetivo aceito na época (o mestre ama o discípulo, o discípulo é amado pelo mestre). No entanto, sabemos por outras vias – e análises brilhantes mostraram isso[11] – que a relação de Sócrates com seus ouvintes era singular (pense, por exemplo, na descrição das célebres relações de Sócrates e Alcibíades):[12] ela inverte as relações tradicionais do amante com o amado estabelecidas pelas regras do galanteio e da iniciação pederástica. Canonicamente, o mestre é o "amante", o iniciado é o "amado", o "belo indiferente". Ora, no caso de Sócrates é o contrário: Sócrates,

---

11 Foucault, "Le véritable amour", in *L'usage des plaisirs*, cap. 5.
12 Cf. a descrição feita por Platão no *Banquete*. Essas relações eram objeto de brincadeiras dúbias na Antiguidade, mas também de reflexões teóricas ou até mesmo de lendas.

apesar de velho e feio, está sempre na posição do "temperante", do dono de si, indiferente ao amor e ao desejo que ele inspira, enquanto seus jovens ouvintes ficam na posição "desejante" dos "amantes".

Dito isso, é impossível não ver essa estrutura[13] na qual todos amam o mesmo mestre (que de sua parte não deixa transparecer nenhum sentimento) e exigem apenas para si mesmos e contra seus rivais o amor exclusivo do mestre (que é atencioso com todos, mas não ama ninguém) como a própria estrutura de nosso "paradoxo do socrático", em que cada relação de afirmação do discípulo como tal se entrechoca com sua negação: em relação ao mestre, a afirmação "eu sou teu discípulo" (que ora traduzimos por "eu te amo") entrechoca-se com a negação "tu não és meu discípulo porque não tenho discípulos" (que traduzimos por "eu não te amo porque não amo ninguém"); em relação aos condiscípulos, a afirmação "eu sou seu discípulo" (que traduzimos por "ele é meu amado") entrechoca-se com a negação dos outros condiscípulos "tu não és seu discípulo porque eu sou seu único discípulo" (que traduzimos por "tu não és seu amado porque eu sou seu único amado").

O modo de interlocução de Sócrates a seus discípulos

Não é suficiente termos evidenciado, em teoria, o modo de relação que existe entre Sócrates e seus ouvintes. É preciso esclarecê-la ainda pelo tipo de discursividade na qual ela se efetiva. Em outras palavras, a *sunousia* é inseparável do *dialegesthai*. Ora, sabemos que, se não "inventou", Sócrates ao menos contribuiu para formalizar essa arte do diálogo, essa forma de discussão definida por perguntas e respostas da qual ele foi considerado um dos fundadores.[14] É provável que haja, aqui também, uma relação entre

---

13 Cf., por exemplo, Freud, *Totem et tabou*.
14 Diógenes Laércio, quando atribui a paternidade do debate por perguntas e respostas a Protágoras (IX, 53), fala de forma socrática de discurso.

esse tipo de interlocução e o paradoxo do socrático. Recordemos sua forma geral: todo socrático reivindicava historicamente Sócrates, ao mesmo tempo que se opunha a todos os outros que também o reclamavam para si. *Ora, reconhecemos nessa forma histórica a própria estrutura do método socrático, ou seja, o* elenchos, *a "refutação".* Dito de outro modo, a estrutura das relações dos socráticos com Sócrates reproduz de maneira muito precisa o modo como ele próprio se dirigia aos seus ouvintes. É o que nos resta demonstrar, depois de esclarecermos em que consistia esse modo.

O MODO DE ENDEREÇAMENTO DE SÓCRATES AOS SEUS OUVINTES

O método dialético atribuído a Sócrates recebeu o nome de *elenchos*. Trata-se de um modo de raciocínio que consiste em refutar a tese sustentada por um interlocutor, isto é, um "perguntador" deve ser capaz de concluir uma proposição contraditória com uma resposta dada espontaneamente por um "respondedor" a uma questão primordial, utilizando como premissas apenas as respostas dadas por ele a perguntas secundárias. Sabemos que esse modo era estritamente *oral* e, em Sócrates, tinha quatro características distintivas.[15]

Primeiro, o método é dual. Sócrates nunca se dirige aos homens em geral (o que o opõe à maioria dos filósofos posteriores), aos seus concidadãos (o que o opõe aos retores de seu tempo) ou mesmo a um pequeno grupo de amigos (o que o distingue de Epicuro, por exemplo), mas sempre ao indivíduo singular com quem ele está dialogando,[16] de acordo com as particularidades desse indivíduo. É o que se percebe tanto por Platão como por Xenofonte. Sócrates passa de um interlocutor a outro, mas nunca estabelece uma conversa a três ou mais, ou um monólogo, ao menos quando se trata do *elenchos*. Ele sempre se dirige

---

15 Cf. Vlastos, *Socrate, ironie et philosophie morale.*
16 Discutiremos mais adiante a importância da relação dialogada na ética socrática, segundo Platão (*Político* 20d-e).

a fulano ou sicrano, ou melhor, ele o questiona.[17] Portanto, não é uma verdade geral que emana do *elenchos* socrático, ou uma falsidade geral (é falso que P), mas a falsidade de P para X, aquele a quem se dirige o discurso.

Segundo, ao contrário de outros modos dialógicos, o *elenchos* é *dialético*, e isso quer dizer duas coisas. De um lado, ele estabelece em princípio que só se deve admitir como verdadeiro aquilo com que o outro concorda formalmente.[18] Portanto, o que sempre se procura ou se obtém não é uma verdade categórica, mas uma verdade pela concordância entre dois indivíduos em particular. De outro lado, porém, ele tenta estabelecer essas verdades a partir, e somente a partir, do que o interlocutor já admitia inicialmente como verdades, ou seja, proposições anteriores à conclusão obtida e à sua resposta inicial.[19] Trata-se da verdade de P para aquele que admite a verdade de outras proposições, mais fundamentais ou mais evidentes para ele, e incompatíveis com P.

Terceiro, esse modo de endereçamento tem um objetivo *negativo*: a refutação. A posição que Sócrates ocupa na relação dual é, como se sabe, a do perguntador, e a posição em que ele dispõe seu interlocutor é a do respondedor.[20] Mas, como Sócrates afirma que nada sabe, a única virtude imediata da interrogação só pode ser negativa:[21] mostrar ao interlocutor que a tese que ele considerava inicialmente verdadeira é eliminável, porque contradiz outras teses com as quais ele é obrigado a concordar.[22] Ou seja, a proposição que o interlocutor considerava inicialmente verdadeira é refutada a partir de proposições cuja verdade lhe aparece como mais evidente ou mais importante do que sua resposta inicial.

---

17 A teoria é proposta no *Górgias*, especialmente em 471d ss. Cf., por exemplo, as declarações em 472b, 474a e 475e, nas quais Sócrates compara seu método ao dos oradores que necessitam do máximo de testemunhas, e das melhores, à guisa de fiador.

18 Cf. Platão, *Górgias* 487d-e.

19 Cf. Platão, *Mênon* 75d.

20 Cf. Platão, *Teeteto* 150c-d; Xenofonte, *Memoráveis* I, 4, 1; IV, 4, 9.

21 Cf. Platão, *Político* 21c, 29e, 30c; Xenofonte, *Memoráveis* I, 4,1; IV, 2, 29-30.

22 Cf. Xenofonte, *Memoráveis* IV, 2, em especial 12-20.

Portanto, a interrogação socrática põe à *prova* pela refutação[23] (Aristóteles diz "crítica rigorosa")[24] a coerência absoluta das posições espontâneas do interlocutor. Ou seja, é a refutação de P para quem prova a incoerência de suas crenças espontâneas e aprende a eliminar[25] as que se revelam incompatíveis com outras crenças mais fundamentais.

Quarto, visto que as teses iniciais (as que serão testadas) ficam por conta do interlocutor, a única coisa que Sócrates exige dele é a *parrhesia*,[26] conceito fundamental da prática socrática ao qual raras vezes se dá importância.[27] A *parrhesia* é quando o interlocutor diz o que pensa, o que realmente pensa,[28] sem se preocupar com as opiniões que aprendeu com seus mestres ou tutores (a *paideia*),[29] com a opinião dos outros ou com a coerência *a priori* dessa opinião inicial com suas outras opiniões, mas comprometendo-se a abraçar inteiramente a verdade do que está dizendo. Essa obrigação é uma regra moral para Sócrates – talvez seja um dos fundamentos de sua "doutrina" moral, se algum dia ela existiu. Sem *parrhesia*, provavelmente o interlocutor não poderia fazer o exame necessário ao conhecimento de si, ou "examinar a sua própria vida", como diz a *Apologia* (38a). A *parrhesia* pode ser considerada até mesmo uma das condições *a priori* do diálogo socrático, uma das duas exigências morais necessárias ao êxito do *elenchos*, a outra é de ordem afetiva: a *philia* entre os dois

---

23 Sobre essa prova, cf. Platão, *Protágoras* 348a, *Górgias* 448a, *Eutidemo* 275b, *Teeteto* 157c; cf. também Xenofonte, *Memoráveis* III, 8, 1; IV, 2, 12-20; IV, 6, 13-5; IV, 8, 11.

24 Aristóteles, *Sofista* El.2, 165b 4.

25 "Purgar" é o termo que o *Sofista* (229e-230e) emprega quando define o método socrático de educação moral em oposição à admoestação.

26 Cf. Platão, *Górgias* 487a, b, d.

27 Em Platão, a palavra tem em geral sentido pejorativo: a franqueza é sinal de desleixo da alma ou decadência natural do regime democrático: *República* VIII, 557b; *As leis* I, 649c; II, 671b; III, 694b; VII, 801d; VIII, 829d-e; X, 908c.

28 Cf. Platão, *Críton* 49d, *República* I, 349a.

29 À parte seu aspecto positivo ("devemos falar francamente"), é possível que esse aspecto negativo da *parrhesia* fosse considerado fundamental nos círculos socráticos: é bom desconfiar de tudo que se aprende, nunca se refugiar em um argumento de autoridade, rechaçar o que é estranho a si mesmo etc. Em todo caso, as escolas helenísticas herdarão exatamente essa parte do conceito. Cf. o tratado epicurista de Filodemo, *Sobre a parrésia*.

interlocutores.[30] Sem amizade entre os dialogantes, sem "franqueza" da parte do "respondedor", a prova do diálogo não seria eficaz. Nesse caso, poderíamos considerar a *parrhesia* o correspondente interno (na relação com o si) do que é a *philia* na relação com o outro: é necessário primeiro aceitar e "abraçar" a si mesmo, sem hostilidade, como em seguida é necessário aceitar o outro e evitar hostilidade no diálogo. Talvez ainda possamos acrescentar que a *parrhesia* não é apenas uma das "regras do jogo" para Sócrates, mas uma regra de vida: tudo que se sabe de sua vida (o oráculo de Delfos, a batalha de Potideia, o caso envolvendo Leão Salamínio) denota preocupação com a *parrhesia* – ou ao menos com seu princípio: estar sempre de acordo consigo mesmo. Mas, para a "dialógica" socrática, a exigência de *parrhesia* não é apenas uma regra moral: é também uma necessidade epistemológica; é ela que distingue a interrogação socrática das outras formas de "dialógica". Se definimos a "dialógica" como uma forma de produção da verdade na qual o critério de verdade é a concordância do interlocutor, a interrogação socrática, na dialógica, distingue-se, de um lado, da *episteme* – em que decerto se procura a concordância do outro, mas essa concordância deve ser universal (o que nenhum homem pode negar) – e, de outro, da discussão dialética (a erística) – em que interessa apenas a vitória ou a derrota, em que cada um deve sustentar a tese que lhe parece mais fácil de defender, e não a mais verdadeira, e por conseguinte a concordância consigo mesmo e com o outro é formalmente exigida, mas não a concordância inicial consigo mesmo, a adesão às palavras proferidas por si mesmo como exige a *parrhesia*.

A finalidade do *elenchos* emana de tudo isso. Essa purificação e essas refutações têm o efeito de fazer o interlocutor manter apenas as crenças que são compatíveis entre si (com exceção daquelas que são eliminadas porque são incompatíveis com o *corpus*) e que ele abraça verdadeiramente (com exceção daquelas com as quais ele concorda apenas da boca para fora, sem se

---

30 Cf., por exemplo, a maneira como Sócrates purifica Críton de suas opiniões equivocadas, para o próprio bem de seu amigo (cf. *Críton*), ou como o *Fédon* pode ser inteiramente concebido como uma forma de consolação.

preocupar em abraçá-las, em saber se elas têm fundamento ou se são realmente compatíveis com as crenças que são mais evidentes para ele). As "crenças" mantidas têm de encadear-se umas às outras na alma do interlocutor, segundo a relação das premissas com as consequências (indutiva ou dedutiva): o raciocínio que refuta P traz à tona ao mesmo tempo a conexão entre as premissas fundamentais e não P. As "crenças" mantidas têm, portanto, de ser fundamentadas em uma ou algumas premissas iniciais (as mais incontestáveis e as mais irrefutáveis) que serviram de apoio para refutar aquelas crenças que foram eliminadas do interlocutor. Dado que o "problema" socrático é normalmente definitório, isto é, a questão inicial ou primordial é normalmente do tipo "o que é S?", e a proposição refutada é do tipo "S é P", a ou as proposições fundadoras na alma do interlocutor e irrefutáveis para ele, isto é, aquelas nas quais ele fundamenta todas as suas outras crenças, devem ser do tipo "S é P".

Ora, devemos notar que *isso não implica da parte de Sócrates uma adesão à verdade das proposições iniciais*. Trata-se da famosa "insciência" de Sócrates, que é necessária à eficácia do *elenchos* e que no questionador funciona como complemento da *parrhesia* que ele exige do respondedor. O respondedor deve responder tudo que pensa para poder eliminar tudo que pensa em desacordo com ele mesmo, enquanto o questionador deve interrogar sem pensar nada de sua parte. O que ele constrói é o que mais tarde Aristóteles denominará o "silogismo dialético": o questionador deve limitar-se a encontrar as premissas que seu adversário deverá aceitar como mais fundamentais do que suas respostas iniciais. Legitimamente, portanto, ele pode professar a ignorância pela qual ele justifica com maior ou menor ironia o fato de se recusar a desempenhar qualquer outro papel dialético que não seja o de questionador. Essa ignorância explica por que o impacto do *elenchos* é negativo (enquanto os silogismos científicos e certos silogismos dialéticos têm impacto positivo), mas ela é também uma condição de sua eficácia moral: o efeito – ou mesmo o objetivo – moral do *elenchos* é introduzir *no outro* essa unidade, essa harmonia, essa sintonia entre o que ele é e o que ele pensa, entre o que ele pensa e o que ele diz (*parrhesia*) e entre tudo que ele diz e o que ele *faz*.

São essas, portanto, as particularidades do modo de endereçamento de Sócrates aos seus ouvintes ou, se preferirmos, de seu "método": supõe a confrontação com o outro, repousa sobre o princípio dialético do estabelecimento das verdades, põe à prova a coerência das afirmações e implique adesão à verdade dessas afirmações.

O EFEITO DO *ELENCHOS* NA CONSTITUIÇÃO DO DISCÍPULO

O que chama a atenção é que essa estrutura se repete fielmente no "paradoxo do socrático" em relação ao mestre, de um lado, e em relação aos outros discípulos, de outro.[31]

A exigência de dualidade do *elenchos* implica que todos podem se julgar no direito de se embasar na concordância individual do mestre às suas afirmações, sem jamais poder se escorar em um discurso de pretensão universal, isto é, sem jamais obter a concordância dos outros. A exigência dialética se traduz no fato de que todos são obrigados a aceitar como verdadeiro apenas aquilo com o que concordaram efetivamente no diálogo com o mestre, excluindo tudo que foi aceito nos diálogos com os outros. A prova da coerência absoluta das teses iniciais com todos os seus consequentes se traduz doutrinalmente no fato de que cada discípulo, partindo efetivamente de uma opinião inicial, tenta fundamentá-la em seus primeiros princípios e levá-la às suas últimas consequências, preocupando-se apenas com a coerência das teses no interior daquilo que se tornará a partir daí um *sistema* filosófico. Enfim, a exigência da *parrhesia* explica as contradições entre os discípulos. Com efeito, cada um parte de uma ou várias proposições fundadoras que não são nem demonstradas nem demonstráveis (na maioria das vezes proposições definitórias, por exemplo,

---

31 Devemos assinalar, no entanto, que os discípulos são apenas um pequeno grupo entre os numerosíssimos interlocutores de Sócrates. Eles nos permitem avaliar melhor do que outros o fim pretendido por Sócrates para seus auditores, e talvez também os efeitos indesejáveis.

sobre a natureza do Bem), mas que para o discípulo parecem indiscutível e indubitavelmente verdadeiras, de um lado, porque ele as enuncia com *parrhesia* (a única exigência do mestre) e, por outro, porque o mestre concordou com elas no diálogo.

Vê-se distintamente, portanto, que o próprio modo de enunciação e transmissão do discurso do mestre (Sócrates) se repete na posição paradoxal que o discípulo (socrático) ocupa em relação a ele, de um lado, e em relação a todos os outros discípulos, de outro. Vê-se distintamente que as propriedades do modo de relação dos discípulos com o mestre e dos discípulos entre si são fundamentadas nas quatro características que apontamos na dialética socrática, isto é, no método socrático.

O princípio de verdade de Sócrates (a concordância com cada interlocutor, mas não com todos) pode ser relacionado a uma característica importante da relação do mestre com o discípulo socrático: a relação pessoal com Sócrates, a relação afetiva que ligava cada um a ele. A estrutura dual é essencial tanto para o *elenchos* (a concordância entre questionador e respondedor) quanto para a relação entre mestre e discípulo e o destino da disciplina (os rivais, em contradição uns com o outros). Assim, os interlocutores podem discordar entre si. O que importa é o princípio de coerência interna posto à prova pela concordância de Sócrates.

Sócrates não tem de sugerir qual é o princípio fundador ou a definição final (a do Bem, por exemplo), mas ele ajuda o outro a descobrir qual é esse princípio para ele (retrogradação ao princípio que parte do que ele pensa e conduz àquilo em que se fundamenta o que ele pensa): Sócrates testa pelas consequências o que isso tem de implicar.[32] Ora, é exatamente o que fazem seus "discípulos" (e, nesse sentido, eles são de fato "socráticos"): a vocação de todos é fundamentar a ética "socraticamente", isto é, de forma racional, coerente, segundo o procedimento sintético de ligar os princípios (obtidos por meios indutivos) às consequências.

Enfim, o princípio de *parrhesia* é necessário ao "efeito discípulo". Já explicamos que, no exercício dialético, a *parrhesia*

---

32 Esse, aliás, é o fundamento da chamada teoria da "virtude-ciência", que é sem dúvida a ideia primordial de toda a ética socrática.

corresponde de certo modo à insciência de Sócrates. Mas do ponto de vista da constituição do discípulo, ou melhor, dos diferentes discípulos, a insciência de Sócrates é aquilo em que ela se fundamenta. É porque ele nada sabe e garante com sua concordância as opiniões com as quais seu interlocutor concorda (*parrhesia*) que cada discípulo pode se julgar no direito de fundar sua própria doutrina contra todos os outros discípulos. E o que é cada uma dessas doutrinas socráticas? Um conjunto de opiniões que cada um abraça em pensamento, palavras e ações, um conjunto purificado de elementos intrusos e fundamentado em uma opinião inicial garantida previamente pela concordância de Sócrates no diálogo com toda opinião que resista ao *elenchos* e seja enunciada com *parrhesia*. A *parrhesia* do interlocutor, condição necessária à verdade, torna previamente legítimas as diferentes posições iniciais que ele apresentará enquanto discípulo, sem nenhum fundamento, salvo seu próprio compromisso alético, isto é, a "concórdia" interior, a concordância de si consigo mesmo, a ausência de discórdia entre o dizer e o dito, entre seu pensamento e seus atos. Nesse "sujeito da verdade" eticamente constituído pelo *elenchos* socrático é que se fundamentarão todas as doutrinas éticas ditas socráticas.

Assim, a forma do "paradoxo do socrático" repete fielmente a estrutura do *elenchos*. Lembremos em que consiste esse "paradoxo": cada qual concorda com aquele (Sócrates) que o purifica de opiniões com os quais ele próprio não concorda, sem que essa concordância seja garantida pela concordância universal dos outros. Além disso, o "paradoxo do socrático" diz que cada "discípulo" fundamenta sua doutrina em seus próprios princípios e ao mesmo tempo reivindica Sócrates, que não lhe transmitiu doutrina nenhuma. Do mesmo modo, pela própria estrutura do *elenchos*, cada qual é impelido a transformar o conjunto discordante, heterogêneo e incoerente de suas opiniões em um *corpus* estruturado, homogêneo e dedutivo, isto é, uma doutrina – e esse é exatamente o destino dos ouvintes de Sócrates, afinal mais previsível do que parecia a princípio. Esses destinos múltiplos e discordantes repetem a mesma forma: a do endereçamento ou interlocução de Sócrates aos seus ouvintes.

Portanto "ser discípulo de Sócrates", para cada um de seus ouvintes considerados isoladamente, é tentar depurar, pela primeira vez no terreno "das coisas humanas", suas opiniões e crenças espontâneas de todas aquelas que não são compatíveis com o sistema organizado dos outros e, em consequência, construir o sistema dedutivo e universalizável de tudo que depende ordinariamente da opinião ou da crença espontânea, pessoal e precária, e fundamentar esse *corpus* coerente em uma ou várias proposições iniciais absolutas fundamentadas na concordância de si consigo mesmo.[33]

Poderíamos parar aqui. Já esclarecemos parcialmente o "paradoxo do socrático", mostrando por que Sócrates, como filósofo do diálogo, da interrogação dialética, do *elenchos*, não podia escrever, não podia ter uma doutrina ou fundar uma escola, mas tinha necessariamente de ter ouvintes, que *depois* e por isso mesmo se tornavam "discípulos", fundavam escolas antagonistas para ensinar suas próprias doutrinas, coerentes, rigorosamente dedutivas e fundamentadas em princípios categóricos. Mas *talvez* possamos tentar ir mais longe.

Sabemos que, em relação à filosofia de Sócrates, muitas posições são possíveis e todas foram tentadas. Poderíamos classificá-las, dizendo que variam entre duas posições extremas, muito improváveis e, consequentemente, não razoáveis: uma minimalista e outra maximalista, e duas posições médias razoáveis: uma mínima e outra máxima. No extremo minimalista, podemos sustentar que Sócrates é apenas o nome que se dá a uma lenda ou um simples artifício literário, ou seja, a filosofia de Sócrates não existe. No extremo maximalista, somos tentados a atribuir a Sócrates uma parte importante da filosofia de Platão, por exemplo, a das Formas. Essas duas posições foram defendidas, como se exigia, mas não podem ser racionalmente sustentadas hoje. O mais provável é que a filosofia de Sócrates fique compreendida entre um mínimo e um máximo: Sócrates é, *no mínimo*, o filósofo

---

33 Isso é condizente com a descrição de Aristóteles da concepção socrática da ética como um sistema dedutivo rigoroso (*Metafísica* XIII, 4, 1078b 17-34).

do diálogo (e, por consequência, o do *elenchos*, o da busca da essência por indução etc.); e, *no máximo*, o filósofo que fundou a ética
(e, por consequência, o intelectualismo moral, a virtude-ciência,
a impossibilidade da *akrasia* etc.). Se nos limitamos a essa posição racionalmente minimalista, então a explicação do "paradoxo
do socrático" proposta antes nos satisfaz. Se defendemos uma
posição racionalmente maximalista e atribuímos uma doutrina
positiva a Sócrates, então teremos de analisar em detalhes essa
doutrina ética para compreender como ela foi capaz de engendrar,
com toda a sua variedade, as doutrinas de seus ouvintes. É o que
faremos *grosso modo* nas páginas seguintes: o que é "ser discípulo
de Sócrates" nesse terceiro sentido, e como o "paradoxo do socrático" pode ser esclarecido a partir disso?

O problema doutrinal

Vamos nos limitar àqueles socráticos que foram ouvintes
inquestionáveis de Sócrates, filósofos fundadores de uma escola
ou corrente "doutrinal", e sobre os quais somos minimamente
informados. A combinação desses três critérios reduz nossos
"discípulos" a quatro nomes: Aristipo de Cirene, Euclides de
Mégara, Antístenes e Platão. Vamos nos limitar, por outro lado,
ao ensino ético, o único sobre o qual temos informações de nossos quatro filósofos e, sobretudo, o único genuinamente socrático, segundo Aristóteles[34] e segundo toda a tradição.[35] Sabemos
também que, aparentemente, foi nesse terreno que os socráticos
mais se dividiram – basta lembrar o que diziam Cícero e Santo
Agostinho. Mas será que podemos descobrir o que os unia?

---

34 *Metafísica* I, 6, 987b 1 ss. e também XIII, 4, 1078b 17.
35 Segundo Xenofonte, Sócrates se preocupa exclusivamente com os problemas morais (*Memoráveis* I, 1, 1; IV, 7, 2-8); segundo Diógenes Laércio, ele
fundou a ética (I, 14, II, 16, II, 21). Cf. também Cícero (*Brutus* 8, 31, *Primeiras acadêmicas* IV, 15, e sobretudo *Tusculanas* I, 4, 8), bem como Sêneca (*Carta
a Lucílio* 71, 7).

DE SÓCRATES AOS "SOCRÁTICOS": *A PRIORI*, O QUE É SER DISCÍPULO DE SÓCRATES EM MATÉRIA DE ÉTICA?

Podemos observar, em primeiro lugar, que *todos* os filósofos ouvintes de Sócrates têm uma doutrina ética: uma doutrina nessa matéria é a afirmação, implícita ao menos e, no entanto, absolutamente evidente, de que compete ao homem equipado do *logos* determinar o que ele tem de fazer enquanto homem, isto é, exatamente por esse motivo, o que a *todos* os homens compete fazer. Se Sócrates inaugura a reflexão ética, isto é, a racionalidade a serviço da questão "o que o homem tem de fazer?", *ser discípulo de Sócrates* é seguir seus passos, estabelecendo como ele que há matéria nesse terreno para interrogação. É pensar, graças a ele, que há matéria nele para resposta: pois se Sócrates olha para o homem equipado apenas com a razão para responder às questões sobre o homem, se olha para cada um deles (por exemplo, para Aristipo de Cirene, Euclides de Mégara, Antístenes e Platão), então *ser discípulo de Sócrates* é responder às questões éticas que ele lhes apresentou.

Porém há mais, e isso talvez apareça com mais evidência se fizermos um desvio.

SÓCRATES E A UNIDADE FORMAL DO BEM

Como "a ética socrática", a *Crítica da razão prática*, de Kant, é orientada pela ideia de que a razão pode determinar por si só o que o homem deve fazer, mas, ao contrário da "ética socrática", é inteiramente fundamentada na incompatibilidade entre os princípios da felicidade e da virtude, isto é, no fato de que o Bem para o homem é necessariamente duplo e que, diante do Bem, o homem necessariamente se "divide". Até Sócrates, os gregos reconheciam essa divisão: eles a identificaram na tragédia, mas também no apólogo de Hércules na encruzilhada, de Pródico.[36] Havia uma alternativa entre o *kalon* (o belo) e o *agathon* (o bom). Tentar ser

---

36 Xenofonte, *Memoráveis* II, 1, 21-34.

kalos, perseguir atos considerados "belos", é ser admirado por sua conduta, e isso exige as virtudes do sacrifício e da abnegação. Tentar ser *agathon*, ao contrário, é procurar o que é útil, o que agrada. Essa oposição, tal como ela estrutura a moral dominante na época de Sócrates, pode ser lida claramente como uma oposição entre as duas vias descritas nos *Memoráveis* (III, 8, 5) ou no *Alcibíades* (115a-b).[37] Ora, podemos dizer que toda obra ética de Sócrates – e é justamente nisso que ele fundamenta a ética e tenta introduzir a racionalidade – é uma tentativa de introduzir a coerência no *fim* último, em outros termos, ele tenta conciliar o *kalon* e o *agathon*:[38] o homem é uno, portanto o Bem é uno, porque existe apenas uma forma de pensar racionalmente. Chamaremos isso de princípio de unidade e coerência.[39]

Ora, esse princípio decerto não encontraria dificuldades em Sócrates, porque a conciliação desses dois bens e a unidade do pensar em Sócrates são inteiramente *formais*.[40] Sabemos pelos diálogos "socráticos" de Platão – e Aristóteles confirma[41] – que essa tentativa é fundamental para a ética de Sócrates; ela deveria

---

37 Sobre a oposição entre o *kalon* e o *agathon*, cf. Xenofonte, *Memoráveis* II, 1, 26, e III, 8, 5; Platão, *Alcibíades* I, 115a-b; *Hípias maior* 299a; *Protágoras* 333c; *Górgias* 474c-d.

38 Sobre a conciliação do *kalon* e do *agathon* em Sócrates, cf. Xenofonte, *Memoráveis* III, 8, 5-7, e Platão, *Alcibíades* I, 115c-116e, *Cármides* 160e, *Lísis* 216d, *Górgias* 474d ss.

39 Kant interpreta a oposição entre epicuristas e estoicos como uma oposição entre dois erros complementares sobre o soberano bem (*Crítica da razão prática*, Livro II: "Dialética da razão pura prática", cap. 2, "Da dialética da razão pura na determinação do conceito do soberano bem") que reduzem todo o soberano bem ou à felicidade, ou à virtude. Segundo ele, tanto epicuristas como estoicos postulam uma relação analítica entre uma e outra. Não poderíamos dizer, ao contrário, que eles postulam uma relação *sintética*, embora naturalmente em sentidos inversos? Para os estoicos, a felicidade é efeito decorrente da virtude (ou melhor, veja-se a Antinomia da razão prática: a máxima da virtude é a causa eficiente da felicidade); para o epicurista, a virtude é um efeito da felicidade (ou melhor, veja-se a Antinomia: o desejo da felicidade é o móbil das máximas da virtude); ao contrário, os discípulos de Sócrates (por exemplo, Aristipo e Antístenes) postulam uma ligação *analítica* entre virtude e felicidade, ou melhor, entre *kalon* e *agathon*.

40 Como já observava Hegel em suas lições sobre a história da filosofia (trad. fr. *La philosophie grecque*, t.2, p.304).

41 Cf. *Metafísica* XIII, 4, texto citado, bem como *Ética a Eudemo* I, 5, 1216b 2-10.

culminar na definição do Bem, que de certo modo podia alicerçar o edifício da ética. Mas Sócrates não define (não determina) o conteúdo desse Bem ou do fim (*telos*). E nós podemos demonstrá-lo.

AUSÊNCIA DE DETERMINAÇÃO DO BEM EM SÓCRATES

Em primeiro lugar, há textos em que o interlocutor reclama que Sócrates sempre tenta fazer que os outros digam "o que é X", mas ele próprio nunca o enuncia. Não precisamos recorrer aos textos platônicos – numerosos, mas os argumentos que poderíamos usar contra eles são conhecidos –, basta ler Xenofonte. Hípias, quando Sócrates exige que ele enuncie "o que é justo", protesta: "Há muito tempo zombas dos outros, sempre interrogando e refutando, sem nunca dar satisfação a ninguém nem expor tua opinião sobre nada" (IV, 4, 9). A resposta não podia ser mais significativa: "Mostro por meus atos, não por palavras. Não te parece que a ação é mais convincente do que o discurso?" (IV, 4, 10). Aliás, esse é o tema geral do breve diálogo pseudoplatônico *Clitofon*.[42]

A esses textos dos *Memoráveis* opõem-se aqueles em que Sócrates procura definições com seus companheiros. Sim, exatamente isto: *procura, examina*, mas não estabelece.[43] É exatamente o que diz Xenofonte, inclusive no famoso capítulo dos *Memoráveis* (IV, 6) em que ele explica como Sócrates educava seus ouvintes para a dialética: "por isso nunca deixava de buscar com seus

---

42 Cf. em especial 410b-c: "acabei desistindo [de questionar-te, Sócrates], julgando-te de todos um excelente prático para exortar os homens ao culto da virtude [...]. Se és excelente no canto à glória [da justiça], é porque não sabes muito mais sobre essa justiça [...]. Em todo caso, das duas uma: ou não sabes o que é justiça, ou te recusas a transmitir-me o que é".

43 Cf. *Memoráveis* I, 1, 16, em que Xenofonte define o objeto dos diálogos dialéticos de Sócrates: ele examina o que é pio e o que é ímpio, o que é belo e o que é vergonhoso, o que é justo e o que é injusto, o que é sensatez e o que é loucura, o que é coragem e o que é covardia, o que é a cidade e o que é a política, o que é o governo dos homens e o que é o governante dos homens, e assim por diante. São conhecimentos que, segundo ele, formavam os homens, enquanto os que os desconheciam mereciam ser chamados de escravos. Cf. também *Memoráveis* III, 9, 9: investigando o que é o ócio.

companheiros o que é cada um dos entes" (IV, 6, 1): tratava-se, portanto, de uma busca, de uma busca comum e incessante, e não de um estabelecimento de definições por Sócrates.

Todavia, justamente nesse capítulo IV, 6 há definições precisas, que parecem estabelecidas por Sócrates, ou ao menos ser aceitas por ele. Por exemplo, a do homem devoto, que é definido como "aquele que conhece o culto legítimo" (§4); ou do homem justo, que é definido como "aquele que sabe o que ordena a lei para os homens" (§6); e o sábio é "aquele que sabe". Contudo, ainda que se admita que essas definições são o resultado comprovado do diálogo dialético, é impossível afirmar que são definições de Sócrates, de sua "doutrina", quando mais não seja, por exemplo, porque a definição de justiça parece não concordar com outros excertos dos *Memoráveis* que afirmam que Sócrates nunca definiu a justiça ou, mais em geral, com todos os outros excertos dos *Memoráveis* que falam da justiça (por exemplo, III, 9, 5) ou, mais ainda, com o longo excerto muito significativo sobre a prática do *elenchos*, em que Sócrates mostra a Eutidemo que ele nem sequer é capaz de definir o que é justiça (IV, 2, 12-20).[44]

Mesmo quando tal ou tal definição de tal "coisa" ou tal "virtude" é considerada socrática, está claro que Sócrates nunca fornece uma definição única e dogmática do Bem, isto é, um conteúdo determinado dessa ideia. É óbvio que se pode retrucar que, nesse mesmo capítulo dos *Memoráveis* sobre a prática da dialética, entre as definições de devoção, justiça e sabedoria e as da coragem e das diferentes formas de governo, há dois parágrafos intercalados sobre o bem (*agathon*, §8) e o belo (*kalon*, §9). Mas esses parágrafos provam justamente o que estamos tentando estabelecer aqui: por um lado, Sócrates quer mostrar precisamente a

---

44 O outro excerto relevante do Livro IV (cap. 4) que trata da justiça mostra que a definição de IV, 6, 6 é incompleta, porque, como a justiça é definida pelo respeito à lei (IV, 4, 12), é necessário acrescentar o conteúdo das leis não escritas (IV, 4, 19 ss.). Portanto, na melhor das hipóteses, estabelecer que a justiça consiste em saber o que ordena a lei em relação aos homens (como diz IV, 6, 6) não nos informa o que é a justiça no sentido desejado por Sócrates, porque essa definição não diz o que são essas leis, o que elas enunciam e, por consequência, o que é e o que não é justo (como quer IV, 2, 12-3), tampouco como ser justo.

afinidade entre o bom (tudo que é bom é útil àquele a quem é bom) e o belo (tudo que é belo é belo para aquilo a que serve); por outro lado, essa afinidade não pode oferecer por si só um conteúdo ao que é, para todos os homens, o Bem como fim último absoluto de toda conduta. Com efeito, essas duas definições não têm nada de absoluto como hipótese, visto que o bom, assim como o belo, são tais apenas por causa de duas *relações*: a relação com aquele a quem ele é útil, e a relação com aquilo em relação a que eles são úteis.

Mas na literatura socrática há, ainda assim, uma definição daquilo em que consiste o bem maior, isto é, o que *é*, para Sócrates, a finalidade de sua conduta e o que *deveria* ser, para todos os homens, a finalidade da conduta *deles*. Ela é dada em dois textos da *Apologia*. Em 38a, Sócrates declara:

> Digo que o maior bem para um homem talvez seja falar todos os dias da virtude ou dos outros assuntos dos quais me ouvis falar, quando examino os outros e a mim mesmo, e se acrescento que uma vida sem esse exame não vale a pena ser vivida, menos ainda me acreditareis.

O que ele confirma em 41c, depois do veredito que o condenou à morte: "O que não daríamos, ó juízes, para submeter a exame [...]. Ulisses, Sísifo, tantos outros [...], com quem constituiria a mais alta felicidade dialogar, viver em companhia e examinar".

"Dialogar", "viver em companhia" e "examinar" são precisamente os três elementos constituintes da prática de Sócrates, e também os fundamentos de sua doutrina ética; tal é precisamente o *conteúdo* da ideia de Bem segundo Sócrates e, de certo modo, sua verdadeira definição. E, desse "conteúdo", é legítimo dizer, em um sentido, que ele é puramente "formal". (O que não significa que voltamos a uma posição "minimalista" que não reconhece em Sócrates nenhuma doutrina ética propriamente dita.) Além disso, como observamos, a verdadeira definição do bem pode ser extraída não apenas das "palavras" (*logoi*) de Sócrates, mas de suas ações (*ergon*): tal é precisamente o bem como ele o faz, como em última análise ele o ambiciona, e como ele deseja conduzir os outros até ele para o maior bem deles. Portanto o bem é *uno*, belo e bom ao mesmo tempo, mas o valor dessa unidade é o que resulta do diálogo e do exame (a prova a que é submetido) e reside na coerência absoluta que Sócrates procura no outro, e que o outro deve procurar em si mesmo para seu maior bem. Isso é o bem para Sócrates.

Tomemos agora o caso de um *discípulo* que, enquanto discípulo, admita tudo que Sócrates diz sobre a ética e "obedeça" às injunções necessárias, segundo ele, para fundamentar a ética; um discípulo que admita, à semelhança de Sócrates, que o homem pode determinar, apenas por seu *logos*, o conteúdo legítimo de sua conduta e, portanto, admitir – sendo una a razão (*logos*) – que o bem só pode ser uno para um homem (ao mesmo tempo *kalon* e *agathon*, belo e bom) e o mesmo para todo homem; um discípulo que, obedecendo à injunção do mestre (que exige o exame com o maior dos bens), tente organizar o conjunto de seus julgamentos éticos em um sistema coerente e, "obedecendo" radicalmente à injunção do mestre, determine o conteúdo do fim – por exemplo, na forma de uma definição do Bem ou da finalidade que possa servir de fundamento a esse conjunto. Essa poderia ser a definição *a priori* do discípulo de Sócrates, ou melhor, de todas as doutrinas éticas dos discípulos de Sócrates. Pois essas três exigências interligadas da ética socrática (1. a unidade do bem que se fundamenta 2. em uma coerência que pode ser posta à prova e 3. em uma definição racional que pode ser estabelecida em termos dialéticos) originam necessariamente, *do ponto de vista radical e sistemático de todo discípulo*, várias doutrinas éticas singulares, segundo o conteúdo singular desse Bem-uno, que então se torna o *fim*, isto é, o fundamento do sistema dedutivo e o princípio da unidade de todos os bens humanos. Ora, essas três exigências são efetivamente realizadas em todos os discípulos. De maneira que, é evidente, essa determinação do Bem como fim não pode não entrar em contradição com a dos outros. *A contradição, ao invés de se alojar no homem em face do Bem, estabeleceu-se entre os discípulos.*

Por isso é que encontramos em nossos quatro "discípulos", à guisa de resposta ao questionamento ético, uma determinação do que é o fim (único) ou o Bem. A ponto de podermos dizer: *ser discípulo de Sócrates* é definir o Bem. *Temos aqui uma obra herdada de Sócrates que só podia ser encontrada nos discípulos e não no mestre.* (Existem bens na história intelectual que são necessariamente herdados pelos legatários sem nunca terem pertencido ao testador.) De fato, para eles, definir o Bem é pensar, de um lado, que a atividade mais elevada e, por assim dizer, única do *logos* consiste em estabelecer definições – o que é perfeitamente socrático; de outro, é pensar que essa atividade culmina na definição que compreende e fundamenta todas as outras, a do Bem – o que também é perfeitamente socrático. Mas, por outro lado, se é isso que fazem de fato os discípulos, seguindo a linha indicada pelo mestre, não é de modo algum o que faz o próprio Sócrates,[45] que jamais definiu o Bem; e, mais em particular, nenhuma das definições do Bem que encontramos em nossos discípulos encontra-se em Sócrates, *ainda que ele tenha admitido a tal ou tal discípulo que o prazer, a virtude ou a ciência eram bons,* mas não o inverso, isto é, que o Bem era o prazer, a virtude ou a ciência. Enfim, deveríamos assinalar que, por consequência, a definição do Bem está na posição de princípio e fundamento do edifício em nossos quatro discípulos, que é exatamente o lugar ao qual o *elenchos* socrático a destinava, e que naturalmente ela não podia ocupar em Sócrates.

Vejamos isso discípulo a discípulo.

OS SOCRÁTICOS, DISCÍPULOS DA ÉTICA SOCRÁTICA

Se é verdadeiro o que acabamos de inferir *a priori*, partindo do que foi a doutrina de Sócrates para deduzir o que teve de suceder nos discípulos, então deveríamos examinar nos textos, fragmentos ou depoimentos que temos sobre eles, afora a doutrina ética, três teses éticas que são socráticas, mas não são "de" Sócrates: a afirmação da unidade do Bem (como em Sócrates), a determinação do que é o Bem como fim, por exemplo, mediante uma

---

45 Podemos assinalar aqui uma das funções ordinárias do discípulo em relação ao discurso do mestre: o que o discípulo *ouve* do mestre, que no caso é algo como: "Faça o que digo, não faça o que faço".

definição (não como em Sócrates, mas obedecendo à sua injunção) e o caráter fundador desse fim em relação ao sistema ético que se deduz dele.

ARISTIPO
Unidade do belo e do bem

Sabemos que Aristipo tentou, "socraticamente", determinar de modo racional o que o homem tem de buscar e fazer. Sabemos, portanto, que ele forneceu um *conteúdo* a essa unidade do Bem racionalmente determinável que em Sócrates permaneceu apenas formal: esse conteúdo é o prazer.

Mas podemos ir mais longe. Há várias indicações textuais que nos fazem crer que Aristipo, assim como Sócrates, considerava essa unidade do Bem a unidade do *kalon* e do *agathon*. Podemos assinalar, em primeiro lugar, que toda a demonstração da unidade do belo e do bem em Xenofonte é feita em uma conversa com Aristipo (*Memoráveis* III, 8). Tudo que é bom, é bom para alguma coisa, e tudo que é belo, é belo em relação às mesmas coisas. Podemos notar, do mesmo modo, que Platão articula a conciliação do *kalon* e do *agathon* (*Protágoras* 351b ss.) à tese hedonista (o prazer é bom, *agathos*).

No entanto, há indicações mais sérias. Na *Metafísica* (III, 2, 996a 32 ss.), Aristóteles afirma que, segundo Aristipo, a matemática, ao contrário das outras artes, não indica a causa final e não trata do bem e do mal. Mais adiante (XIII, 3, 1078a 31-4), ele se refere provavelmente à mesma coisa quando faz alusão aos filósofos "que afirmam que as ciências matemáticas não falam do belo e do bem". O comentário de Alexandre é interessante e recupera a tese de Aristipo: "Todo ser se faz visando o bem e o belo, os seres matemáticos não têm por objetivo nem o belo nem o bem, logo não existem".

A partir dessas indicações textuais, podemos fazer a seguinte hipótese: para Aristipo, o Bem tinha de atender a duas exigências: ser ao mesmo tempo bom (agradável) e belo (admirável), o que é justamente o caso do prazer, como ele podia concluir. Isso confirma a explicação de Diógenes Laércio: "o prazer particular é por si mesmo uma virtude"; "o prazer é um bem, mesmo quando nasce das coisas mais indecentes [...]. Mesmo que a ação seja inconveniente, o prazer que dela resulta é preferível e é um bem (*agathon*)" (II, 88).

Determinação do fim: o prazer (o *agathon stricto sensu*) e o *kalon* (a virtude) como seu efeito

A segunda exigência da ética socrática é a da *definição*, em especial a do bem único, isto é, o *fim* absoluto.[46] Ora, sabemos que Aristipo, que identificava o bem e o prazer, necessitava por consequência dar três sentidos à *definição* do bem pelo prazer: todo prazer e apenas o prazer é um bem (sentido extensional da definição); é enquanto prazer que ele é bom (sentido intencional da definição); é o prazer que é derradeiramente visado (o bem é fim absoluto). Diversas passagens de Diógenes Laércio confirmam isso, por exemplo: "Um prazer não difere de outro, um prazer não é mais prazeroso do que outro" (II, 87). Essa afinidade qualitativa e quantitativa dos prazeres mostra que é precisamente o prazer *enquanto tal* que se identifica com o Bem.

O Bem ser pensado como sendo precisamente o fim é mostrado pelo fato de que "todos os seres vivos buscam o prazer"; ou, de modo mais explícito, "o prazer do corpo é o fim [*telos*]" e "o fim difere da felicidade. Pois o fim é o prazer particular, a felicidade é o sistema dos prazeres particulares, dentre os quais se incluem os prazeres passados e os prazeres futuros" (II, 87). A fórmula *telos* = prazer foi dada por Aristipo, o Antigo, segundo Diógenes

---

46 Se a ética socrática se define pela busca de um fim não apenas único, mas absoluto, em vista do qual se visam a todos os outros fins, a melhor definição que se pode oferecer dela é a das primeiras páginas de Ética a Nicômaco, e em especial a observação: "Se, pois, de nossas atividades há um fim que desejamos por ele mesmo, e os outros apenas por causa dele, e se não escolhemos indefinidamente uma coisa em vista de outra (porque assim procederíamos ao infinito, de sorte que o desejo seria fútil e vão), está claro que esse fim não poderia ser outro senão o bem, o Soberano Bem" (Ética a Nicômaco I, 1, 1064a 18-21, trad. J. Tricot). Poderíamos dizer que essas páginas de Aristóteles se apoiam nas perspectivas comuns a todas as éticas socráticas, das quais elas são ao mesmo tempo uma síntese.

Laércio (II, 85): "Ele mostrou que o fim é um movimento suave acompanhado de sensação"; e confirmado por Ateneu (XII, 544a): "A sensação de prazer é o fim e nela reside a felicidade; e ela [a sensação] é instantânea etc.".

Caráter fundador e não fundado do prazer

Enfim, para termos uma ética socrática, é preciso que a tese inicialmente apresentada esteja na posição de princípio, isto é, daquilo que alicerça o edifício inteiro das opiniões verdadeiras; ou que aquilo que é posto como Bem seja capaz de fundamentar o conjunto das condutas racionais sem ser reciprocamente fundamentado por elas. Como tentamos mostrar, esse é exatamente o efeito visado pelo *elenchos* socrático.

Diógenes Laércio parece repetir uma demonstração desse tipo: "a prova de que o fim é o prazer é que, desde a infância, sem nenhum raciocínio, nós nos familiarizamos com ele, e quando o obtemos, não desejamos mais nada" (II, 88). Em outras palavras, o prazer é o fim último em vista do qual almejamos todos os outros. Por outro lado, é em função do prazer que todas as outras coisas adquirem valor, por exemplo, a riqueza, a amizade ou a sabedoria: "a sabedoria é um bem, mas não se deve escolhê-la por ela mesma, mas sim por seus efeitos" (II, 91).

Por último, devemos assinalar que, apesar da notória hostilidade de Xenofonte contra Aristipo, encontramos a mesma observação no Sócrates de Xenofonte (*Memoráveis* I, 2, 52).

Tudo que se pode saber da ética de Aristipo concorda com a definição *a priori* de uma ética socrática, ética de um discípulo que não podia ser encontrada no mestre.

ANTÍSTENES

Será que há a mesma correspondência naquele que sempre foi conveniente opor a Aristipo, a saber, Antístenes?

Unidade do belo e do bem

Em Antístenes, a unidade do Bem, isto é, o fato de que todos os bens são um, manifesta-se na ideia de que a posse do verdadeiro bem é suficiente para se possuir todos os outros bens. É bastante conhecida a apologia que Antístenes faz nesse sentido da autarcia do sábio: "O sábio é autárcico, pois todos os bens dos outros são dele" (VI, 11).[47] E podemos ver a confirmação da unidade humana do Bem na ideia de que não há "diferença alguma entre a virtude do homem e a da mulher" (Diógenes Laércio VI, 12). Quanto ao fato de que esse bem único promove a conciliação socrática do *kalon* e do *agathon*, ele está indicado no seguinte comentário de Diógenes Laércio: "O bem é belo, o mal é feio" (VI, 12, segundo Diocles).

Determinação do fim: a virtude (o *kalon stricto sensu*)

Como Aristipo, Antístenes também parece ter tentado determinar, como bom herdeiro infiel de Sócrates, esse Bem único, esse fim último.

"Os cínicos", diz Diógenes Laércio (VI, 104), "afirmavam que o fim consiste em viver segundo a virtude, como diz Antístenes em *Hércules*." E antes o mesmo doxógrafo esclareceu: "A virtude é suficiente por si mesma para proporcionar a felicidade, sem exigir outra coisa senão a força de um Sócrates" (VI, 11). Trata-se claramente de uma determinação muito precisa do fim como único Bem supremo.

---

47 Cf. também outros fragmentos: "Considera estranhas todas as coisas más" (Diógenes Laércio VI, 12). Nesse caso, porém, a relação entre estranhas e más pode ser entendida no sentido inverso. Em seus Discursos, Epiteto faz Diógenes, o Cínico, dizer que ele foi resgatado por Antístenes e acrescenta: "Ele me ensinou o que era meu e o que não era meu; meu destino não é meu; pais, parentes, amigos, reputação, residência usual, modo de vida, nada disso é meu" (III, 24, 67-8). O mesmo se aplica à doxa (VI, 11: "A ausência de reputação é um bem e compara-se ao sofrimento").

Caráter fundador e não fundado do fim

Enfim, em conformidade com as exigências socráticas evidenciadas anteriormente, desse Bem supremo (definido como virtude por Antístenes) decorrem todos os outros. De fato, é por esse Bem que todas as coisas boas se tornam bens. É ele que possibilita, por exemplo, a distinção entre duas espécies de prazer: a virtude boa em si torna bom tudo que depende dela. "É preciso buscar o prazer resultante do esforço e não o que o precede" (Estobeu M, 29, 65). E: "É bom o prazer do qual não se tem arrependimentos" (Ateneu XII 513a). Como o prazer em Aristipo, a virtude em Antístenes está em posição de princípio como o que é bom por si mesmo e não por outra coisa; de modo contrário, todas as boas coisas são boas por ela e não por si mesmas.

Donde se conclui a rejeição dos bens exteriores, por exemplo, da riqueza: "Quem ama o dinheiro não pode ser nem bom, nem rei, nem livre" (Estobeu III, 10, 41). E: "A riqueza sem virtude não é mais agradável do que um banquete sem conversa" (Estobeu III, 1, 30). Diógenes Laércio faz um comentário no mesmo sentido a propósito dos cínicos em geral: "Eles rejeitam a riqueza, a reputação [doxa] e as boas origens" (VI, 104). Donde também a rejeição das leis sociais: "O sábio não rege sua vida cívica pelas leis estabelecidas, mas pela virtude" (Diógenes Laércio VI, 11).

Em paralelo à riqueza e às leis, o prazer, ou ao menos o prazer que não decorre da virtude, também é rejeitado. A polêmica anti-hedonista de Antístenes, em particular contra o prazer sexual, é notória: Diógenes Laércio relata que "ele dizia constantemente: 'é preferível ser louco a ceder aos sentidos'" (VI, 3). Mas alguns testemunhos vão mais longe. Por ordem crescente de anti-hedonismo, citamos em primeiro lugar o de Sexto Empírico: "aquele que dizia: 'é preferível ser louco a ceder aos sentidos' tinha o prazer na conta de um mal" (*Adversus Mathematicos* XI, 73). Mais incisivo, Diógenes Laércio afirma que, para Antístenes, o prazer *é* um mal.[48] E, mais incisivo ainda, Aulo Gélio diz com todas as letras

---

48 Diógenes Laércio IX, 101 (a propósito de Pirro, o qual defendia que não havia bem ou mal por natureza): "Com efeito, o prazer é um bem segundo Epicuro, e um mal segundo Antístenes".

que, segundo Antístenes, o prazer (*voluptas*) era o mal supremo (*Noites áticas*, IX, 5, 3). O equivalente desse anti-hedonismo é o ascetismo ou mesmo a doutrina do "sofrimento é um bem": Diógenes Laércio, propondo os exemplos de Ciro e Hércules, atribui-lhe explicitamente essa posição (VI, 2).

A virtude se apresenta, portanto, na posição clássica de princípio fundador: o que é X por si mesmo e somente pelo qual todas as outras coisas que são X o são. No caso em questão, a relação de assimetria entre o princípio e o que depende dele é a relação entre um bem primeiro (a virtude) e o restante de um sistema hierarquizado de bens que são bens apenas na medida de sua relação de dependência com o primeiro bem. Salvo a determinação ("virtude" no lugar de "prazer"), o *sistema ético* é o mesmo de Aristipo, e é nesse sentido que suas doutrinas opostas são ambas socráticas.

EUCLIDES DE MÉGARA

Essa doutrina pode ser vista em Euclides de Mégara, um socrático sobre o qual temos informações ainda mais escassas?

Não é certeza que Euclides tenha construído um sistema ético no sentido de Antístenes e Aristipo. Em todo caso, é impossível recuperar das entrelinhas dos testemunhos que temos as determinações "de conteúdo" do Bem que levariam adiante o empreendimento de Sócrates, radicalizando suas exigências. Mas Euclides, como os outros, e dessa vez de forma clara e explícita, enuncia as determinações *formais* do Bem, necessárias a toda ética socrática. É desse modo que podemos interpretar os poucos fragmentos que restam de seu pensamento ético.

Diógenes Laércio diz: "Euclides demonstrava que o bem é uno, a despeito dos nomes diversos que lhe dão: ora sensatez, ora deus, às vezes inteligência etc. Quanto aos contrários do bem, ele os suprimia, dizendo que eles não eram" (II, 106).[49] Podemos comparar essa observação a outra, do mesmo Diógenes Laércio, segundo a qual os megáricos reconheciam "uma única virtude

---

49 Tradução de Robert Muller, in *Les mégariques, fragments et témoignages*, assim como os fragmentos seguintes.

chamada de vários nomes" (VII, 161). Podemos assinalar, sobretudo, o que afirma Cícero: "Os megáricos diziam que é bem apenas o que é uno, sempre igual e idêntico a si mesmo" (*Acadêmicas* II, 42, 129).

Não querendo espremer demais esses minguados testemunhos, podemos pensar que Euclides seguiu de fato a via socrática tal como a definimos. Existe um Bem, ele é único, e todas as coisas ditas boas são boas apenas por depender desse único bem verdadeiro capaz de tornar compatíveis todos os fins humanos, e coerentes todas as opiniões que se podem formar a seu respeito.

PLATÃO

Nossa situação em relação a Platão é evidentemente o inverso daquela em relação a Euclides de Mégara, mas a tarefa é tão difícil quanto ao número, à exatidão e à profundidade dos textos platônicos sobre o Bem como é quanto à escassez de informações sobre Euclides. Tarefa difícil, mas sobretudo absurda: como querer reduzir a obra ética de Platão ao esquema socrático que estamos tentando explicitar? Além do mais, é incongruente querer resumir sua inspiração principal a um pequeno número de teses dogmaticamente sintetizadas.

Todavia, podemos levantar, à guisa de indicação, alguns pontos que fariam de Platão um discípulo socrático como os outros.

Toda a reflexão ética de Platão começa, talvez, nos chamados diálogos socráticos, na conciliação socrática do *kalon* e do *agathon*.[50] No *Górgias*, a unidade do Bem o conduz a paradoxos bastante conhecidos: melhor sofrer injustiça do que cometê-la etc. Em outras palavras, essa *posição* socrática da unidade do Bem é formulada na doutrina platônica sob a seguinte *tese*: o que aparece como um bem para outrem e um mal para si mesmo (ser justo, ser punido) é, em primeiro lugar, um bem para si; de modo inverso, o que aparece como um mal para outrem e um bem para si mesmo (ser injusto, não ser castigado) é, em primeiro lugar, um mal para si mesmo. Logo, existe apenas um

---

50 Cf. textos citados anteriormente, p.228, n.38.

Bem, de qualquer ângulo que se olhe, e ele é absoluto, isto é, independe da relação com aquele que o visa: "fazer o bem" (ou melhor, ser justo) é um "bem próprio" e não um bem para outrem, como em geral acreditam os homens. Nisso consiste também o principal objetivo da *República*: responder ao desafio de Glauco e Adimanto, que tentaram mostrar, como Trasímaco, que o bem não é o mesmo se o louvamos nos outros ou se o procuramos para nós mesmos. Todo o empenho da *República*, portanto, é no sentido de mostrar que o que consideramos um bem, desde que seja *reconhecido* como tal, é em primeiro lugar um bem em si, que vale a pena possuirmos mesmo que tenhamos o anel de Giges (II, 366b-367e). Essa não é outra maneira de dizer que aquele que não se conduz de maneira admirável (ou seja, com justiça) não pode ser "bom" (ou seja, feliz), que é preciso ser *kalos* para ser *agathos*? De todo modo, é inegável que o esforço de Platão consiste em mostrar a unidade e a unicidade do fim, ao qual ele dá explicitamente o nome de Bem.

Assim, toda a *República* poderia ser reinterpretada sob essa perspectiva "pós-socrática". Como a reflexão ética de todos os seus "condiscípulos", a de Platão também obedece à *exigência* socrática de definições[51] e culmina na busca da definição do Bem único, que fundamenta todos os outros e se encontra no princípio da ação (em vista do qual todas as coisas são feitas). A diferença é que, no caso de Platão, esse Bem é também princípio de conhecimento, e até princípio de existência. E, de fato, essas são as famosas teses sobre o Bem defendidas por Platão nas três imagens da *República*.[52]

Podemos objetar que, em Platão, o estabelecimento de definições, que é precisamente a tarefa do conhecimento, malogra justamente na ideia do Bem, que resiste a qualquer definição porque está "além da essência";[53] podemos acrescentar que essa inacessibilidade torna imprescindível o expediente das três imagens

---

51 Como demonstram os diálogos ditos "socráticos", que evidentemente não são peças constitutivas de somenos importância da filosofia de Platão.
52 Especialmente a do Bem-Sol da *República* VI, 506d-509b.
53 *República* VI, 509b. Sobre o caráter indefinível do Bem, cf. 506d-e.

dos livros VI e VII (sol, linha, caverna), que funcionam como a definição impossível. Mas será que é realmente incontestável que não há na *República* uma definição desse Bem único da qual depende toda a ética de Platão?

Nós a encontramos não nos livros principais, mas no Livro X: "O bem é o que preserva cada coisa e lhe é útil" (608e). Ora, essa definição do Bem pode ser considerada, à semelhança do prazer em Aristipo ou da virtude em Antístenes, o princípio de todo o edifício doutrinal, na medida em que explica por que o Bem está na posição de fundamento não fundamentado de tudo que depende dele. De fato, essa definição é explicitamente a proposição na qual se fundamenta a demonstração da imortalidade da alma no Livro X da *República* – o que, como se convirá, é um pilar importante da doutrina. Mas isso não é tudo. Pois é nessa definição do Bem, sem dúvida, que se fundamenta ao menos implicitamente toda a teoria do Bem dos livros VI e VII (e portanto toda a cosmologia e toda a teologia platônicas). Se o Bem está além da *ousia* (ou seja, da essência e da existência), não é justamente porque é definido como aquilo que preserva cada coisa e lhe é útil? Uma coisa que não contém nada de bom não pode ser, e uma coisa que não contém nada que não seja bom não pode não ser. Podemos deduzir daí que todo ser, para ser e ser o que é, deve conter o bem dentro de si. Em outras palavras, isso mostra que o Bem é a única coisa do qual dependem todas as outras (para ser, para ser o que elas são e para serem boas), enquanto ele, o Bem, não depende de nada a não ser de si mesmo para ser, para ser o que ele é e, por conseguinte, para ser bom.[54] Ora, essa é exatamente a posição do Bem nas éticas de Aristipo e Antístenes (a de princípio) e é precisamente a estrutura formal que deduzimos da ética propriamente socrática.

Portanto, podemos resumir da seguinte maneira o que possibilitou que os herdeiros de Sócrates sistematizassem a posição desse Sócrates "máximo" do qual fizemos a hipótese: ser discípulo de Sócrates consiste em tentar *unificar* a conduta fazendo-a

---

54 Essa será exatamente a maneira como Platão será lido, por exemplo, por Santo Agostinho (cf. *Confissões* VII, 12).

repousar sobre um princípio, um princípio universalizável, um princípio de unidade e coerência absoluta, um princípio que evidentemente não seja político nem religioso, um princípio que seja "racional". Ser discípulo de Sócrates consiste em tentar reunificar os homens entre si mediante a reunificação de cada um consigo mesmo; constituir um sujeito moral como um sujeito da verdade e pensar tudo que ele faz como proveniente de uma instância absolutamente coerente. E nessa "relação consigo mesmo", na maneira como cada um é si mesmo, apenas si mesmo, em harmonia consigo mesmo e sempre *fiel* a si mesmo, é que cada um é o mesmo que todos. Portanto, cada um tem de ser apenas si mesmo, isto é, o mesmo que si, *para visar a um Bem único e o mesmo que todos os outros*. É esse Bem que cada um dos socráticos tenta determinar à sua maneira, todos individualmente fiéis a Sócrates e coletivamente infiéis, como sempre são os discípulos.

Ao contrário do que é proposto em geral, não tínhamos a intenção de mostrar o que cada discípulo deve ao ensinamento de Sócrates: por exemplo, o que Aristipo deve ao "utilitarismo" de Sócrates, ou o que Antístenes deve à *enkrateia* (autodomínio), à *phronesis* (sabedoria) socrática ou à tese da ensinabilidade da virtude. Não tínhamos o objetivo de estudar o socratismo de cada socrático, mas o que significava para todos, distributivamente, *ser discípulo de Sócrates*. E o que chamamos o "paradoxo do socrático" parece ter sido esclarecido, ou resolvido por completo. Se a história dos discípulos de Sócrates mostra como todos puderam ser inteiramente fiéis a ele, fundando doutrinas antagonistas, isso se deve a três aspectos do pensamento de Sócrates.

Deve-se, em primeiro lugar, ao seu modo de ensinar, marcado mais pela "convivência" e pela "amizade" (a *sunousia* e a *philia*) do que pela constituição de um conjunto de verdades transmissíveis e compartilháveis. Deve-se, em segundo lugar, ao seu modo de interlocução e à própria estrutura do *elenchos*, que o destino disjunto dos discípulos reproduz "em letras capitais". Por fim, deve-se talvez ao próprio pensamento socrático, marcado por uma tese (a unidade do Bem) e dois preceitos (definir o fim último e agir de maneira perfeitamente coerente com esse fim posto em posição de princípio) que se encontram exatamente como tais em nossos quatro discípulos: cada um à sua maneira e, no fim das contas, talvez de todas as formas possíveis, cada um constitui uma doutrina ética, ausente no próprio Sócrates, mas a fidelidade à palavra dele exigia do discípulo que ele a elaborasse. Pois o discípulo não é nada mais do que essa função metadiscursiva da palavra do mestre que faz dela um todo.

8

SER DISCÍPULO DE EPICURO

A filosofia socrática não é uma construção de Sócrates, mas dos socráticos – seja porque os discípulos criaram e elaboraram uma filosofia que no mestre era apenas um modo de viver e comunicar-se, seja porque levaram a cabo suas possibilidades e trouxeram à tona suas tensões. A filosofia socrática só podia existir nos discípulos, pois Sócrates só podia ser mestre deles sob a condição de não lhes transmitir filosofia nenhuma e, inversamente, eles só podiam ser filósofos sob a condição de, em nome do mestre, elaborar sua própria filosofia.

Ao que parece, a filosofia epicurista é o caso inverso. Ela é inteiramente elaborada, escrita e acabada pelo mestre, e os discípulos apenas a aceitam, aprendem e repetem. Mas, exatamente por isso, sua essência talvez seja revelada pela posição na qual ela põe seus discípulos. Pois se ela foi essencialmente elaborada *para* ser aceita, escrita *para* ser aprendida e acabada *para* ser repetida, o discípulo seria não apenas o destinatário passivo da doutrina, mas também o que revela seu sentido. Sendo assim, não foi apenas por acaso que o texto mais bem elaborado e acabado do epicurismo que sobreviveu até hoje tenha sido o de um discípulo, Lucrécio.

Qual é o *sentido* da filosofia epicurista? O que é filosofar para o epicurista? Por que filosofar quando se é epicurista? Para responder a essas perguntas, decerto podemos interrogar os textos epicuristas, e em especial os que definem a filosofia. No entanto, essa abordagem não pode ser primordial nem suficiente, pois há o risco de não fornecer toda a resposta que esperamos. Ela cai em um círculo.

Para avaliar o sentido da filosofia epicurista pelos textos que determinam sua natureza, teríamos de saber antes por que eles foram escritos, e a que visavam ao propor tal definição da filosofia. Mais em geral, não estamos seguros de que os enunciados, as asserções e as teses que sobreviveram de uma filosofia antiga sejam suficientes para nos mostrar seu sentido, se não nos perguntarmos: o que é esse texto? A que gênero pertence? A quem se dirigia e a que se destinava? Qual era seu modo de enunciação e emprego? Enfim, ao contrário de um texto filosófico moderno, cujo modo de enunciação é mais ou menos conhecido (tratado legitimamente destinado a ser lido por todos e visando à enunciação de verdades universais), os textos filosóficos antigos não pertencem todos a um mesmo tipo de discurso, e o sentido que convém dar aos seus enunciados depende em grande medida do "gênero literário" a que pertencem. Os *Diálogos* de Platão certamente não tinham o mesmo uso, a mesma destinação e o mesmo público que os escritos de Aristóteles que sobreviveram até nós. Isso é particularmente verdadeiro para os textos filosóficos de Epicuro, que não pertencem ao mesmo gênero dos de Platão ou de Aristóteles, ainda que, *para nós*, pertençam todos à "filosofia". Por isso, para compreendermos o sentido da filosofia epicurista, e antes de encontrarmos a resposta teórica que os epicuristas davam à questão "o que é a filosofia?", temos de nos perguntar *o que são* esses textos filosóficos. Antes de descobrir o que eles enunciam, temos de nos interrogar sobre seu modo de enunciação. Antes de descobrir o que eles dizem, temos de saber a quem eles o dizem. Dessa forma poderemos avaliar melhor o que eles devem aos discípulos.

Os textos filosóficos epicuristas

O primeiro ponto que convém salientar é que, em sua maioria, os textos da tradição epicurista que sobreviveram (as três *Cartas* de Epicuro, suas quarenta *Máximas principais*, a coletânea das *Sentenças vaticanas*, o poema *Da natureza*, de Lucrécio, e a obra mural de Diógenes de Oenoanda) pertencem, *grosso modo*, a um mesmo gênero, são enunciados por um mesmo tipo de sujeito e são dirigidos a um mesmo tipo de destinatário.

Trata-se, em todos os casos, de discursos que expõem a doutrina epicurista como um conjunto *acabado* de verdades, um todo doutrinal já constituído de conceitos, teses e teorias articuladas, já existente como tal. A totalidade da doutrina, isto é, toda a doutrina e a doutrina como um todo, é sempre já existente antes de sua enunciação.[1] Sem investigação hesitante, sem encaminhamento dificultoso, sem confirmação de hipóteses, sem discussão de teses anteriormente aceitas, porque a verdade já existe e só resta expô-la: ela não aparece à frente do texto como aquilo a que ele visa, mas sim atrás dele como aquilo que o precede e determina. Enfim, esses discursos são discursos que podemos qualificar de *dogmáticos*.

Trata-se, em todos os casos, de discursos proferidos por um mestre e dirigidos a um discípulo em particular, real ou potencial, isto é, são discursos enunciados por um sábio que possui a verdadeira doutrina e já a pratica, e dirigidos a um discípulo adiantado, ou não, para que ele aprenda ou progrida na aquisição e na prática dessa doutrina: Epicuro dirige-se a Meneceu, Pítocles ou Heródoto (ao discípulo que está começando o estudo da natureza ou ao físico já em estágio adiantado);[2] Diógenes, autor da extensa inscrição mural de Oenoanda, dirige-se ao transeunte; Lucrécio

---

1 Cf. o conteúdo dos prelúdios em Lucrécio, em especial os de louvor a Epicuro (I, 62-79, III, 1-30, V, 1-58) ou à sua doutrina (IV, 1-25); cf. também o início da *Carta a Heródoto* (35) e da *Carta a Pítocles* (85): "Trata então de captar bem o que se segue e, guardando-o na memória, faze dele objeto de estudo diligente, junto com os outros pequenos tratados do pequeno compêndio enviado a Heródoto". Essa tradução, assim como a de todos os outros textos de Epicuro, é de Marcel Conche (*in Lettres et maximes*).

2 Cf. os dois tipos de destinatários que a Carta a Heródoto distingue em 35-7: os que não podem se dedicar ao estudo minucioso dos livros sobre a

dirige-se a Memmius.[3] Além disso, no caso de Lucrécio, há um elemento particularmente evidente: o fato de se tratar ao mesmo tempo do discurso de um mestre que deseja converter seu interlocutor, Memmius, e do discurso de um discípulo convertido que homenageia seu mestre e salvador, traduzindo o discurso deste para seu interlocutor. O *De natura rerum* pode ser inteiramente lido segundo esse duplo endereçamento.[4] Enfim, podemos qualificar esses discursos como *magistrais*.

Por último, trata-se, em todos os casos, de discursos dirigidos ao discípulo não só para lhe transmitir uma doutrina, isto é, um conjunto de verdades, mas para mudar sua vida: impor-lhe uma conversa,[5] fortalecer suas resoluções, transformar suas crenças, acalmar seus medos e desejos, dissipar suas ilusões, mudar seus hábitos. Eles se concebem como práticas discursivas destinadas não apenas a ser lidas, compreendidas e aceitas, mas também para ser retomadas, aprendidas e refletidas, por causa do efeito benéfico e transformador que elas têm. Por exemplo, Epicuro define nos seguintes termos a finalidade da *Carta a Heródoto* (83): "Esse discurso sendo fielmente retido na memória tem, creio, o poder de fazer qualquer um, mesmo não procurando todas as precisões do detalhe, adquirir uma força incomparável em relação aos outros homens".[6] O que esse texto diz fazer é o que todos visam fazer. Eles são *conativos*.[7] Assim, todos os discursos

---

Natureza e os que, tendo-os já estudado, precisam conservar na memória seu esquema geral.

3 Cf., em Lucrécio, os frequentes endereçamentos ao destinatário Memmius (por exemplo I, 24-7, 80-2; II, 62-6, 142-3, 182), que na maioria das vezes têm uma função determinante nas argumentações (por exemplo I, 398-417, 1052 ss.; II, 383-421, 485 ss.).

4 "Lucrécio mantém uma espécie de duplo colóquio singular, de um lado, com seu mestre Epicuro, isolado e colocado em um pedestal heroico; de outro, com seu interlocutor Memmius, cuja amizade será a recompensa por seu trabalho solitário", escreve Brunschwig, *Dictionnaire des philosophes*, p.1641.

5 Discursos de exortação, ou "protrépticos": Diógenes Laércio (X, 28) refere-se a um livro de Epicuro como protréptico.

6 No mesmo sentido, cf., por exemplo, *Carta a Meneceu* 123 e 135, *Carta a Pítocles* 85 e 116, Lucrécio IV, 11 ss., Diógenes de Oenoanda, fragm. 24, 3.

7 Emprestamos esse termo de Roman Jakobson, que qualifica da seguinte maneira uma das funções da linguagem (centrada no destinatário para se obter dele certo tipo de comportamento): "a função conativa encontra sua

epicuristas se apresentam como dogmáticos em relação à sua própria verdade, magistrais em relação ao seu sujeito de enunciação e conativos em relação ao seu destinatário.

Podemos abordar agora os textos que formulam *ex professo* uma definição da filosofia que essas três características nos ajudam a esclarecer e que, de modo recíproco, ela nos ajuda a compreender. Segundo Sexto Empírico, "os epicuristas pretendiam oferecer uma técnica que permitisse viver; e Epicuro dizia: 'A filosofia é uma atividade [*energeia*] que, mediante discursos e raciocínios, nos propicia a vida feliz".[8] Examinemos essa definição.

A definição da filosofia

A filosofia é, portanto, uma "técnica de vida" ou, nos termos traduzidos com muita exatidão por Cícero, um *ars vivendi*.[9] É provável que, para seus contemporâneos, essa técnica só pudesse ser praticada nas condições de vida oferecidas pela comunidade dos amigos do Jardim, resumidas na *Sentença vaticana* 41: "Devemos rir e junto filosofar e governar nossa casa e usar de todas as outras coisas que nos são próprias e nunca deixar de proclamar as máximas da reta filosofia".

Mas, por outro lado, é uma atividade, isto é, não é um conjunto de doutrinas verdadeiras que em seguida, de forma independente ou em consequência, permite sermos felizes, mas a realização da vida feliz em si, porque, como diz a *Sentença vaticana* 27, nas "outras ocupações, depois que são cumpridas com esforço, vem o fruto, mas na filosofia o prazer caminha de mãos dadas com o conhecimento: pois não é depois de aprender que se

---

mais pura expressão gramatical no vocativo e no imperativo" (Jakobson, Linguistique et poétique, in *Essais de linguistique générale*, p.216).

8 *Adversus Mathematicos* XI, 169 (Us. 219).

9 Cícero, *Da finalidade do bem e do mal* I, 21, 72 (Us. 227): "Epicuro, como Platão, diz Torquatus, deveria cansar-se estudando música, geometria, aritmética, astronomia, ciências que, por partir de princípios falsos, não podem ser verdadeiras? A única arte verdadeira, a suprema ciência, é a arte de viver [*vivendi artem*]".

goza do fruto, mas aprender e gozar vêm juntos". A filosofia é, portanto, uma *energeia* que leva à felicidade, sendo ao mesmo tempo, por si mesma e em si mesma, agradável. Como entender isso?

O sentido de *energeia* esclarece esse último ponto. O termo, raro no *corpus* epicurista, aparece na comparação proposta por Diógenes Laércio entre a doutrina epicurista e a doutrina cirenaica do prazer: "A ataraxia e a ausência de dor [as duas condições da vida feliz] são os prazeres constitutivos; a alegria e o contentamento são vistos, em razão de sua atividade [*energeia*], como prazeres em movimento".[10] A *energeia* está ligada, portanto, a um certo movimento, ao do "prazer em movimento"[11] que acompanha a recuperação do estado inicial natural de equilíbrio do corpo, e distingue-se do prazer estável que constitui seu limite,[12] isto é, "o prazer constitutivo", que consiste na *consciência*[13] desse equilíbrio, a qual permite que o indivíduo que goza dela tenha o exercício pleno de suas faculdades vitais e sensoriais. A filosofia é, portanto, uma *atividade* tomada nesse sentido, e entendemos que é, em si mesma, um movimento que leva ao seu termo e a um prazer (um prazer em movimento); seu termo é a vida feliz e, por conseguinte, ausência de perturbação e dor ("ataraxia" e "aponia"), que são sua condição necessária e suficiente. Sendo um prazer em movimento, a filosofia está ligada à satisfação de um desejo; sendo um movimento que leva ao seu termo, está ligada a um desejo natural (o desejo natural, como o movimento natural, é aquele pelo qual um corpo recupera seu estado natural); enfim, esse termo sendo a felicidade, a filosofia está ligada a um desejo natural e necessário. O lugar do desejo de filosofia na classificação

---

10 Diógenes Laércio X, 136 (Us. 2).

11 Ibid.; Cícero, *Da finalidade do bem e do mal* II, 3, 9 (*voluptas in motu*).

12 Cf. Epicuro, *Máximas principais* III: "O limite da magnitude dos prazeres é a eliminação de toda dor".

13 "Sente-se" (*sentiri*): cf. Cícero, *Da finalidade do bem e do mal* I, 9, 30. Essa consciência (*sensus*) faz parte da própria essência do prazer (I, 9, 30-1). Portanto, o prazer constitutivo não é, como às vezes se diz, a ausência de dor, que poderia ser confundida com a morte, mas a consciência dessa ausência e, no caso do animal, o gozo correlativo de todas as suas faculdades vitais. No caso do vivente, a diferença entre vida e morte, vida plena (agradável) e morte absoluta (neutra), não é nada mais do que essa consciência.

dos desejos (*Carta a Meneceu* 127) é: primeiro gênero (natural), primeira espécie (necessário) e, nesta, primeiro tipo (necessário à felicidade). E o lugar do prazer de filosofar na classificação dos prazeres é: prazer da alma em movimento que tende ao seu limite. E, visto que a filosofia é a satisfação de um desejo natural ao ser vivo que é o homem, um desejo universal e pertencente a sua natureza (todo homem busca *naturalmente* ser feliz), a filosofia dirige-se a todos, sem distinção de classe social, status jurídico, sexo, educação ou idade.[14] Donde se compreende por que entrar no Jardim, entrar na filosofia, é desaprender as pseudociências, notadamente a matemática, e é, mais em geral, abrir mão de toda cultura (*paideia*)[15] para aprender a *viver*. Essas três últimas características estão evidentemente relacionadas: porque a filosofia visa a um desejo naturalmente humano, a felicidade, é que ela tem uma destinação universalista e começa pela negação de toda precondição cultural. Por isso mesmo, a filosofia epicurista opõe--se termo por termo, por exemplo, à filosofia platônica. Para Platão, a filosofia não é uma arte de viver, mas o amor à verdade por si mesma (*República* V, 475e): ela não visa à felicidade concebida como saúde, mas ao conhecimento imutável. Ela também não se dirige a todos os homens com o pretexto de que todos os homens desejam naturalmente a felicidade, mas aos raros homens que são capazes de alcançar a verdade, devidamente escolhidos por seus dons naturais, sucessivamente selecionados ao fim de provas diversas, e tendo idade suficientemente avançada para ter esse amor desinteressado pela verdade. Enfim, longe de instituir-se

---

14 Cf. o início da *Carta a Meneceu* (122): "Que ninguém, sendo jovem, tarde a filosofar, nem velho, se canse da filosofia. Pois, para ninguém, nunca é cedo demais ou tarde demais para garantir a saúde da alma". Cf. também Lactâncio: "Se a natureza do homem é capaz de sabedoria, convém que os artesãos, os camponeses [*rusticos*], as mulheres, em suma, tudo que tem forma humana seja educado para saber, e que a multidão dos sábios seja constituída de pessoas de toda língua, condição, sexo e idade [...]. Epicuro também [pensava assim] convida os iletrados à filosofia". Esse último testemunho corresponde ao que sabemos por outras fontes da prática do Jardim.

15 Contra a *paideia*, cf. Epicuro, *Sentença Vaticana* 45; cf. também a frase atribuída a Epicuro (segundo Diógenes Laércio X, 6): "Foge a todo pano de toda cultura [*paideia*], camarada".

pela negação de toda a *paideia*, e em particular das ciências matemáticas, a filosofia para Platão é o fim mais elevado da *paideia*, seu terceiro ciclo e o coroamento dos estudos matemáticos (que não são mais do que sua propedêutica).

Explicam-se desse modo duas das características que apontamos nos textos epicuristas. Esses textos são *conativos* porque, mais do que uma arte de viver, eles transmitem uma doutrina ou uma teoria e, por consequência, um conjunto de saberes práticos, de práticas comuns ou exercícios espirituais, no sentido dado por Pierre Hadot.[16] Esses textos são *magistrais* porque aquele que os enuncia conhece melhor do que aquele a quem ele se dirige o que ele é e o que é bom para ele,[17] da mesma forma que o médico conhece melhor do que o doente o estado em que ele se encontra e os remédios que lhe convêm: o discípulo sofre, é infeliz ou está perdido, e *precisa* de "discursos e raciocínios" filosóficos como instrumentos para sair desse estado. É por isso que esses "discursos e raciocínios" filosóficos de que fala Sexto Empírico, satisfazendo o desejo natural e necessário do discípulo de viver sem perturbação, vêm acompanhados do prazer em movimento por meio do qual ele recupera a saúde de sua alma. Portanto, a filosofia corresponde inicialmente a um desejo (ou mesmo a uma necessidade) daquele a quem ela se dirige, isto é, o doente, como atesta a *Sentença vaticana* 54: "Não se deve fingir que se filosofa, mas filosofar de verdade; pois não temos necessidade de aparentar boa saúde, mas tê-la de fato". O mestre que enuncia esses discursos ocupa a posição estável, permanente e imóvel do sábio, modelo e fim da vida feliz; à semelhança dos deuses, ele goza do prazer estável, imutável e constitutivo dos desejos satisfeitos e da vida sem perturbações. Portanto, há uma analogia perfeita entre a filosofia e o "prazer em movimento", de um lado, a sabedoria (*sophia*) e o "prazer constitutivo", de outro: um (a filosofia, o prazer em movimento) é o resultado da ação do discípulo, destinatário dos

---

16 Cf. Hadot, *Exercices spirituels et philosophie ancienne*.

17 Cf. Sêneca, *Carta a Lucílio* 52, 3: "Alguns, diz Epicuro, precisam de auxílio: eles não progridem se não há alguém marchando à frente deles, mas saberão segui-lo. Metrodoro, segundo ele, é desse grupo". Cf. Lucrécio IV, 10-25, bem como Filodemo, *Sobre a parrésia* 39.

discursos e raciocínios, doente que está recuperando sua saúde; outro (a sabedoria, o prazer constitutivo) é o estado do mestre, médico da alma com seus discursos e sábio sem perturbações. Pois a filosofia tende ao seu próprio limite, isto é, à sabedoria, da mesma forma que o movimento tende ao repouso, e o prazer em movimento tende ao prazer constitutivo, e o discípulo, à medida que se cura, tende a tornar-se igual ao mestre.

Donde se compreende o sentido do fragmento epicurista:

> Vazio é o discurso do filósofo que não cura o homem de nenhum sofrimento; pois do mesmo modo que a medicina não tem nenhuma utilidade se não expulsa as doenças do corpo, assim também a filosofia não tem nenhuma utilidade se não expulsa o sofrimento do corpo. (Porfírio, *Ad Marcellam* 31)

O sentido mais profundo dessa observação cabe inteiro em uma única palavra: "vazio", que aqui tem um valor triplo.

A filosofia é plena ou vazia, como as duas substâncias constitutivas da natureza: o "pleno" e "o vazio", e nada além disso, segundo a lógica bivalente estrita do materialismo epicurista: tudo é corpos ou vazio – não há uma terceira substância.[18] Quanto ao discurso, ele é pleno (quando existem realidades sob as palavras) ou vazio (quando não remete a nada, a não ser a ele mesmo, é puro *flatus vocis*).[19] O discurso sobre a natureza, em particular, é pleno se tem efeitos benéficos para a alma corpórea, ou vazio se não tem esses efeitos: "Pois não se pode estudar a natureza a partir de axiomas vazios [...], e sim como exigem os fenômenos. De fato, nossa vida não tem necessidade de desrazão e opiniões vazias, mas de desenvolver-se sem perturbação".

No entanto, o conceito de vazio, além de uma conotação física ("vazio" por oposição a "pleno", isto é, ao *corpo*, visto que existem duas classes de seres) e uma conotação canônica (os discursos "vazios" são insignificantes porque não possuem referente

---

18 Epicuro, *Carta a Heródoto* 39-40; Lucrécio I, 418-48.
19 "É preciso captar o que está por baixo dos sons, sem isso não teríamos mais do que sons vazios" (*Carta a Heródoto* 38).

corpóreo, as opiniões vazias são insignificantes porque não possuem efeitos *corpóreos*), tem um sentido ético: assim como existem duas classes de seres, e somente duas, existem duas classes de desejos, e somente duas: os desejos naturais e os desejos vazios. Os desejos não naturais são vazios, isto é, sem objeto real, visto que não visam ao restabelecimento do equilíbrio do organismo e, consequentemente, podem apenas manter a si mesmos ao infinito. *"Vazio* é o discurso do filósofo que não cura o homem de nenhum sofrimento", visto que a filosofia que não conduz ao seu fim (a sabedoria) apenas mantém o desejo vazio de saber pelo saber, como a *paideia*, ou como o desejo sem limite de riqueza ou poder,[20] visto que sempre se pode saber *mais*, do mesmo modo como sempre se pode ser *mais* rico.

É, portanto, nos três sentidos do termo "vazio" (remetendo aos três aspectos da filosofia: físico, canônico e ético) que a filosofia que não cumpre sua finalidade terapêutica é vazia: ela é fisicamente vazia, isto é, não é de fato filosofia; é canonicamente vazia, isto é, sem significação, da mesma forma que o som vazio é sem referência real e a opinião vazia é sem efeito sobre a alma; é eticamente vazia, isto é, sem limite assinalável, da mesma forma que o desejo vazio é sem objeto real.[21]

---

20 Cf. *Máximas principais* XV (e *Sentença vaticana* 81). Note que todos os desejos vazios são uma transposição para o ilimitado (para a desnaturalização) de um desejo natural (limitado). Mesmo os desejos mórbidos (Cícero, *Da finalidade do bem e do mal* I, 19, 59), os desejos de riqueza, glória e poder são derivados de um desejo natural, o desejo de viver em segurança em relação aos outros homens, como podemos ver nas *Máximas principais* (VI, VII e XIV) e em Lucrécio (V, 1115 ss.). Esse desejo é natural e necessário, e sua satisfação é um componente essencial da felicidade do sábio. Assim, o desejo de saber dos curiosos, dos que querem saber sempre mais, dos que tentam conhecer a natureza das coisas e mergulham na investigação científica, independentemente de qualquer efeito terapêutico, esse desejo ilimitado é evidentemente uma perversão, uma desnaturalização do desejo natural de todo homem de se sentir em segurança em relação aos fenômenos naturais e, portanto, de viver sem perturbações, desejo este necessário à felicidade (cf. Epicuro, *Máximas principais* XI). Cf., por exemplo, a maneira como Lucrécio V, 1183 ss., explica a gênese da religião a partir do desejo natural de sentir-se seguro em relação aos fenômenos naturais.

21 Sobre a relação entre a opinião vazia e o desejo vazio (ilimitado), cf. *Máximas principais* XV, XXIX e XXX.

A própria concepção que os epicuristas faziam da filosofia esclareceu duas das características de seus textos filosóficos. São textos *conativos*, ou seja, práticas discursivas, porque a virtude do discurso é prática; são discursos *magistrais*, porque só podem ser enunciados pelo mestre, pelo médico, pelo sábio, felizes e imutavelmente sem perturbações, em intenção do discípulo, do doente, do que ainda não é sábio, mas está a caminho de ser (ele é o "filosofante"),[22] do que ainda não é feliz, mas já é alegre, do que se sente prisioneiro das perturbações, mas está a caminho de libertar-se delas. Resta a terceira característica: por que esses textos são *dogmáticos*, no sentido de que enunciam uma verdade que os precede?

A terapêutica das paixões

Um primeiro elemento de resposta a essa questão é dado pela função da filosofia como medicina da alma. O filósofo é médico porque os homens estão doentes. São quatro as doenças principais das quais eles sofrem quando não estão em seu estado natural, e essas doenças supõem duas formas de relação desnaturada no tempo futuro: um desejo vazio (ou fútil), isto é, uma expectativa vã de um bem impossível, e três temores vazios (ou fúteis), isto é, expectativas vãs de males impossíveis. O desejo vazio é o desejo ansioso, insaciável, ilimitado, que jamais obtém seu objeto (o bem) e, por consequência, nunca está em repouso;[23] os temores vazios são o temor dos deuses, o temor da morte e o medo da dor ilimitada. Em face dessas quatro paixões-doenças (*pathé*), é preciso adotar em sequência as duas grandes atitudes médicas possíveis: o modo "patológico" e o modo "etiológico";[24] primeiro atacar os males em si e tentar curá-los (função dos "quatros remédios", ou *tetrapharmakos*); depois atacar a causa que os originou,

---

22 "Filosofante", da mesma forma que, para o psicanalista lacaniano, o paciente é "o analisante".

23 Lucrécio III, 1052 ss. Cf. Porfírio, *Ad Marcellam* (Us. 471).

24 Os fragmentos que se conservaram do Livro XXXV do *Da natureza* comprovam o plano seguido por Epicuro nesse livro dedicado à conduta humana: a primeira parte é denominada patológica e a segunda, etiológica.

isto é, a ignorância (função da física). A própria forma como os remédios sintomatológico e etiológico são administrados nos permitirá compreender o caráter "doutrinal" dos textos epicuristas.

OS QUATRO REMÉDIOS

Em sentido estrito, o *tetrapharmakos* designa uma série de quatro sentenças lapidares que se encontram em inscrições ou na literatura epicurista (notadamente papirológica) e indiretamente resumem ou estruturam toda a ética epicurista. Em sua forma lapidar, enuncia-se da seguinte maneira:

Nada a temer do deus
Insensível à morte
O bem, fácil de obter
A dor, fácil de suportar.

Sabemos que o *tetrapharmakos* possui ao menos duas outras formas mais desenvolvidas. A primeira encontra-se nas *Máximas principais*: as quatro primeiras máximas correspondem tintim por tintim às quatro sentenças lapidares. Elas são reformuladas e, em cada caso, são acompanhadas de uma justificação na forma de proposição: a máxima 1 explica *por que* o deus não é temível; a máxima 2, *por que* a morte não é nada para nós; a máxima 3, *por que* é fácil alcançar o bem; e a máxima 4, *por que* a dor não é terrível. Além disso, na mesma coletânea das *Máximas principais*, a série das quatro paixões do *tetrapharmakos* constitui negativamente as quatro razões por que apenas a sucessão de prazeres não nos proporciona uma vida feliz (*Máximas principais* X) e positivamente os quatro motivos que justificam o estudo da física (*Máximas principais* XI).[25]

---

25 *Máximas principais* X: "Se as coisas que produzem os prazeres das pessoas dissolutas dissipassem os temores a respeito dos fenômenos celestes, da morte e da dor, e, além disso, ensinassem o limite dos desejos, não teríamos nada a censurar a essas pessoas, saciadas de prazer de todos os lados, e não tendo de lado algum nem dor nem tristeza, o que é precisamente o mal". *Máximas*

Mas as quatro sentenças aparecem sobretudo na *Carta a Meneceu*, cuja estrutura quadripartite corresponde tão bem ao *tetrapharmakos* que podemos dizer que a própria carta é apenas uma expansão e uma amplificação dos quatro remédios: os parágrafos 123-4 justificam, dessa vez por uma argumentação desenvolvida e não por uma simples proposição, o fato de que não há nada a temer dos deuses; os parágrafos 124-7 explicam por que não há nada a temer da morte; os parágrafos 127-30, por que é possível suportar a dor (aqui o 4 vem antes do 3); e os parágrafos 130-2 explicam como é possível obter a felicidade pela gestão sensata dos prazeres. A síntese final no parágrafo 133 repete a estrutura do *tetrapharmakos*, dessa vez no sábio, o qual é sábio exatamente porque conseguiu se libertar dos quatro males fundamentais: "Aquele que, em relação à morte, é constantemente sem temor, que se deu conta da finalidade da natureza, entendendo de um lado que é fácil alcançar e propiciar-se o limite dos bens, de outro que o limite dos males é breve no tempo ou leve na intensidade".

O *tetrapharmakos* é simplesmente um remédio sintomático. Ao contrário do que faz a física, ele não ataca o mal pela raiz, isto é, a ignorância da natureza das coisas. Apesar desse defeito, no entanto, é como se existissem três modos progressivos e sucessivos de administração desse remédio, correspondendo a três níveis de doença, ou melhor, a três graus de progresso da cura, correspondendo também a três níveis de discursividade do discurso do mestre: a sentença gnômica, em seguida as *Máximas* e depois a *Carta*.

No primeiro nível da aprendizagem (ou da cura), o aluno *assimila* as quatro sentenças gnômicas iniciais. Podemos observar que a *ars vivendi* existe já desde o primeiro grau – em estado concentrado, por assim dizer. Talvez essas quatro sentenças estivessem gravadas nos muros do Jardim de Atenas, como quinhentos anos depois um certo Diógenes mandou gravá-las nos muros de

---

principais XI: "Se em nada nos perturbassem as conjecturas angustiadas sobre os fenômenos celestes, e aquelas a respeito da morte, que ela possa ter alguma relação conosco, e ainda o fato de não conhecermos os limites da dor e dos desejos, não teríamos necessidade da ciência da natureza".

um vilarejo da Ásia Menor chamado Oenoanda. É provável que o discípulo que entrasse no Jardim já soubesse as sentenças de cor e, por conseguinte, em um sentido, não havia nada que ele já não soubesse, ao menos virtualmente, para alcançar a vida feliz, uma vez que esta consiste essencialmente em poder viver sem essas quatro perturbações fundamentais. Quem as conhece já tem em si ferramentas para enfrentar todas as situações e todos os males. Desde o princípio, já está inteiramente equipado. Tem em si, depositados, registrados em sua alma, uma ideia, um "esquema do todo"[26] como tal. Seu progresso na via da sabedoria e da cura ocorrerá não pelo *acréscimo* de verdades novas às verdades que ele já possuía, mas pela passagem por graus sucessivos de *desenvolvimento* desse *mesmo todo* que ele possuía desde o princípio e que aumentará progressivamente.

Podemos comparar a progressão do discípulo (ou do doente) contrastando a administração do *tetrapharmakos* nesse primeiro nível da sentença gnômica com os das *Máximas* e da *Carta*. As sentenças mais curtas são da esfera de uma preocupação imperiosa. Devem ser utilizáveis em todas as circunstâncias e adaptar-se a todas as situações. O tom, o modo de discursividade são imperativos e convêm às situações prementes às quais respondem com sua disponibilidade. Elas são uma resposta imediata aos quatro *pathé* fundamentais (desejo vazio e temores vazios), mas em seu próprio terreno. O remédio adequado a cada mal precisa estar sempre à disposição.[27] A temporalidade das sentenças é a do presente imediato. Não há tempo nem lugar para explicações ou justificações. O mal, o *pathos*, tem urgência, é preciso reagir com o antídoto adequado, atacá-lo com suas próprias armas: contra a paixão, a contrapaixão, podemos dizer, e tão presente e urgente quanto a paixão patogênica. Contra os temores, elas reagem com um "não". As sentenças possuem as características dos

---

26 Cf. a recomendação de Epicuro sobre a física no início da *Carta a Heródoto* (35): os que progrediram o suficiente sem estudar a obra completa também precisam ter na memória o esquema reduzido do sistema todo.

27 Por exemplo, contra a dor: "E agora, para a dor, eles sacarão, como da caixa de unguentos, a famosa medicina epicurista: cruel? Curta! Longa? Rápida!" (Cícero, *Da finalidade do bem e do mal* II, 7, 22).

pathé (desejo ou temor), aos quais elas replicam: eles são arracionais e sem memória.[28] Arracional (*alogos*) em dois sentidos: o afeto surge sem motivo e o remédio reage sem explicação; o afeto surge de forma antepredicativa, isto é, não proposicional: o temor do deus ou da morte impõe-se como tal, é um afeto simples e não analisável, e o remédio reage com uma frase nominal e não analisável. Sem memória, o desejo e o medo são sentidos no presente e o remédio é imediatamente disponível na consciência do discípulo, sem ligação com o que quer que seja, totalmente desconectado dos outros e sem mediação possível. O remédio deve ser administrável como um todo, sob uma forma global (*o quádruplo remédio*), mas cada um dos elementos que o constituem deve ser eficaz por si mesmo. Donde o estilo dessas sentenças interdependentes e separáveis ao mesmo tempo: a semelhança de construção dos quatro enunciados e o equilíbrio entre os dois últimos; essas particularidades se explicam por seu uso duplo, a assimilação global pela alma no momento da aprendizagem[29] e a rememoração, caso seja necessário: as sentenças formam um todo para que possam ser assimiladas com facilidade e memorizadas como um remédio único, mas cada uma tem de poder ser utilizada no presente, manter-se plenamente independente e não ter ligação lógica com as outras, o que permite que cada uma seja mobilizada em separado na presença do afeto.

No segundo nível estão as *Máximas*. O tom, o modo de discursividade são bastante diferentes. Elas empregam verbos que estão no indicativo. As máximas enunciam verdades – e não afetos. Mas, como as sentenças, todas têm mais ou menos a mesma estrutura: asseveram predicativamente uma opinião verdadeira que vem associada a uma justificação proposicional; elas

---

28 Trata-se, *stricto sensu*, das características da sensação segundo Diógenes Laércio X, 31 (cf. também Sexto Empírico, *Adversus Mathematicos* VIII, 9), e não do afeto (prazer/dor). Ora, como no mais das vezes as características da sensação são também as do afeto: por isso este é tão irrefutável quanto aquela e, como ela, pode valer como critério de verdade.

29 Isso facilitava a aprendizagem por memorização, que também valia para a coletânea das *Máximas principais*: "Qual dentre vós não decorou as máximas de Epicuro?" (Cícero, *Da finalidade do bem e do mal* II, 7, 20).

relacionam a rememoração de um fato (oposto a uma ilusão – a do doente) com o enunciado da sua razão de ser.

> O ser bem-aventurado e incorruptível não tem preocupações e não as causa a outrem [...] *pois* tudo isso é fraqueza.
>
> A morte não tem nenhuma relação conosco, *pois* o que está decomposto não sente [...].
>
> O limite da grandeza é a eliminação de toda dor; [*com efeito*] em toda parte onde existe o prazer, enquanto dura, não há lugar para a dor ou a tristeza [...].
>
> A dor não dura continuamente na carne; [*com efeito*] a mais extrema dura o tempo mais curto [...].

Vemos, portanto, que, assim como a forma concentrada das sentenças gnômicas combatia a paixão com antídotos que tinham as mesmas características dessas últimas (arracionais, imediatas, imperativas, sem memória, desconectadas), assim também a forma concentrada das máximas combate *opiniões* falsas (vãs e vazias) opondo-lhes opiniões (lembramos que são *"opiniões* fundamentais", *kuriai doxai*), mas opiniões verdadeiras, eficientes e plenas. Como observa Victor Goldschmidt, "diríamos que as *Máximas principais* constroem raciocínios cuja conclusão é dada pelas sentenças"; e acrescenta: "apesar de sua forma aforística, as quatro primeiras *Máximas* preocupam-se mais em raciocinar do que em concluir, e mais em ensinar a verdade do que em proclamá-la".[30]

De fato, o objetivo não é mais opor ao temor dos deuses um "não", um "não há nada a temer dos deuses!", mas opor a uma opinião falsa ("os deuses têm o poder de me fazer mal") uma opinião verdadeira ("o ser bem-aventurado e incorruptível não tem preocupações e não as causa a outrem"). Contudo, a opinião, ao contrário da sensação ou do afeto, não basta a si mesma, não se sustenta *por si mesma* em sua verdade, e esse é um dos fundamentos do Cânone.[31] Por isso é que é necessário justificá-la por um

---

30 Goldschmidt, *La doctrine d'Épicure et le droit*, p.255.
31 Cf. Epicuro, *Carta a Heródoto* 50, bem como o testemunho de Sexto Empírico, *Adversus Mathematicos* VII, 203 e 210.

primeiro nível de racionalidade: por que o ser bem-aventurado não causa preocupações a outrem? Porque isso seria obra de um ser fraco. Por que a morte não tem relação conosco? Porque o que está decomposto não sente etc. Portanto, as opiniões se situam duplamente no nível do *logos*: por seu caráter predicativo, como toda opinião, e por seu caráter explicativo, como toda opinião fundamentada. É visível o progresso em relação à sentença gnômica, que concentrava todo o efeito afetivo visado pela terapêutica: a perturbação imediata foi apaziguada, a violência inicial das paixões foi combatida e o doente pode ascender a um primeiro nível de racionalidade, o da máxima, que concentra a conclusão integral de um raciocínio ao qual em seguida ele poderá aspirar.

Esse é o efeito do terceiro nível, o da *Carta*. Depois que a dor do temor foi apaziguada, e depois que a opinião falsa foi combatida com a opinião verdadeira, essa opinião precisa ser mais radicalmente fundamentada em um raciocínio construído, que sustente e complemente a justificação que já está contida nas *Máximas*. Chegando ao nível do raciocínio, o remédio perde a autonomia que ele ainda tinha nas *Máximas* e reúne os quatro remédios em um único raciocínio ético, o raciocínio exposto na *Carta*. Mas paralelamente a esse movimento de *conjunção* das opiniões éticas, é preciso um outro, que alicerce os fundamentos canônico e físico de cada opinião ética e dessa forma conduza o *raciocínio* ético aos limites em que ele perde sua própria autonomia. É o que vamos ver no quadro a seguir, no qual comparamos, a título de exemplo, a maneira como a *Carta* e as *Máximas* combatem o primeiro mal, o temor dos deuses.

Máximas principais I	Carta a Meneceu 123	Análise
		Parte 1
(a) *O ser bem-aventurado e incorruptível*	(a) *Considerando o deus um ser vivo incorruptível e bem-aventurado,* (a') *conforme a noção comum do deus estabelecida em nós,*	[o que são os deuses]
----------	----------	----------

Máximas principais I	Carta a Meneceu 123	Análise
		Parte 2
(b) *não tem preocupações e não as causa a outrem; de sorte que não está sujeito nem à ira nem à benevolência:* (b') *pois tudo isso é fraqueza.*	(b) *não lhe atribuas nada que seja oposto a sua incorruptibilidade ou incompatível com a sua bem-aventurança;*	[o que é incompatível com a sua essência]
	(c) *mas pensa que ele possui tudo que é capaz de lhe conservar a beatitude com a incorruptibilidade.*	[o que é compatível com a sua essência]
	----------	----------
		Parte 3
	(d) *Pois os deuses são: de fato, é evidente o conhecimento que se tem deles.* (e) *Mas não são como os imagina o povo; pois o povo não conserva intacta a noção que tem deles...*	[As opiniões verdadeiras sobre os deuses canonicamente alicerçadas, opostas às presunções falsas do povo]

	(f) *A partir disso vêm dos deuses os maiores malefícios e os maiores benefícios.*	

O quadro possibilita um certo número de observações.

Note-se, em primeiro lugar, a semelhança de estrutura dos dois tipos de texto. A *Carta* aprofunda os fundamentos canônicos da opinião ética, e faz isso em três graus.

A *definição do deus*, que é a mesma nos dois textos (a: vivente incorruptível e bem-aventurado) é justificada na *Carta* pelo fundamento canônico de toda definição (a': apela para a teoria da noção comum estabelecida em nós). A prenoção do deus nada mais é do que a significação da palavra "deus" como referência à própria coisa.

A *existência dos deuses*, pressuposta na *Máxima*, é explicitada na *Carta* (d) e referida à sua fonte canônica (a evidência). Assim, tanto a essência quanto a existência dos deuses (que são tais que todos as concebem sem nenhuma dificuldade e, por isso, as *Máximas* não precisam justificá-las) são referidas na *Carta* aos modos pelos quais chegamos até elas: a existência impõe-se com evidência e a essência é conhecida pela noção comum.

Mas no terceiro grau, no grau da *opinião sobre os deuses*, a *Carta* aprofunda os fundamentos canônicos da opinião contidos nas *Máximas*. Sabemos que o cânon distingue o nível da evidência, no qual o erro é impossível, do nível da opinião, no qual o erro é possível, visto que o espírito acrescenta ou subtrai por si mesmo alguma coisa que não está presente na imagem. Assim, a oposição entre as opiniões verdadeiras e falsas sobre os deuses (e) é uma oposição entre as opiniões canonicamente fundamentadas (os deuses possuem todas as propriedades e apenas as propriedades compatíveis com a prenoção que temos deles) e as opiniões que são formadas de maneira arbitrária (os deuses possuem propriedades acrescentadas ou subtraídas da prenoção que temos deles).

Há na *Carta*, portanto, três níveis de justificação canônica da ética: a existência justificada pelo apelo à evidência sensível, a essência justificada pelo apelo à evidência da prenoção e a opinião justificada pelo apelo à regra de discriminação das opiniões segundo os critérios de verdade.

Mas também há de se notar que certos elementos presentes nas *Máximas* estão ausentes da *Carta*.

Comparem-se, por exemplo, as passagens (b) nos dois textos: diferentemente do que acontece na sentença gnômica ("Não há nada a temer dos deuses"), o temor não é mais citado como temor nas *Máximas* e na *Carta*; no entanto, na *Máxima*, a opinião ainda se assemelha ao temor, que continua implicitamente presente, ao menos em seu objeto: "causar preocupações a outrem" (a "*nós*"), "estar sujeito à ira" ou "à benevolência" (para *conosco*). Essas expressões estão situadas entre a presença do sintoma propriamente dito, como constata a sentença gnômica, e a ausência dele na *Carta*. A *Máxima*, portanto, ainda está muito próxima da paixão tal como o sujeito a vivencia; ainda tem um propósito prático e é utilizável na prática; ainda se apoia na paixão para purificar a alma dessa mesma paixão. Mas, afora isso, não há nada na *Carta* que faça alusão ao conteúdo do sintoma patológico como tal.

Em vez disso, as passagens (b) e (c) contentam-se em recorrer ao raciocínio que desenvolve dedutiva e aprioristicamente as consequências gerais e, por assim dizer, teóricas da definição do deus tal como ela está estabelecida em nós: um ser não tem outras propriedades que não sejam aquelas compatíveis com sua essência. O fato de que, entre essas propriedades incompatíveis (as supostas pelo povo), inclui-se o preocupar-se com o outro e ter paixões e desejos em relação a nós não é nem sequer mencionado. Vê-se por quê: em (b) a *Máxima*, ainda com um propósito de correção, parte de uma opinião falsa sobre os deuses e mostra sua falsidade, enquanto a *Carta* parte da opinião *verdadeira* e atém-se a ela. Na *Máxima*, o doente não apresenta mais afetos que necessitem de apaziguamento, mas ainda tem opiniões falsas que precisam ser corrigidas.

É por isso que as ordens de apresentação são inversas nas *Máximas* e na *Carta*. Nas *Máximas* (b), a consequência prática (para o doente) antecede a justificação teórica (b': "pois tudo isso é fraqueza"). Elas enunciam que o deus não pode nos fazer mal antes de explicar por quê; o fato de que a "fraqueza" seja logicamente incompatível com a "bem-aventurança" fica subentendido.

Na *Carta*, a ordem é inversa. Ela dá maior ênfase à incompatibilidade lógica entre a incorruptibilidade ou a bem-aventurança divinas e as opiniões ordinárias do povo, mas não especifica o conteúdo dessas opiniões e o povo aparece como povo, isto é, impessoal e exterior aos dois interlocutores. Segue a via sintética, de certo modo, e respeita a ordem do raciocínio real, sem se preocupar com as consequências práticas: parte do que são os deuses segundo a noção comum (a-b), deduz o que não pode e o que pode pertencer à essência divina (c) e, com isso, permite que a verdadeira noção dos deuses seja comparada com a representação popular dos mitos (e); apenas no final (f: "a partir disso") e de maneira absolutamente geral, sem entrar no detalhe das opiniões populares, aponta as consequências práticas das opiniões erradas ("os maiores malefícios" e "os maiores benefícios", em comparação com a "ira" e a "benevolência" da *Máxima*). Mas essas consequências estão em seu devido lugar, isto é, no dos efeitos, portanto estão na última posição, segundo a ordem da causalidade real, e adequadamente enunciadas em termos gerais, visto que agora é de fora,[32] do ponto de vista do "teórico", e não mais do "doente", que elas podem ser consideradas. Enfim, em vez de uma retrogradação terapêutica das consequências práticas ao seu princípio, há uma "descida" teórica dos princípios canônicos a suas consequências práticas. A preocupação explicativa passa à frente da ação curativa.

O *tetrapharmakos*, portanto, tem três modos de administração: desde o remédio mais concentrado das sentenças gnômicas até o raciocínio ético da *Carta*, passando pelas opiniões justificadas das *Máximas*. Esses três modos, essas três posologias, por assim dizer, correspondem respectivamente aos três modos canônicos pelos quais a alma pode assimilar as verdades: primeiro, a afecção imediata; em seguida, a atividade do espírito; esta, por sua vez, passa primeiro pelos "discursos" (enunciados racionais) das *Máximas* e depois pelos "raciocínios" em cadeia da *Carta* – e, de fato, como bem lembramos, a filosofia é uma "atividade que, por discursos e raciocínios, proporciona a vida feliz". Ao mesmo tempo, trata-se de três níveis de intervenção terapêutica que correspondem respectivamente ao antídoto urgente contra o afeto, à luta contra a opinião falsa e ao desenvolvimento racional das opiniões que conduzem à vida feliz. Todavia, nesses três níveis, o remédio nunca perde sua estrutura quadripartite, ordenada pelo mal fundamentalmente quádruplo que ele combate. A progressão, a transição de um nível para outro não ocorre por adição, visto que o todo permanece sempre o mesmo, mas é desenvolvida, sustentada e enriquecida de dentro, por crescimento orgânico, como um corpo vivo que pode crescer e ao mesmo tempo permanecer sempre o mesmo. Encontramos esse mesmo modelo orgânico da progressão filosófica na segunda etapa da "cura" filosófica: a física.

---

32 Esse ponto de vista exterior que a *Carta* adota em relação às opiniões do povo e aos males que evitamos quando seguimos com prudência os ensinamentos da natureza poderia ser comparado com o ponto de vista de Lucrécio no célebre *Suave mari magno...* ("Como é agradável... assistir da praia à luta dos marinheiros") do início do Livro II.

O "CONHECIMENTO DA NATUREZA DAS COISAS"

Seja qual for o modo de administração, o *tetrapharmakos* pode curar apenas os males, como indica seu nome. Contudo, na medida em que esses males têm como causa última nossa ignorância da natureza das coisas, a cura total, sem risco de recaída, ou seja, o estado de sabedoria, só pode vir do conhecimento físico, a cujos confins nos conduz o raciocínio ético. Se não tivemos conhecimento de que tudo é feito de átomos e vazio, jamais teremos certeza absoluta de que os deuses não podem nos fazer mal ou que a morte não é nada para nós. A física nos leva ao estado da *segurança* absoluta. É isso que nos traz o tratamento etiológico, a física propriamente dita: no mínimo o conhecimento da natureza do *todo* (tudo é átomos e vazio, tanto os deuses como a alma), visto que, como indicam as *Máximas principais* XII, "é impossível dissipar o temor a respeito das coisas mais importantes sem saber qual é a natureza do todo [...] de sorte que, sem a ciência da natureza, é impossível ter prazeres puros".

Ora, esse conhecimento físico do todo obedece ao mesmo princípio de progressão orgânica do todo que vimos no tratamento sintomático do *tetrapharmakos*.

A *Carta a Heródoto* apresenta a si mesma como um "resumo de todo o sistema" físico, correspondendo a duas finalidades distintas, segundo dois tipos de destinatários. Ela reúne as doutrinas mais fundamentais para os que estão iniciando o estudo da física, para que tenham uma ideia do todo logo de saída, conforme a recomendação das *Máximas principais* XII. Por outro lado, ela é indispensável também para os que já estão avançados no estudo da física, porque lhes fornece um "esquema geral de todo o sistema" físico: "pois temos uma necessidade recorrente de entender o conjunto, não tanto as partes". E Epicuro explica que, seja qual for o grau de conhecimento dos detalhes particulares, os resumos são necessários para termos sempre na memória o todo como tal, ao qual é preciso voltar sempre e nunca perder de vista. Podemos ver por quê. Do mesmo modo que o estudo da natureza em seu conjunto é apenas um instrumento em vista da vida feliz, o conhecimento de tal ou tal parte é apenas um instrumento em vista do conhecimento da natureza em seu conjunto.[33] Pois, evidentemente, é a posse do todo que tem efeitos ataráxicos (saber que tudo sucede na natureza sem intervenção dos deuses, que nada nasce de nada, que tudo se explica por átomos e vazio etc.); e os fenômenos particulares em si (por exemplo, o movimento da Lua, o arco-íris, o espelho, o magnetismo, a reprodução do vivente etc.) devem ser entendidos apenas como casos particulares do sistema da natureza das coisas, tanto do universo (*a parte objecti*) como da explicação naturalista (*a parte subjecti*). Portanto, voltar constantemente ao todo é uma necessidade para que o meio não se torne um fim em si, para que o conhecimento físico não ocorra em um desejo vazio e ilimitado, em uma "busca" científica ao infinito.

Daí decorre a prática epicurista do *resumo*. Além da *Física* (trinta e sete livros), que aparece no topo do catálogo de Diógenes Laércio,[34] um escoliasta da *Carta a Heródoto*[35] aponta a existência de um "Resumo maior". (Seria essa exposição da *Física* que Lucrécio tinha em mente quando compôs o *De natura rerum?*) Existia outro, mais sucinto, conhecido como "Pequeno resumo", do qual Diógenes Laércio afirma ter extraído uma citação (em X, 135). Não pode se tratar da *Carta a Heródoto*, embora Epicuro, como acabamos de assinalar, a chame de "resumo" (*Carta a Heródoto* 35) e "pequeno resumo":[36] podemos supor então que a *Carta* exponha uma "física" de tamanho bastante reduzido. Mas isso não é tudo: a *Carta a Heródoto* tem duas partes, das quais a primeira já é em si uma apresentação do todo: "é necessário [primeiramente] lançar um *olhar de conjunto* sobre as coisas invisíveis", anuncia Epicuro (38); e essa primeira parte termina nos seguintes termos: "tal exposição, todas essas coisas sendo guardadas na memória, oferece um esquema suficiente da doutrina acerca da natureza do que é" (45). É como se o "pequeno resumo" que constitui a *Carta*

---

33 Cf. *Máximas principais* XII e *Carta a Pítocles* 85.
34 Diógenes Laércio X, 27.
35 Escólio da *Carta a Heródoto* 39, 40 e 73.
36 Início da *Carta a Pítocles* (85): "Trata então de captar bem o que se segue e, guardando-o na memória, faze dele objeto de estudo diligente, junto com os outros pontos tratados no pequeno resumo enviado a Heródoto".

contivesse uma segunda redução do todo a suas partes. Epicuro provavelmente reduziu ainda mais: um (outro?) escoliasta (*Carta a Heródoto* 44) assinala que Epicuro expôs sua física em "Os doze elementos", que podia ser talvez uma espécie de "física de bolso". E o que dizer desse outro texto intitulado "Resumo contra os físicos", que consta do catálogo de Diógenes Laércio?[37]

A exposição da filosofia epicurista apresenta uma geometria variável, portanto. Ela não apenas não considera que perde sua substância, ou seu "espírito", ao sintetizar-se, como também acredita que sua transmissão é indissociável dessa síntese. As filosofias de Platão e Aristóteles não poderiam ser resumidas da mesma forma, e é difícil imaginar que eles próprios quisessem resumi-las aos seus ouvintes, ou mesmo que sustentassem que os resumos são indispensáveis a sua transmissão. "Uma filosofia resumível" talvez não seja uma má definição da filosofia epicurista: ao menos tem a vantagem de ser uma caracterização que nos indica seu *sentido* e nos permite compreender integralmente as particularidades do seu modo de enunciação.

Para nos limitarmos à física, existiam ao menos três exposições do sistema *completo* da natureza: a da *Carta*, a de um resumo intermediário e a dos 37 livros da *Física*. E podemos deduzir da existência desses textos e do emprego que Epicuro fazia deles que eles representam diferentes níveis de progresso do discípulo, conforme o princípio que vimos em funcionamento no caso do *tetrapharmakos*. Podemos imaginar que o reestabelecimento se faz por estágios. Vimos por quê: voltar ao essencial é voltar à totalidade, que deve estar sempre presente em nossa mente quando estudamos as partes.

Nesse caso, assim como no caso do *tetrapharmakos*, constatamos que esse esquema de progressão parte de um resumo mínimo para resumos mais amplos, até a exposição mais desenvolvida, sem que a forma do todo ou a ordenação interna das partes sejam perdidas; trata-se de uma totalidade orgânica que ganha permanentemente matéria, mas ao mesmo tempo mantém sua identidade de corpo composto. Esse esquema corresponde exatamente à

---

37 Diógenes Laércio X, 27.

ideia do epicurismo de crescimento, desenvolvimento e nutrição de um corpo vivo a partir de suas próprias sementes.[38]

O modelo de progressão do discípulo é o do crescimento orgânico. O remédio, quer para tratamento sintomático ou etiológico, corresponde a esse modelo; ele também é um corpo orgânico assimilável pelo corpo orgânico do doente; ele também é sempre e imediatamente uma totalidade reduzida a sua forma mais simples; e ele também vai crescer pouco a pouco, mas ao mesmo tempo vai continuar a ser especificamente o mesmo, como a semente que contém a princípio o mínimo de todos os elementos que depois comporão o corpo adulto na mesma proporção, associando-se a outros elementos do mesmo tipo, segundo a proporção inicial. Uma semente é na verdade a redução da totalidade a seus elementos mínimos: x átomos de uma forma + y átomos de outra forma + z átomos de uma terceira forma etc. Um corpo, ao crescer, deve conservar a mesma proporção de x, y e z da semente original, ou pode morrer.

Lucrécio expõe da seguinte maneira esse princípio médico:

> E considerando que vemos que o espírito se cura como um corpo doente e se curva aos remédios, isso também é um sinal de sua mortalidade. Pois é necessário acrescentar ou transpor partes, ou então subtrair algo de sua soma, se o propósito é transformar o espírito ou fazer toda outra natureza dobrar-se à mudança [...]. Quando um ser se transforma, excedendo seus limites, o que ele era antes morre imediatamente. (III, 510-20)

A filosofia é esse remédio e destina-se ao discípulo cujo espírito adoeceu. Assim como ele, ela é um corpo que não pode exceder os limites nos quais ele é e permanece o que é; a filosofia e o espírito doente, e os corpos vivos em geral, são a unidade de um todo tal que suas partes não podem sobreviver separadas, mas devem crescer juntas, conservando suas proporções e, consequentemente, suas propriedades. De fato, uma das lições da física atomística é que um corpo pode crescer ou diminuir, permanecendo

---

38 Sobre o crescimento orgânico, cf. Lucrécio I, 188-91; II, 1122-43.

o mesmo e mantendo as mesmas propriedades, desde que conserve elementos similares (ou seja, da mesma forma) e nas mesmas proporções. Assim, desde a doutrina seminal até os 37 livros da *Física*, é sempre o mesmo corpo orgânico que age e transforma organicamente o espírito do discípulo.

Está esclarecida, portanto, a terceira característica dos textos epicuristas que faltava explicar, o fato de que eles sempre se apresentam como enunciando verdades que os precedem. O que esses textos fazem é curar aqueles a quem eles se destinam. O que eles são não é uma multiplicidade de exposições sobre a busca da verdade, mas tal estado do conjunto da doutrina correspondendo a tal estado do doente e de sua progressão para a cura. O todo existe já, naturalmente, antes de sua enunciação; o que se deve enunciar, formular, é um certo estado do todo *assimilável* pelo espírito do doente. O todo já está em posse do mestre, que vive em conformidade com a sabedoria. O mestre não tem de fazer brotar verdades do discípulo, como fazia Sócrates, tem apenas de fazê-lo ingerir a verdade que ele mesmo possui; mas deve fazê-lo ingerir esse remédio, por um lado, segundo o princípio médico que estipula que ele seja adequado ao estado singular do doente e à fase de evolução da doença[39] e, por outro, segundo o princípio biológico que diz que um corpo é tanto mais assimilável quanto mais reduzido for a sua mais simples expressão.

Isso posto, talvez possamos arriscar uma conclusão sobre o sentido da filosofia epicurista a partir da posição em que ela coloca o discípulo, contrapondo a esse modelo terapêutico não o modelo socrático do discípulo que enuncia verdades *no lugar* do mestre, mas um modelo de discípulo que adquire suas verdades diretamente do mestre: o discípulo do mestre aristotélico.

---

39 Sobre o princípio médico do "momento oportuno" (*kairos*), cf. Filodemo, *Sobre a parrésia*, 22, 25, 65, e também *Da ira* XLIV.

Discípulo epicurista e aluno aristotélico

Podemos dizer que, em Aristóteles, o modelo da transmissão filosófica obedece ao que se poderia chamar, *grosso modo*, um modelo científico. O discurso aristotélico, seja qual for seu destinatário,[40] dirige-se ao homem que deseja aprender. Todos os homens desejam naturalmente não a cura, mas o saber (*Metafísica* I, 1, 980a 21). E o mestre não é um terapeuta, mas um sábio. Todavia, assim como o discípulo doente não se curará por simples injeção exterior das palavras medicinais se não assimilá-las e não torná-las suas, o aluno[41] ignorante não poderá se tornar sábio se não se apropriar das verdades científicas. Não obstante, podemos nos perguntar sobre o modo de discurso que, para Aristóteles, levaria idealmente o ensinamento a ser bem-sucedido. Seria um discurso em que o mestre, em um sentido, é tão poderoso que consegue transmitir integralmente toda a sua ciência, mas, sendo realmente "científico", amolda-se tão bem ao objeto conhecido que não deve nada ao próprio mestre. Um discurso do mestre que não afirma nada que o aluno não possa aceitar, que não diz nada que o próprio aluno não possa dizer. Um discurso que transmite o saber "de dentro" do aluno, por assim dizer, e do qual o mestre é apenas um veículo neutro, da mesma forma que o médico não faz nada que não corresponda às necessidades reais e atuais do doente. E do mesmo modo que o médico sonha com um discípulo que se cure sozinho, por obediência às prescrições do mestre (que se amoldam à *natureza*), o mestre sonha com um discípulo que aprenda sozinho, pelo discurso do mestre (que se amolda à verdade). Para Aristóteles, esse discurso existe e é o da demonstração científica.

Sem dúvida, estamos falando não do discurso de Aristóteles propriamente dito, mas da teoria que ele desenvolve acerca de um

---

40 Mesmo quando, à maneira dos textos éticos ou políticos, eles se dirigem em especial aos legisladores.

41 Empregamos "aluno" aqui para designar o destinatário de um ensinamento, seja ele qual for, e em particular o matemático. Nós o diferenciamos do discípulo, que pertence a uma escola filosófica e segue uma doutrina.

discurso ideal expondo verdades,[42] um discurso que, para ele, tem essencialmente o propósito de enunciar verdades. Eis por que, para Aristóteles, a ciência (*episteme*), o discurso da ciência, é uma modalidade de endereçamento do mestre (*didaskalia*) ao aluno e, corolariamente, um modo de assimilação (*mathésis*) das verdades pelo aluno. De fato, a ciência (*episteme*) supõe uma relação discursiva singular entre mestre e aluno. Assim como se demonstrou, o modelo da ciência tal como ela é teorizada nos *Analíticos posteriores* é primeiramente e acima de tudo o modelo não da ciência acabada ou da "investigação científica", mas do ato discursivo da ciência, isto é, do ensino do mestre (sábio) ao aluno (ignorante). O que circula entre este e aquele é o saber, e o ato de transmissão educativa é um ato dialógico que supõe um mestre que sabe tudo que é possível saber e um aluno que não sabe nada – exceto o que é impossível não saber.[43] Esse saber circula segundo o princípio da "demonstração": o mestre, reduzido a sua função de pura racionalidade discursiva, enuncia perante o aluno tudo e somente o que pode ser deduzido do que o aluno sabe em cada etapa. O mestre nunca enuncia nada que o aluno já não saiba. Ele se apoia nas verdades que somente são reconhecidas como tais *porque são as do aluno* e com as quais ele não pode não concordar. Partindo apenas dos axiomas e das definições que ninguém pode desconhecer, e limitando-se sempre ao que o outro sabe, ele pode aumentar progressivamente esse saber até o ponto em que o saber do aluno seja igual ao seu, isto é, ao saber total. Eis por que o conjunto das verdades pode efetivamente tornar-se do aluno. Aprender não é receber uma educação, mas é assimilar verdades como verdades e reconhecê-las como uma dimensão ignorada do seu próprio saber. Podemos extrair daí três características desse modelo aristotélico do discurso do mestre.[44]

---

42 Ao menos para as disciplinas que são exatas e autossuficientes (ou seja, provavelmente acabadas), como a Geometria ou a Astronomia, de acordo com Aristóteles (*Ética a Nicômaco* III, 5, 1112b 1).

43 Cf., nos *Analíticos posteriores* I, 1 (notadamente 71a 11 ss.), os dois tipos de conhecimento que o aluno necessariamente já possui.

44 Trata-se do modelo do discurso do mestre para Aristóteles (o discurso ideal do mestre ideal do saber ideal) e não do modelo por Aristóteles de seu

A primeira característica diz respeito à relação do mestre com o aluno. Ensinar, à semelhança do que é o próprio saber, é um ato finito que tende ao seu limite. Não é ser capaz de fazer progredir, mas de completar. O ato do mestre ensinando não é um movimento de condução do outro pelo bom caminho – que por definição é interminável –, mas é um movimento que, como todo movimento natural, tende ao repouso. E, corolariamente, a mudança do aluno acaba quando atinge sua forma. Como todo desejo que não é vazio nem vão,[45] o desejo de saber tende ao seu limite. Desejar saber é desejar compensar um desconhecimento e preencher uma falta. Desejar é desejar não desejar mais, e saber é estar satisfeito. Ensinar é transmitir o saber a partir da ignorância total até o saber total, isto é, até o *fim* – até o aluno possuir a ciência em ato, à semelhança do mestre. Ciência legitimamente acabável, que atinge seu limite quando, passando da potência ao ato, o aluno pode contemplar (*theorein*) um gênero inteiro de seres que lhe era desconhecido, ter o pleno domínio do saber ao qual acaba de ter acesso.

A segunda característica da transmissão da ciência aristotélica é seu ideal. Uma vez satisfeito seu desejo de saber, o aluno atinge de fato a sabedoria (*sophia*),[46] isto é, "o ponto que lhe dá a mais elevada forma de bem, o único que basta a si mesmo",[47] ao qual aspira todo ser vivo, uma felicidade comparável à dos

---

próprio discurso, ainda que, em outro sentido, esse discurso seja também um discurso que visa ao saber e à verdade.

45 Cf. *Ética a Nicômaco*, I, 2, 1094a 21: "se desejássemos sempre outra coisa ao infinito, o desejo seria vazio e vão". Compare-se com o desejo natural epicurista.

46 A sabedoria, ou seja, a virtude intelectual que permite a atividade teórica como tal (*Ética a Nicômaco* VI, 7, 1141b 2), supõe, de um lado, a "ciência" (*episteme*) propriamente dita, isto é, a virtude intelectual que permite a dedução demonstrativa a partir dos princípios (*Ética a Nicômaco* VI, 3, 1139b 32) e, de outro, a "intelecção" (*nous*), isto é, a virtude intelectual que permite a compreensão dos princípios (*Ética a Nicômaco* VI, 6, 1141a 6-8), como mostra Aristóteles (*Ética a Nicômaco* VI, 7, 1141a 15-9). Mas a *sophia*, entendida não como disposição virtuosa, mas como estado estável, é o estado daquele que sabe e, portanto, não tem nada a aprender (cf. *Ética a Nicômaco* VI, 7, 1141a 8-15 e *Metafísica* I, 2, 982a 8 ss., o perfil do sábio).

47 Sobre a *autarkeia* da atividade teórica, cf. *Ética a Nicômaco* X, 7, 1177a 27-1177b 1 e 22.

próprios deuses (*Ética a Nicômaco* X, 8, 1178b 7 ss.). Essa felicidade consiste em uma "vida" (X, 8, 1178b 17-20), isto é, a vida
pura que, uma vez desimpedida da ação e da produção (X, 8,
1178b 20-4), reduz-se à forma mais elevada de vida, a atividade
teorética; e essa atividade suprema, a do saber, ou melhor, a da *compreensão* das coisas, confundindo-se com a felicidade, torna-se um
fim em si, que é também, de certa maneira, o fim para o qual ten-
diam não apenas nossos atos, mas também todas as nossas aspira-
ções, visto que o saber é o objeto de um desejo natural e universal:
desde a sensação até a arte,[48] há uma mesma tendência natural,
a do saber pelo saber, a do saber desinteressado, que culmina na
ciência acabada e na vida contemplativa dos deuses ou do sábio.

A terceira característica dessa transmissão do saber está
ligada aos seus procedimentos. O modelo do saber idealmente
transmissível por demonstração é a matemática; mas o modo de
progressão do aluno – o modo pelo qual ele passa da situação inicial de ignorância para a situação final de compreensão total – também obedece a um modelo matemático. O saber do aluno aumenta
um grau a cada etapa do ensino, a cada nova proposição demons-
trada pelo mestre. A expansão do saber nada mais é do que o
modo de desenvolver uma ciência axiomatizada; os enunciados
se interligam necessariamente em torno de um eixo orientado
pela cadeia das verdades e obedecem à regra de sucessão irreversível (em sentido único, dos princípios até as consequências) e de
acumulação (o número de verdades adquiridas aumenta em cada
ponto da cadeia).

Ora, o que chama a atenção é que essas três características
do ato de educação na relação mestre/aluno de Aristóteles também se encontram na relação mestre/discípulo de Epicuro, mas
transpostas do modelo *matemático* para o modelo *biológico*. Ao
invés da progressão *more geometrico*, que é o modo de transmissão aristotélico, temos uma progressão epicurista *more biologico*.
Nos dois casos, a filosofia, visando à mesma "sabedoria", tenta
satisfazer os desejos naturais do destinatário, desejos finitos e

---

48 Segundo a gradação do saber elaborada no início da *Metafísica* (I, 1), bem
como nos *Analíticos posteriores* II, 19, 99b 32 ss.

limitados portanto, e eliminar os desejos infinitos e vazios. Contudo, enquanto o filósofo epicurista elimina a ignorância apenas para dissipar os desejos infinitos e os temores fúteis, o filósofo aristotélico satisfaz o puro desejo finito de saber. O aluno aristotélico[49] assimila o saber, o discípulo epicurista assimila o remédio. Enquanto para o primeiro o saber é um "fim em si" (desejo natural de saber), para o segundo é apenas um meio de recuperar o equilíbrio natural ("aponia" do corpo vivo, "ataraxia" da alma). A filosofia, ao invés de ter de se amoldar, na relação com o destinatário, no ideal a que aspira e nos procedimentos que emprega, ao modelo do discurso demonstrativo do ensino de uma disciplina, deve amoldar seu discurso ao modelo biológico da recuperação do corpo vivo. Vejamos essas três características no caso do discípulo epicurista.

Em sua relação com o discípulo, o mestre-terapeuta cura, enquanto o mestre-sábio ensina. Mas a cura, assim como o ensinamento, é um ato finito que tende ao seu limite. Ensinar não é transmitir conhecimentos desde o mais alto grau da ignorância inicial até o saber total, mas é administrar remédios desde o mais alto grau do mal inicial antes do início da recuperação até a cura total, isto é, até o ponto em que o discípulo, tornando-se sábio como o mestre, recupera sua saúde à imagem deste, isto é, restabelece o pleno equilíbrio de seu corpo. Portanto, a filosofia também é legitimamente acabável e alcança seu limite no ponto em que o discípulo, passando não da potência ao ato, mas da filosofia à *sophia*, ou seja, do movimento ao repouso, não contempla tudo que é, mas pode gozar o melhor possível de sua própria "constituição",[50] na plenitude de suas faculdades físicas e mentais.

Alcançando esse ponto ideal, o discípulo do mestre-sábio adquire a sabedoria, que é semelhante à felicidade dos deuses. O mesmo acontece com o discípulo do mestre-terapeuta: depois

---

49 Entendemos por esse termo o aluno sobre o qual é exercida a relação dialógica de ensino, tal como Aristóteles a teoriza nos *Analíticos posteriores*. Nós o distinguimos do discípulo aristotélico (como tentamos propô-lo no próximo capítulo), que designa todos os que, a longo termo, reivindicaram a filosofia de Aristóteles.

50 Visto que o limite do bem é o prazer *constitutivo* (Diógenes Laércio X, 136).

de curado, ele também adquire a mais alta forma de felicidade, que é também a mais acabada das espécies de vida, aquela a que aspira todo ser vivo e é a mesma dos deuses imortais e bem-a-venturados.[51] Para Epicuro, o mestre, seja homem ou deus, é o modelo acabado da sabedoria no qual o discípulo deve espelhar--se.[52] Essa imagem do deus epicurista em perfeito equilíbrio, sempre em repouso, que não participa do mundo porque tem perfeita *saúde* física e moral, é a transposição da imagem do deus aristotélico contemplativo, eternamente em repouso também, mas porque tem perfeita *compreensão* de um mundo do qual ele não faz parte.[53] Aqui também, essa felicidade consiste em uma vida,[54] a mais acabada das formas de vida, a própria vida, a vida pura, desimpedida não "da ação e da produção", como em Aristóteles,[55] mas das perturbações que contaminam e prejudicam seu curso.

E essa "atividade" suprema, que é o limite de todas as outras, e portanto o único fim em si, é também o fim ao qual tendem todos os nossos atos: desde a sensação mais imediata da criança até os atos mais refinados dos ambiciosos, há uma mesma tendência natural, a de um prazer que constitui um "fim em si", isto é, um prazer sem nenhuma perturbação e sem nenhuma dor, que culmina no prazer constitutivo e na vida pura dos deuses ou do sábio, que "se assemelha a um deus entre os homens" (*Carta a Meneceu* 135).

Enfim, os procedimentos educacionais com os quais o mestre terapeuta cura o discípulo não têm obviamente nada em comum com aqueles que o mestre matemático emprega para ensinar o aluno. Pois educar não é ensinar, isto é, demonstrar verdades, mas é curar, isto é, enunciar remédios para reequilibrar o espírito; não é transmitir conhecimentos, desde a ignorância até

---

51 Essa definição da divindade é comum a Aristóteles e Epicuro. Para Aristóteles, cf. *Ética a Nicômaco* X, 8, 1178b 18 ss., *Do céu* II, 1, 284a 28, bem como *Metafísica* XII, 7, 1072b 29. Para Epicuro, cf. *Carta a Meneceu* 129 (e *Máximas principais* I); Lucrécio I, 44-9 (= II, 646-51), III, 18-24; Cícero, *Da natureza dos deuses* I, 16, 45.

52 Cf. Epicuro, textos citados, *Máximas principais* I e *Carta a Meneceu* 123.

53 Cf. *Ética a Nicômaco* X, 8, 1178b 18-23.

54 Sobre a vida perfeita, cf., por exemplo, *Máximas principais* XX.

55 Cf. *Ética a Nicômaco* X, 8, 1178b 20-1.

o saber, segundo a ordem da discursividade racional, mas levar um organismo a ingerir corpos orgânicos que o modificam, fazendo-o passar do mal-estar para o bem-estar. Ao invés do modelo da cadeia (sucessão irreversível, acumulação progressiva, adição gradual), temos um modelo biológico: totalidade orgânica, ordem total que cresce quantitativamente de dentro, sem que haja alteração na relação interna de seus órgãos, no ordenamento mútuo de seus elementos, no funcionamento recíproco de suas partes e na organização do conjunto. O remédio progride desde o mínimo corpo orgânico, síntese absoluta da totalidade (as quatro sentenças gnômicas do *tetrapharmakos*), até sua expansão máxima (a exposição integral da física), segundo o modelo do crescimento orgânico e do equilíbrio vital.

Vê-se nitidamente o que, na relação epicurista do mestre com o discípulo, no ideal da *sophia* e nos procedimentos que conduzem necessariamente a ela, permanece fiel à ideia aristotélica da filosofia. Evidentemente, a palavra *filosofia* não se tornou ambígua, não mudou de significado de Aristóteles para Epicuro: a filosofia não perdeu sua função educativa e transformadora: ainda deve iniciar progressivamente o discípulo na sabedoria, em um número de etapas finito e limitado, até que ele alcance a vida mais feliz e mais divina possível. A significação da palavra permaneceu a mesma, mas não o sentido da coisa: ela mudou o objetivo (terapêutico e não mais alético) e o modelo (biológico e não mais matemático). E o que nos permitiu vislumbrar esse sentido da filosofia epicurista não foi o que dizem os textos – o que dizem a nós, leitores distantes –, mas o que eles eram – o que eram para seus destinatários, os discípulos.

9

TRÊS FIGURAS DE DISCÍPULO: O SOCRÁTICO, O EPICURISTA E O ARISTOTÉLICO

Mostramos como as filosofias socrática e epicurista determinam certa postura de seus discípulos e, através dela, cria-se certo uso do discurso filosófico. Doravante podemos tentar estabelecer a tese mais geral que se definiu por trás de nossas análises: a figura do discípulo se concretiza em três planos. O primeiro é o da *doutrina*, pela qual uma forma singular de discurso organiza um conjunto de verdades. O segundo é o do *modo de interlocução* do mestre, graças ao qual essas verdades são reconhecidas pelos discípulos. O terceiro é o do *tipo de relação* com o mestre, que mostra o que o discípulo espera dele e o que garante suas verdades como verdades.

Redefiniremos, nesses três planos, as figuras simétricas e opostas dos dois discípulos estudados nos capítulos anteriores, o socrático e o epicurista, e as compararemos com a terceira figura, a aristotélica.

A figura do discípulo socrático

A figura do discípulo socrático está ligada a um paradoxo: o de sua simples existência. Foi o que chamamos o "paradoxo do socrático": um discípulo sem mestre, sem doutrina e sem condiscípulos. Mas, colocando-se como discípulo, ele faz do mestre um mestre. De fato, Sócrates só se torna mestre no discurso de seus discípulos. Contudo, isso supõe que antes ele já colocava seus ouvintes em uma posição em que eles podiam se dizer discípulos. É no discurso dos discípulos que se constitui o mestre, mas é o discurso do mestre que constitui os discípulos. Examinemos os três planos que pretendemos distinguir.

A "doutrina" socrática é apenas o efeito do discurso de Sócrates no discurso de seus discípulos. Neles, os enunciados de Sócrates sobre "o que é bem" tornam-se teorias *do Bem*. Essas teorias repousam sobre três teses. A primeira é que o Bem é uno – o que está de acordo com o discurso do mestre. A segunda é a definição do Bem como fim – o que está de acordo com o discurso do mestre no sentido muito particular de que se deve fazer o que o mestre diz, mas não o que ele faz. (O mestre diz: "Façam o que eu digo, não façam o que eu faço". Os discípulos respondem: "Diremos o que ele dizia".) Enfim, a terceira tese consiste em pôr esse fim como elemento fundador de um sistema ético – o que contraria o discurso do mestre.

Ao contrário de Sócrates, o discípulo define o Bem e coloca essa definição como o fundamento de um conjunto ordenado de verdades: o Bem é prazer (Aristipo), o Bem é virtude (Antístenes), o Bem é o que é sempre um (Euclides), o Bem é o que preserva cada coisa e lhe é útil (Platão). No entanto, se invertermos o sujeito e o predicado de cada uma dessas proposições, as teses *dos* socráticos voltam a ser enunciados autenticamente socráticos. Em vez de teses sobre *o que é* o Bem (ou sobre a natureza do "fim" ou do "soberano bem"), elas voltam a ser afirmações sobre *o que é bom*: o prazer é bom, a virtude é boa e traz felicidade, o bem é sempre igual a si mesmo, o bem é útil a cada coisa. Do discurso do mestre para as doutrinas dos discípulos, as proposições éticas, por inversão da posição do sujeito e do predicado na proposição definitória, mudam de status: tornam-se os primeiros princípios de uma cadeia de razões que se deduzem deles. Mas, ao mesmo tempo, e por consequência, essas teses, que podiam conviver em harmonia no pensamento do mestre sob sua forma primitiva, tornam-se contraditórias entre si sob sua nova forma – e a contradição insinua-se *entre* os discípulos. Essa contradição revela a "infidelidade fiel" dos discípulos ao mestre. O discurso e os atos do mestre tornaram-se uma doutrina do Bem para os discípulos, a deles, e eles atribuem essa doutrina ao mestre. É dessa forma que eles fazem dele um mestre. Ou melhor, é porque eles fazem dele um mestre, uma fonte de verdades, que eles dogmatizam seu discurso e lhe atribuem uma doutrina: a deles.

No entanto, a forma dedutiva dessas doutrinas a partir de um princípio não é inventada do nada pelo discípulo: ela corresponde a uma exigência do próprio discurso de Sócrates. E aqui entra o segundo plano, no qual o discurso do mestre constitui a figura do discípulo: a do modo de interlocução específico do discurso do mestre. Devemos lembrar que, por modelo de interlocução, entendemos o tipo de endereçamento necessário ao mestre para que suceda o efeito de verdade que produz o discípulo. No caso de Sócrates, esse modo é o *elenchos*. Essa forma de interlocução, como vimos, nos permite explicar o paradoxo do socrático e compreender como o discurso do mestre se fragmenta em doutrinas diferentes nos discípulos. Sendo estritamente oral, a interlocução colocará os discípulos na posição de escrever. Sendo exclusivamente interrogativa, a interlocução do mestre colocará os discípulos no dever de afirmar suas próprias respostas. Sendo individual e exigindo a adesão de cada um à verdade de seu próprio discurso, ela permitirá que os discípulos se julguem no direito de fundamentar suas próprias teorias, sem se preocupar com a concordância de seus "condiscípulos". Quando a interlocução se estabelece pela concordância dos dois interlocutores, o discurso dito *pelo discípulo* ao mestre e aceito por ele poderá tornar-se um discurso de verdade *garantido pelo mestre*. Quando a interlocução exige do respondedor que todas as suas opiniões sejam coerentes e ordenadas entre si pelo elo dedutivo do silogismo dialético elaborado pelo mestre, cada discípulo edificará uma teoria ética fundada em um princípio não fundado (*a* definição do Bem) para deduzir dele todas as consequências: assim, o discurso dito ao mestre poderá tornar-se a doutrina filosófica do discípulo. Nota-se, ao mesmo tempo, que o modo de interlocução do mestre ("sê coerente!") determina uma postura de discípulo que, por sua vez, faz do mestre um mestre e de seu discurso uma doutrina (as verdades organizam-se em um todo).

Mas o discípulo socrático também se constitui em um terceiro plano: o da relação com o mestre, que revela o que o discípulo *espera* dele. O que o discípulo espera do mestre é o que ele próprio dá ao mestre e este se recusa a dar a ele: seu saber, seu amor. A relação com o mestre é uma relação *afetiva*, de mão única e invertida, que repete a relação invertida do *elenchos*, assim como a relação invertida com o saber. Sócrates é amado e não amante, assim como interroga, ao invés de responder, e declara-se ignorante, ao invés de declarar-se sábio. Amor paradoxal o amor daquele que devia ser amado e ignorante (o jovem e belo rapaz que se declara sábio) por aquele que devia ser amante e sábio (o velho feio que se declara ignorante), o amor daquele que é interrogado (ao invés de interrogar) por aquele que o interroga (ao invés de responder). Essa relação paradoxal se repete na figura do discípulo: cada discípulo reivindica para si o ser discípulo (amado) de um mestre que nega toda mestria (e todo amor a quem quer que seja); cada discípulo afirma legitimamente garantir seu discurso na concordância exclusiva do mestre (em seu amor exclusivo), negando aos outros o direito de ser seus discípulos (seus amados). Assim, a postura paradoxal do discípulo (sem mestre, sem disciplina e sem condiscípulos) é dependente de uma relação *invertida* do mestre e do discípulo, e esta é constitutiva de sua existência. A filosofia de cada socrático só se torna possível por esta figura: pondo como mestre aquele que se declarava sem discípulo e sem nada para escrever, cada socrático pode escrever a teoria que estava ausente do discurso do mestre; e sendo apenas discípulo, pode fazê-lo em nome do mestre – que dessa forma se torna o *abonador*. Portanto, cada discípulo pode se valer de seu direito, outorgado pelo mestre (suposto saber), de ser o autor de sua própria doutrina, desde que a atribua ao mestre.

Note-se que os enunciados de Sócrates, para que sejam reconhecidos como verdades por seus discípulos, supõem uma forma de interlocução singular da parte do mestre (o *elenchos*) – que determina certa postura do discípulo (escrever uma teoria em nome do mestre) – e inseparável de certo tipo de relação da parte dos discípulos (o amor dos filhos que brigam entre si) constitutiva de um mestre (o sujeito suposto saber).

Nesses três planos constitutivos, nossa primeira figura se encontra em perfeita oposição com a segunda.

A figura do discípulo epicurista

Antes de mais nada, devemos recordar algumas verdades históricas, aparentemente alheias ao epicurismo e, no entanto, muito ilustrativas de sua natureza íntima. O fato é que, se mais de cinco séculos depois da morte de Epicuro o doxógrafo Diógenes Laércio não tivesse decidido citar integralmente, não se sabe por quê, as *Cartas* e as *Máximas* de Epicuro que lhe foram transmitidas, hoje não restaria quase nada da obra do mestre. Por outro lado, o fato é que, se desconsiderarmos esse admirável trabalho de conservação, a filosofia de Epicuro nos foi transmitida essencialmente por discípulos e, sobretudo, pela obra magistral *do discípulo* Lucrécio, o Romano, que dois séculos e meio depois da morte do filósofo grego nos legou a exposição mais completa que há sobre sua física. E, no entanto, essa filosofia ainda é a do mestre.[1] O mestre nos deu, para todo o sempre, a verdade que salva, foi um deus,[2] o discípulo só pode transmiti-la, ou melhor, traduzi-la. Duplamente: do grego para o latim, com todas as inovações lexicais que isso pressupunha, e da prosa áspera e utilitária do mestre

---

1 É provável que, ao escrever, Lucrécio tivesse em mente uma obra de Epicuro que ele traduziu em parte ou integralmente. Essa obra seria o "Resumo maior" ou o próprio tratado *Da natureza?*

2 Cf. Lucrécio: "Respeitando das coisas a notária majestade, sim, dizemos, foi um deus, nobre Memmius, foi um deus quem descobriu essa regra de vida que hoje se denomina sabedoria e encontrou a arte de arrancar a vida da noite dos tormentos para assentá-la na calma e na luz absolutas" (V, 7-12).

para os versos metafóricos e sedutores do discípulo. Um terceiro fato segue no mesmo sentido: três séculos depois de Lucrécio, no outro extremo do mundo grego, na Ásia Menor, Diógenes de Oenoanda mandou gravar, para proveito de todos os transeuntes, um imenso muro com um tratado de filosofia epicurista e fragmentos da obra do mestre. Nota-se, aqui também, uma fidelidade absoluta do discípulo à letra do texto magistral.

Trata-se, portanto, de um caso único na história da filosofia, de uma doutrina que viveu ao menos seis séculos e propagou-se por toda a bacia do Mediterrâneo sem que uma vírgula do discurso original tenha sido alterada, e sem ter sido obrigada a adaptar-se às circunstâncias, à civilização ou à época de quem a propagou. O discípulo nem sequer julgou necessário comentar ou explicar a obra do mestre, mas apenas difundi-la, ou repeti-la. Em alguns casos, o discípulo – por exemplo, Hermarco, sucessor de Epicuro à frente do Jardim, ou o napolitano Filodemo, em I a.C. – achou necessário ampliar ou complementar determinado ponto da doutrina que o mestre não teve oportunidade de tratar, mas não há nenhum sinal de divergência entre o discípulo distante e o mestre e, ainda mais impressionante, há poucos sinais de querela entre os discípulos.[3] Vê-se, por todos esses exemplos históricos, que o epicurismo, ao contrário do socratismo, vive da preservação da letra do texto e sobrevive graças a sua transmissão literal.

O "paradoxo do socrático" é o fato de existirem discípulos de um mestre sem discípulos nem doutrina. O "paradoxo do epicurismo", por sua vez, consiste em sua própria transmissão: a doutrina do mestre, a mais magistral (fechada, acabada, totalizante, inalterável) de todas as doutrinas filosóficas, nos foi transmitida literalmente pelos discípulos. É como se houvesse uma inversão dos termos do "paradoxo do socrático". Sócrates não escreve, não se pretende mestre e enjeita todo discípulo.

---

3 Podemos no máximo apontar algumas divergências (cf. a divergência sobre a utilidade da amizade que mostramos no Capítulo 6), bem como as raras discussões reproduzidas por alguns testemunhos – discutíveis, aliás – para saber se existe um quarto critério de verdade (Diógenes Laércio X, 31) ou se a desejabilidade do prazer pode ser conhecida por uma sensação imediata ou pela prenoção que temos do prazer (Cícero, *Da finalidade do bem e do mal* I, 9, 30 ss.).

Epicuro escreve, pretende-se mestre e destina seus escritos exclusivamente aos seus discípulos. O discípulo socrático escreve sua própria doutrina em nome do mestre – nada ainda foi escrito, tudo é possível. O discípulo epicurista não reconhece o direito de pensar o que não foi pensado antes pelo mestre e somente repete ou traduz o que o mestre escreveu – tudo foi dito, ele chegou tarde. O socratismo é necessariamente feito de dissensões, cisões, conflitos e dissidências entre discípulos. O epicurismo é a repetição monótona e sem fim de uma doutrina que congrega os discípulos, para além dos séculos e dos continentes.

Como compreender o paradoxo do epicurismo? Essa longevidade inusual do texto magistral, essa fidelidade devotada de discípulos totalmente obedientes à letra e essa disciplina inaudita entre condiscípulos também se explicam nos três planos que distinguimos.

Vimos no capítulo anterior que a forma do discurso do mestre está ligada ao seu conteúdo doutrinal. Ao contrário do socratismo, não é mais o discípulo que transforma a interrogação magistral em asserções: a verdade da doutrina é dita no próprio discurso do mestre. Sua finalidade terapêutica exige uma forma de discurso que seja resumível e tenha unidade orgânica. O corpo vivo serve duplamente de modelo: para a doutrina em si e para a forma do discurso que a exprime. A doutrina diz que, para todo corpo vivo, é bem viver bem, e que viver bem é viver. A forma do texto magistral diz que a doutrina é boa desde que seja sempre inteira em todas as suas partes. E ambas dizem que apenas a assimilação de um corpo que seja ele próprio orgânico pode ser benéfica para um corpo vivo. Aqui há uma primeira explicação do paradoxo da transmissão do epicurismo: um sistema teórico que não pode alcançar seu objetivo (mitigar o sofrimento) se não for sempre inteiramente considerado em sua totalidade orgânica coloca o discípulo na posição de assimilar essa doutrina exatamente como tal e transmiti-la sem alteração.

Mas existem outras razões que explicam essa figura do discípulo repetidor, e em especial o modo de interlocução do mestre.

Vimos o que o definia. Os textos epicuristas são dogmáticos: dizem que a verdade já está dita. São magistrais, sempre dirigidos *ad hominem*. São conativos: visam mudar aquele a quem se dirigem, conduzi-lo à felicidade. A verdade já existe antes de ser enunciada pelo discípulo, visto que já foi dita pelo mestre. Mas é porque, antes mesmo de ser enunciada pelo mestre, ela já existia tal qual, inteiramente acabada, na realidade mesma das coisas, esperando do mestre apenas a revelação de sua enunciação. O discípulo pode apenas repetir (ou traduzir) a formulação primordial do mestre, e esta, por sua vez, pode apenas repetir (ou traduzir) uma realidade que só restava ser dita. Para o discípulo, tudo já está dito, mas porque o discurso do mestre, em sua forma, ordem e estrutura, supõe que tudo já está dito como um todo para ele também, antes mesmo que ele o diga. Dizer a filosofia não é questionar, investigar, interrogar um interlocutor, interrogar a si mesmo, emitir hipóteses, instruir uma questão, opor teses ou determinar o estado de um problema – esse trabalho, se for feito, é feito de certo modo "fora do enquadramento", fora da escrita, não depende do discurso do mestre, não é de um mestre. O mestre diz o que é, o que foi e o que permanecerá verdadeiro – tudo e somente isso –, o todo em um todo dado. O discípulo, tomando a palavra apenas para repetir tudo que o mestre disse, repete o gesto do mestre dizendo tudo e somente o que há a dizer. Há outra coisa a fazer? O modo de interlocução do mestre põe necessariamente o discípulo na posição de repetir seu discurso inteiramente acabado e colocar-se ele próprio como mestre convertendo um discípulo – caso exemplar de Lucrécio, discípulo de Epicuro e mestre de Memmius.[4] Eis a segunda explicação da perenização do texto magistral através do discurso dos discípulos.

Há outra no terceiro plano: o modo de afeição do discípulo pelo mestre. Essa ligação manifesta tanto a expectativa do discípulo como a função da filosofia. A função da filosofia é terapêutica, o discípulo espera do mestre a cura de seus males, a afeição que o liga a ele é a afeição que se tem por um salvador. A letra do texto se mantém a mesma através dos continentes e das gerações porque é o único remédio que se dirige universalmente à

---

4 Cf. também Diógenes de Oenoanda, discípulo de Epicuro que convertia os transeuntes.

condição humana, em qualquer tempo e em qualquer lugar em que esta se realize. Essa letra é um *savoir-faire* que permite que o mestre-médico cure os males da humanidade, faça de *todo homem* um discípulo, fazendo de todo doente um homem saudável e de todo homem saudável um médico. O discípulo torna-se ele próprio mestre quando, definitivamente curado dos males que o acometiam enquanto homem, ele alcança, ao mesmo tempo que o estado irreversível de felicidade, a posição inexpugnável do sábio.

Se o destino do discípulo epicurista é tornar-se mestre e tornar mestres outros discípulos, se essa é a cadeia ordenada que une de geração em geração o discípulo ao mestre que o formou e curou, e todos os discípulos ao mestre primigênio, Epicuro, elo inicial e primordial da cadeia que formou todos eles, uma pergunta se impõe: quem formou – e curou – Epicuro? Aqui também a resposta de nossos textos é inequívoca e repete um esquema clássico nessa figura: o mestre é autoeducado e não reconhece nenhum mestre para si. E os discípulos confirmam que o mestre absoluto não podia ser discípulo de ninguém:

> Apolodoro diz [de Epicuro] em suas *Crônicas* que ele foi discípulo de Nausífanes e Praxífanes. Ele mesmo nega isso na carta a Euríloco e afirma que foi discípulo apenas de si mesmo. E ele e Hermarco [seu primeiro discípulo] negam que tenha existido um Leucipo filósofo, do qual [...] dizem alguns que foi o mestre de Demócrito.[5]

---

5 Diógenes Laércio X, 13, trad. A. Laks. Percebe-se, por esses testemunhos em enésimo grau, até onde vai a negação: pois, qualquer que seja a formação real de Epicuro, é evidente que ele herdou a doutrina atomística de Leucipo e Demócrito, mesmo que nitidamente modificada. Está claro como opera a autoconstituição do mestre: este tem de ser tão pouco discípulo que (ele ou um de seus discípulos...) deve negar que possa até mesmo ter existido aquele que declara ter sido seu mestre. Sobre a autoformação, podemos citar Cícero (*Da natureza dos deuses* I, 26, 73): "Contudo, Epicuro desprezava soberbamente esse platônico [Panfílio], a tal ponto temia que parecesse que algum dia fora aluno de quem quer que seja" (e assim por diante em relação a Nausífanes). Cf. também a esse respeito Sexto Empírico (*Adversus Mathematicos* I, 4): "Suponho que os insolentes vão dizer que fui discípulo até da medusa, porque a ouvi na companhia de um bando de jovens que estavam cozendo uma bebedeira" (trad. A. Laks).

Essa figura do mestre, mestre de si mesmo e de toda a sua cadeia de discípulos, comparável à causa primeira divina, causa de todas as coisas e causa de si mesmo, teve muitas outras ilustrações na história. Pensamos em especial na psicanálise, cuja transmissão obedece ao mesmo esquema: a formação de cada discípulo exige uma cura (não só porque a cura educa, mas porque a condição normal do homem é mórbida); esse tratamento deve obedecer a preceitos terapêuticos metódicos e regras precisas de relação dual; a formação respeita uma doutrina específica, que remonta ao primeiro mestre, àquele que estabeleceu essas regras e praticou *em si mesmo* essa formação e essa cura, da qual ele tirou sua doutrina (a famosa "autoanálise" de Freud).

Note-se em relação a esse ponto a oposição de nossas duas primeiras figuras magistrais. O mestre socrático não se pretende mestre e nega formar discípulos: "sabeis tudo, não sei nada, não tenho nada a ensinar", diz ele. O mestre epicurista, ao contrário, declara-se tão cabalmente mestre que não admite ter sido formado: "não sabeis nada, sei tudo, sem nunca ter aprendido nada de ninguém".

Entre essas duas figuras completamente opostas do discípulo socrático e do discípulo epicurista há lugar para uma terceira figura: a do discípulo aristotélico.

A figura do discípulo aristotélico

É bastante difícil caracterizar em uma palavra o discípulo de Aristóteles. É mais fácil caracterizar o que se pode chamar o "aristotelismo", o que é uma tendência comum na história da filosofia e consiste em considerar a autoridade do texto aristotélico um dos critérios da verdade. Como se definiu esse aristotelismo e que postura ele impõe a seus discípulos?

Ao contrário do socratismo, o aristotelismo não se constituiu, depois da morte do mestre, pela escrita e pela sistematização dos laços pessoais de cada discípulo com o mestre; o aristotelismo se constituiu muito tempo depois da morte de Aristóteles, e de forma totalmente independente de qualquer laço próximo e pessoal do mestre com os discípulos. Ao contrário do epicurismo, o aristotelismo não se constituiu pela preservação ininterrupta de uma tradição doutrinal literal iniciada pelo mestre; a tradição aristotélica é feita de rupturas, é cheia de som e fúria; em suma, o aristotelismo tem uma história, ao menos no sentido vulgar de que cada época da história da filosofia teve um Aristóteles à sua imagem e semelhança. Como o socratismo, o aristotelismo é plural: os discípulos – ao menos os mais distantes, os que formam o aristotelismo propriamente dito e não os ouvintes imediatos de Aristóteles[6] – são dessemelhantes; eles invocam a autoridade do mestre em sentidos opostos e usam seu nome uns contra os outros à guisa de argumento ou objeção. No entanto, assim como no epicurismo, o discurso do discípulo é possível graças ao recurso constante, sistemático e, por assim dizer, único à letra do texto como figura absoluta da autoridade. Em um sentido, e como para o epicurista, o mestre já disse tudo, mas em outro sentido, e como para o socrático, resta dizer tudo que ele disse. Essa relação ambígua do texto com o mestre, que é ao mesmo tempo fonte primeira da verdade e fonte de verdades múltiplas, só é possível quando se firma na terceira figura do discípulo: não o discípulo *criador* de doutrinas (como o socrático) nem o discípulo *repetidor* da doutrina do mestre (como o epicurista), mas o discípulo *intérprete*.

Há, de fato, um terceiro tipo de relação que a escrita pode estabelecer com o discurso primordial, distinta tanto de sua *criação* (o socrático inventa o que o mestre disse) quanto de sua *repetição* (o epicurista): trata-se da *interpretação*. O intérprete deve supor que o discurso primordial disse tudo (ao menos em potência) e ao mesmo tempo que tudo ainda está por dizer, para dizer finalmente o que o texto queria dizer desde o princípio. A letra do discurso do mestre não está nem já inteiramente escrita (Epicuro) nem inteiramente por escrever (Sócrates), mas sempre por

---

6 Cf. a observação que fizemos a propósito de Aristóteles. O que nos interessa aqui não são os discípulos reais e imediatos de Aristóteles (por exemplo, Teofrasto), mas o aristotelismo como corrente doutrinal e modo de relação com o texto de Aristóteles.

se reescrever. O discípulo epicurista diz o que *disse* o mestre, o socrático diz o que ele *deveria ter dito*, o discípulo aristotélico diz o que ele *quis dizer*.

O aristotelismo pode ser definido como uma interpretação infinitamente refeita, sempre discutível e, no entanto, invariavelmente dogmática da doutrina ou dos textos de Aristóteles. É um edifício complexo e instável de teses, glosas e teorias, no qual partes da tradução, do comentário e da adaptação do texto aristotélico se entrelaçam de maneiras diversas conforme a época, mas no qual se percebem certas constantes que nos permitem definir a figura do aristotélico. Donde um terceiro paradoxo na constituição do discípulo: não mais o paradoxo do discípulo (paradoxo do socrático) ou da transmissão da doutrina do mestre para os discípulos (paradoxo do epicurismo), mas o paradoxo de um discurso do mestre que se rebela contra as expectativas dos discípulos que ele próprio suscita.

Esse paradoxo e essas constantes aparecerão mais distintamente se recordarmos muito brevemente como se constituiu o aristotelismo.

O nascimento do aristotelismo pode ser datado do renascimento das obras de Aristóteles. A primeira existência do pensamento aristotélico parece ter terminado quando findou a existência do próprio Aristóteles: com exceção de Teofrasto, sucessor e único verdadeiro discípulo de Aristóteles, o Liceu não produziu nenhum outro filósofo relevante. Mas, desde a Antiguidade, a segunda existência da obra de Aristóteles é unanimemente datada do fôlego que recebeu do trabalho de publicação realizado em 60 a.C. por Andrônico de Rodes, o décimo e último escolarca do Liceu. A maneira como o imenso lote de manuscritos praticamente perdidos do mestre chegou às mãos de seu distante discípulo tornou-se uma lenda desde essa época. Em todo caso, quando Andrônico reuniu essa massa de documentos para transformá-la em livros publicáveis, houve a necessidade de um enorme trabalho de edição: o material foi classificado, organizado, reunido, intitulado e, provavelmente, "costurado" com emendas ou referências internas, ordenadas de todo modo segundo determinada ordem das matérias e certa organização racional do saber para transformá-lo em uma "Obra" que tinha de ser exaustiva (nada do que pudesse ser atribuído ao mestre poderia ser perdido) e a mais coerente possível (do amontoado deveria sair um todo). Assim, Andrônico trouxe ao mundo o *Corpus* aristotélico que iria suplantar progressivamente as obras conhecidas da tradição, publicadas pelo próprio Aristóteles, e formar o conjunto de textos profanos mais lido e comentado de toda a história ocidental.

Esse empreendimento também pode ser considerado o atestado de nascimento do "aristotelismo". Duas de suas constantes já estão presentes nele: a *sistematização* do texto aristotélico em um conjunto que pode servir de fundamento a uma unidade doutrinal; mas, ao mesmo tempo, uma *vontade de retorno (para além da tradição) à letra do texto de Aristóteles,* considerada a garantia da verdade. Além disso, essa primeira edição teve outro efeito determinante para toda a história do aristotelismo: dada a distância entre essa forma editorial garantindo a unidade da obra – aparentemente sistemática: livros de lógica ("órganon" geral da ciência), livros éticos, políticos e retóricos, livros de física, metafísica etc.[7] – e essa letra – cursiva, inacabada, difícil e até incoerente –, o aristotelismo só poderá instituir-se e perpetuar-se, em todos os momentos de sua história, por meio do *comentário*, do qual se espera que diminua tanto quanto possível essa distância. O paradoxo é apenas aparente: o trabalho do discípulo deve ser tanto mais sistemático quanto menos é o material original. São essas as três características fixas e interligadas do aristotelismo (sistematização, retorno à letra e comentarismo infinito) cujos meandros podem ser acompanhados ao longo de treze séculos de história.

De fato, desde os primeiros séculos houve um trabalho filológico e hermenêutico de comparação de cópias, estabelecimento de variantes, hipóteses textuais, mas também de estabelecimento de pontos da doutrina pelo cotejo de textos. Alexandre

---

7 Defendemos aqui a tese dominante entre os historiadores: das três listas de obras de Aristóteles que sobreviveram até nós, a de Diógenes Laércio, a de Hesíquio e a que o biógrafo Ptolemeu transmitiu aos árabes, esta última (reconstituída em grego a partir do árabe) é a que se inspira diretamente no catálogo de Andrônico de Rodes.

de Afrodísias, o "segundo Aristóteles", "o Exegeta", procedeu dessa forma para esclarecer Aristóteles por ele mesmo e amoldar o máximo possível seu comentário ao texto original. Seríamos capazes ao menos de citar, dentre os mais importantes pensadores da história ocidental ou médio-oriental, todos os que fizeram parte dessa linhagem aristotélica, entre Alexandre e Guilherme de Moerbeke, que no século XII fez o enésimo retorno à letra traduzindo palavra por palavra em latim o texto grego utilizado por Santo Tomás de Aquino, outro intérprete genial? Podemos citar apenas o nome de Al-Farabi, que recebeu o apelido de "o segundo mestre" por causa de suas "paráfrases" das *Categorias* e dos *Analíticos*, ou o de Averróis, que com seus comentários sobre Aristóteles (os "Comentários maiores", que recopiam e explicam cada passagem do texto, os "Comentários médios", que o parafraseiam livremente, e os "Epítomes", que o resumem) também quis promover um retorno ao "verdadeiro" Aristóteles, aquele que foi "corrompido" pelas leituras platônicas. Ao longo de toda essa história, e apesar das diferenças de estilo e abordagem, a despeito das oposições culturais, doutrinais e religiosas, há uma constante histórica: a figura do aristotélico, discípulo absoluto do mestre absoluto, cujas três características principais se destacaram desde a publicação do *Corpus* por Andrônico.

Primeira característica: o comentário. Para o aristotélico, a prática da filosofia, isto é, a busca da verdade, só é possível pela leitura e pelo comentário da obra de Aristóteles, dada como doutrina acabada e atemporal. Cada palavra, cada frase, cada capítulo, cada obra deve ser decifrada e ter um sentido enunciável, sentido superior que ultrapassa o sentido manifesto, manifestamente ambíguo ou obscuro, sentido latente autorizado e garantido apenas pelo sentido manifesto, que é ao mesmo tempo e paradoxalmente o princípio e o fim do comentário, sua pedra de toque e ao mesmo tempo seu objeto. Esse comentário não é simples repetição, mas busca infinita e inacabável de um sentido original, de uma autenticidade perdida, de uma coerência superior e primordial à qual o discípulo procura ter acesso desbravando a opacidade da história, apesar da obscuridade dos textos e da inflação ameaçadora criada pelos *outros* comentários. Esse comentarismo se apoia no mito hermenêutico da verdade original perdida e recuperada em retalhos de um texto desordenado e debaixo de camadas dissimuladoras sedimentadas pela tradição. Ele tem como consequência as duas outras práticas, que se sustentam em seus mitos respectivos e às quais já fizemos alusão.

Além de ter de comentar o texto de que dispõe, o aristotélico precisa *sistematizar* permanentemente a obra comentada por ele, transformá-la em um todo coerente, tanto em termos de edição como de doutrina. Tal é o aristotelismo em sua figura paradoxal: raramente houve um pensamento original mais aberto, lacunar e problemático; raramente as doutrinas engendradas por ele foram mais fechadas, sistemáticas e dogmáticas. A prática do discípulo repousa, na verdade, na ilusão da unidade sistemática do *Corpus*, ilusão obstinada, apesar da forma dispersa na qual se apresentava a letra do *Corpus*, mas ilusão remanente porque se firma em um mito mais poderoso do que qualquer sinal flagrante: o da unidade absoluta, o da univocidade primordial, o da coerência total da Verdade em sua origem. O mestre é essa origem absoluta, una e plena, que não é engendrável nem corruptível. O discurso de um Mestre não poderia ter história. Desse ponto de vista, podemos dizer que o fim (temporário) do aristotelismo data de 1912, quando foram publicados os trabalhos do historiador Werner Jaeger: decompondo no *corpus* aristotélico a série de camadas sobrepostas que foram escritas pelo mestre em diferentes momentos de sua vida e de seu pensamento, ele destruiu a ilusão da unidade e da homogeneidade de um *Corpus* que teria saído acabado do espírito de Aristóteles, com armas e bagagens, e devolveu Aristóteles definitivamente (ou, o mais provável, provisoriamente) à história da filosofia.

Enfim, essas duas práticas do comentário e da totalização não seriam possíveis sem uma terceira: a do retorno à letra. Pois é claro que o principal obstáculo que o aristotélico encontra no trabalho de comentário é a massa indefinida de *outros* comentários como traição; e a principal dificuldade que ele sente para compreender, isto é, para abarcar a obra do mestre em um todo coerente, é a espessa camada de *outras* interpretações que impedem o acesso ao texto e à verdade original. Donde a palavra de ordem lançada periodicamente pelo aristotélico: "Retornemos de uma vez por todas *à letra* do texto de Aristóteles! Malditos comentários e interpretações! Deixemos nossa interpretação e nosso comentário moldar-se pela letra nua do texto original, deturpada por preconceitos e falsificações, enfim, pela história!". O discípulo, é claro, acredita que não faz parte dessa história, da mesma forma que, por hipótese, ele exclui da história o mestre original, mas é a ela que todos os *outros* comentadores se referem e se consagram. Portanto, ele pode – e às vezes deve – fazer a história dos outros comentários para abstrair dela a si mesmo e ao mestre. O aristotélico exige o puro confronto transcendental com a letra do texto, finalmente acessível sem mediações deformadoras, apenas o texto, finalmente desenredado dos contrassensos dos outros aristotélicos, o texto finalmente conduzido a si mesmo, para além da tradição.

Esses três tipos de práticas e esses três mitos (*interpretar* o sentido manifesto para encontrar por fim o sentido latente, tomado como *verdade original*; *sistematizar* os pontos de doutrina para recuperar a coerência de conjunto pensada como *verdade una e unívoca*; e, por último, *retornar à letra* para recuperar a verdade *enterrada* sob as outras interpretações) não alimentam mais os aristotélicos, ao menos desde Jaeger. Mas esse tipo de leitura religiosa dos textos continua e continuará sempre a ser praticada por aqueles para quem só há verdade se ela estiver apoiada, ou abrigada, em uma hermenêutica. É possível mensurar essa constância pela surpreendente fascinação que as interpretações heideggerianas dos textos gregos ainda suscitam.

Como se vê, esses três aspectos indissociáveis da prática do discípulo aristotélico (comentário, sistematização, retorno à letra) são a contraparte necessária do *modo de interlocução* característico do mestre no *Corpus*. Essa é a chave do paradoxo do aristotelismo. O discurso magistral presta-se ao comentário, à sistematização e ao movimento de ida e volta do discípulo porque ele é, em sua forma, heterogêneo, cheio de incisos, elipses e lacunas, anuncia o que não vem e retoma o que não antecede, parece querer ser sincrônico e ininterrupto sem jamais o ser, parece visar a uma sistematicidade que ele cumpre pela metade e conter uma

completude inacabada: esse tipo de discurso exige necessariamente outro discurso que o homogeneíze, justifique seus incisos, complete suas lacunas, explique o que ele anuncia e retoma,
restabeleça-o sobre suas bases e introduza nele, em seu devido
lugar, a sistematicidade discursiva e a completude doutrinal que
parecem ser seu ideal. Mas é possível mostrar, mais uma vez, que
essas constantes do discípulo aristotélico são tão determinadas
pela própria doutrina de Aristóteles quanto pela maneira como
nela se concebe a relação do discípulo com o mestre.

No plano doutrinal, vimos que Aristóteles, ao contrário de
Sócrates, não identifica o bem supremo do homem com a compreensão racional da parte de cada um de sua própria conduta e a
exigência de coerência absoluta em sua prática ética; ao contrário
de Epicuro, ele não identifica esse bem supremo com a preservação de uma vida sem perturbações, sem males e sem temores;
mas estabelece que, para o homem, esse bem consiste na perpe-
tuação o mais duradoura possível de uma vida contemplativa, isto
é, do ato de compreensão perfeita de tudo que existe. A filosofia,
portanto, não é interrogação crítica como é para Sócrates, não é
prática terapêutica como é para Epicuro, mas é processo, movimento de conhecimento que visa ao seu próprio fim, isto é, ao
seu ato, o conhecimento acabado. É impossível não reconhecer
nesse ideal enunciado pelo mestre a própria prática do discípulo.
De fato, o aristotélico é aquele que identifica a felicidade com o
conhecimento completo e em ato, no qual se completa e se uni-
fica o movimento que leva a ele, e essa é exatamente a prática do
discípulo aristotélico *com o texto de Aristóteles*, considerado a fonte
da verdade, o objeto que se deve conhecer e do qual virá o bem
prometido, o objeto incessantemente renovado e nunca acabável,
cuja posse em ato é para o homem seu bem supremo. Confirma-
-se aqui, de maneira muito clara, a distinção entre o pensamento
de um mestre e o pensamento de um discípulo: o mestre pensa as
coisas, enquanto os discípulos pensam o pensamento do mestre.

Enfim, no aristotelismo, a relação fundadora do discípulo
com o mestre não é nem uma relação amorosa de mão única do
amante com o amado (socratismo) nem uma relação unilateral
do doente com o médico (epicurismo), mas uma terceira relação

assimétrica: a do "ensinado" com o "ensinador". O que o discípulo espera do mestre não é que este diga a ele, e apenas a ele, o que sabe, nem que lhe diga o que pode salvá-lo, mas que lhe transmita *o saber*. Supõe-se que o mestre saiba, mas, ao contrário do mestre socrático que não diz nada, esse saber dito pelo mestre só se cumpre e se completa pelo discurso do discípulo que se apropria dele. O mestre é, para o discípulo, a fonte de verdades que só devem ser patentes e sistematizadas no discurso do discípulo. Nesse caso, poderíamos nos arriscar a ver a história dos discípulos aristotélicos como uma tentativa, jamais renovada, de realizar o ideal descrito nos *Analíticos posteriores*: um professor que se supõe saber tudo questiona um aluno que se supõe ignorar tudo e não estabelece nenhuma verdade nova sem a concordância explícita do ouvinte. A esse modelo do mestre deveria corresponder a figura de um discípulo hermeneuta: ao mestre Aristóteles é atribuída *a priori* a posse total do saber total, mas compete ao discípulo, apoiado apenas no que disse (ou escreveu) o mestre, alcançar passo a passo essa totalidade do saber, na recomposição jamais completamente acabável do discurso do próprio mestre. É à (re)constituição dessa totalidade doutrinal latente, ao mesmo tempo manifesta e oculta na dispersão das verdades, que se consagra o discípulo, é à saturação da letra sucinta do mestre que se consagra seu discurso inesgotável.

Podemos comparar essa figura do discípulo aristotélico a inúmeros exemplos extraídos da tradição religiosa. Também podemos citar casos contemporâneos de outros mestres (de Wittgenstein a Lacan) cujo pensamento, à semelhança do de Aristóteles, passou por mudanças, reviravoltas e arrependimentos enquanto se manteve vivo, mas foi capturado e como que fixado em uma publicação tardia: os discípulos, tanto mais zelosos porque não conheceram o mestre e tanto mais fiéis que são aos textos, atribuem-se como primeiro dever recolher devotamente as mínimas lições, os ditos, as máximas ou as observações póstumas do mestre e conciliá-los com a obra publicada; estabelecem-se como missão infindável reconstituir pacientemente a mensagem presente no texto, mas dissimulada nele, e impõem-se como método retornar continuamente à letra consagrada, para um dia poder compreender enfim,

plenamente, o pensamento verdadeiro do mestre. A Obra, exce-
dendo sempre seus próprios comentários, deve ser incessantemente purificada por novos comentários.

No balanço final, três tipos de discípulos. Os primeiros brigam entre si, protegem-se sob o nome do mestre, dogmatizam
sua lição, mas criam uma obra original. Os segundos são mais
disciplinados, mas levam sua fidelidade ao cúmulo do psita-
cismo. Os últimos, à semelhança dos primeiros, sistematizam
o ensinamento do mestre, mas, imbuídos de fidelidade como os
segundos, consagram-se ao comentário dos escritos do mestre.
Essas figuras se opõem umas às outras, mas vimos em cada caso
que eram consequência da doutrina do mestre, de seu modo de
interlocução (maiêutico, protréptico ou epistemológico) e da
forma de vínculo que ele tinha com os discípulos (amor, cura ou
ensino). Ao mesmo tempo, pudemos constatar que esses três
tipos de discípulos remetiam à maneira como cada uma dessas
doutrinas concebia a essência da transmissão do saber. No socratismo, o saber não é, propriamente dizendo, transmitido, porque
o aluno aprende sozinho e, sob a orientação do mestre, encontra suas próprias verdades; a esse modelo de ensino corresponde
a figura de um discípulo que atribui ao mestre todas as verdades que ele descobre por si mesmo. No epicurismo, ao contrário, como o discurso do mestre já é, *a priori*, o de uma totalidade
fechada (o mestre se forma sozinho), o discípulo não precisa
constituí-la e pode apenas apropriar-se dela, repetindo-a infinitamente ou tornando-se ele mesmo um mestre. No modelo
aristotélico da ciência, a figura do discípulo é intermediária: a
ciência não vem nem exclusivamente do discípulo (como na
interrogação dialética de tipo socrático) nem exclusivamente do
mestre (como no discurso dogmático de tipo epicurista), mas
é *dita* pelo discípulo sob a fiscalização do saber do mestre: é o
ideal de construção de um sistema acabado de demonstrações. A
esse modelo corresponde a figura do intérprete, figura intermediária entre o criador e o transmissor. A essas três variáveis no
interior de uma única configuração, podemos acrescentar uma
constante, aquela pela qual todas as figuras de discípulo se asse-
melham: o discípulo se dá como tarefa escrever definitivamente

tudo que o mestre pensou desde sempre e, para isso, deve reproduzir o discurso do mestre sob a figura da totalidade.

Existem outros tipos de discípulos que não correspondem a nenhuma das figuras anteriores? Talvez. Mas talvez não. Pois, no fundo, as três grandes figuras de discípulos que evidenciamos não remetem às três relações possíveis com um texto supostamente original? Podemos imaginar que o texto original ainda precise ser escrito (o mestre não quis escrevê-lo), que precise ser repetido (o mestre o escreveu definitivamente) ou interpretado (o texto do mestre diz sempre menos do que o mestre queria dizer e sempre mais do que o intérprete saberia dizer). Mas, acima de tudo, essas três figuras de discípulos não remetem às únicas maneiras possíveis de se dizer filósofo? As três linhagens (socrática, epicurista e aristotélica) não fornecem as três orientações possíveis da filosofia? Toda filosofia é talvez: ou de essência crítica como a socrática, isto é, visa a pôr à prova as falsas certezas; ou de essência libertadora como a epicurista, isto é, visa nos libertar de nossos males, paixões e grilhões; ou de essência alética como a aristotélica, isto é, visa unicamente ao saber e à constituição de um conjunto organizado de conhecimentos. E os que filosofam talvez procurem a "sabedoria", mas talvez também procurem um mestre. Qual? Um mestre como Aristóteles, mestre dos que desejam saber? Um mestre como Epicuro, mestre dos que desejam viver? Ou um mestre como Sócrates, mestre dos que não sabem o que procuram?

– CONCLUSÃO –

FIGURAS DA RACIONALIDADE ANTIGA: NASCIMENTO DA RAZÃO, CRISE DAS RACIONALIDADES

Emprestamos figuras filosóficas dos antigos. Emprestamos *figuras do ser* entre duas ciências, a ontologia e a metafísica, a primeira entre duas vias, a física e a lógica, e a segunda entre as duas figuras do princípio primeiro, a antiga e a moderna. Emprestamos *figuras do homem* entre seus "outros" fora dele e dentro dele: como vivente, que apenas não sendo nem animal nem deus é ele mesmo; como ser político, que depende dos outros e não depende de nenhum outro ser; como amigo, o outro com quem se é quando se é si mesmo; como ser fadado à incerteza, que teme não ser sempre o ser que ele é. Emprestamos *figuras incompatíveis do discípulo*: aquele que proclama o que deveria ter dito o mestre, aquele que repete o que disse o mestre e aquele que estabelece o que quis dizer o mestre, três tipos de filósofo à imagem das três vias da filosofia: crítica, terapêutica e douta.

Mas poder fazer esses empréstimos não é também, antes de tudo, já ter emprestado a possibilidade desses empréstimos e, portanto, *pensar* com eles? Nesse caso, o problema que apresentamos na Introdução teria uma solução simples. Tudo que, embora histórico, também é filosófico seria uma permanência da herança antiga. A distinção entre a matéria histórica e a forma filosófica seria apenas outra maneira de dizer as diferentes faces de uma mesma Razão nascida na Grécia Antiga. Pois, se existe alguma coisa que acreditamos termos emprestado dos antigos, essa coisa é o *logos* que torna possível o empréstimo e perene a filosofia. Essa ao menos é a imagem convencional da dívida que temos com os gregos. Nascida por volta do século VI ou V, a Razão, depois de derrubar o Mito, teria engendrado a Filosofia e a Ciência, rebentos legítimos que ainda hoje vivem entre nós. Tal é o mito do nascimento da Razão, a dos antigos, a nossa, a mesma, a única. Todavia, sugerimos anteriormente um bom motivo para desconfiarmos dessa suposta continuidade entre "a" razão grega e a "nossa": a *ratio* moderna, monológica, sob muitos aspectos é uma figura oposta ao *logos* antigo, dialógico. Mas talvez exista um motivo mais radical, relacionado à especificidade desse *logos* grego. Pois o que o opõe ao mito não é justamente que ele não é uno? O verdadeiro mito é o da Razão una. Assim, a essa razão mítica deveriam opor-se *diversas figuras da racionalidade* como vias que nasceram simultaneamente, umas das outras, umas contra as outras. Entre essas vias alternativas, era preciso escolher, como é preciso ainda e sempre.

No entanto, devemos admitir um ponto essencial. Existem bons motivos para se falar do "nascimento da Razão" – e até mesmo para situá-la na Grécia. Essa ideia de *nascimento* nos permite romper com os mitos essencialista e evolucionista. Segundo o mito essencialista, a "razão", característica específica do homem, seria uma forma imutável, anistórica, da humanidade, que é ela própria uma forma imutável e anistórica e, portanto, nunca pode nascer. Segundo o mito evolucionista, a história seria o longo desenvolvimento de uma mesma Razão, graças à qual os homens teriam progressivamente começado a pensar de forma "conceitual", ou a refletir sobre sua situação histórica: a razão, sempre já lá, mas nunca completamente ela mesma, não nasce, é coextensiva ao infindamento da história. Contudo, quando deixamos de acreditar em uma Razão como essência do homem, ou em uma concepção da história cujo centro seria o Homem, começa a fazer sentido falar de "nascimento da razão". Essa ideia de nascimento se opõe a um só tempo à ideia de origem sempre virtual e à ideia de eternidade sempre atual. Se considerarmos não mais a história humana como tal, mas "a história dos sistemas de pensamento",[1] a história dos modos de seleção dos discursos socialmente legítimos, a história das "técnicas de verdade", então de fato podemos constatar momentos de ruptura na organização geral do saber. É essa ruptura que ocorre no século V a.C. na Grécia. É ela que se designa como a passagem "do mito à razão".[2] Uma nova ordem do saber organiza novos campos de conhecimento, implicando novos modos de validação e reconhecimento dos discursos verdadeiros: a demonstração matemática se formaliza com Tales em cerca de 600 a.C.; a investigação física e cosmológica distancia-se do mito na mesma época com os físicos da Jônia; a pesquisa histórica rompe com a lenda e assume uma feição sistemática com Heródoto. Nessa época também se elaborou um sistema de direito civil e penal que não devia nada aos valores religiosos (como a pureza) ou às práticas rituais (como a ordália), e constituiu-se uma nova economia da prova judicial, baseada na argumentação e na investigação dos fatos. E, é claro, para arrematar, nasceram os primeiros sistemas filosóficos.

Não é à toa que essa nova ordem do saber foi qualificada de racional – por oposição à ordem antiga. Sem querer fechá--la em uma definição *a priori* demasiado estreita, podemos dizer que a ideia comum de razão se resume a duas particularidades que remetem uma à outra, uma negativa e outra positiva. Negativamente, é a negação de toda autoridade, em particular de toda autoridade exterior ao julgamento de cada um (preconceitos, tradições, crenças *a priori*, discursos do mestre, textos sagrados etc.). Positivamente, é uma capacidade de universalização: em geral uma conduta, uma crença ou um discurso são qualificados de racionais se são universalizáveis, isto é, se dependem apenas da sua faculdade discursiva, em outras palavras: se dependem de um

---

1 Nome dado por Michel Foucault à sua disciplina no Collège de France.
2 A expressão se tornou famosa, e legítima, através dos trabalhos Jean-Pierre Vernant. Cf. notadamente "Du mythe à la raison", in *Mythe et pensée chez les grecs* II, p.95-124.

discurso legitimamente enunciável e admissível por todos. Ora, essas duas características se encontram ao longo de toda a nova ordem do saber, encarnada na segunda metade do século V, negativamente, pelos sofistas, mensageiros de um formidável movimento crítico à autoridade, à tradição e aos mitos, e, positivamente, pelos primeiros físicos, historiadores ou filósofos que elaboraram, sobre os escombros das antigas crenças, uma discursividade universalizável. A razão, tomada nesse sentido, teria nascido, portanto, há cerca de vinte e cinco séculos, às margens do Mediterrâneo, na luz auroreal da Grécia.

No entanto, pode ser que essa visão *binária* "do mito *à* razão", essa visão *aufklärer* [iluminista] da História opondo *a* Razão triunfal à Obscuridade derrotada, seja tão contestável quanto as concepções essencialistas ou evolucionistas. Pois se é efetivamente possível atribuir uma data de nascimento à Razão, sob a condição de que ela seja a determinante não do Homem ou da História, mas dos sistemas de pensamento, então é evidente que, desde seu nascimento, *a* razão foi plural. Enquanto nos interrogamos sobre o Homem ou a História, dificilmente encontramos como datar a idade da Razão – nome de uma faculdade mais ou menos misteriosa, mas necessariamente una, indivisível e atemporal. Mas quando nos interrogamos sobre a constituição dos modos de conhecimento ou a gênese das práticas discursivas, podemos sem dúvida falar de "nascimento da razão", mas sob a condição de vermos na razão apenas o caráter do que é pensado ou realizado *racionalmente*. O substantivo "razão" é trocado pelo adjetivo ou pelo advérbio. A partir daí, podemos perceber que não foi *a* razão que ocupou sem nenhuma cerimônia o lugar do mito, mas racionalidades diversas e conflitantes. Se admitimos que os modos de pensamento não pairam no Céu das ideias, mas encarnam-se em instituições sociais, determinadas por práticas políticas e solidárias de técnicas discursivas, então o que pode aparecer é que logo de saída o pensamento racional se realizou sob modos antitéticos. Nunca foi *uma* nova ordem do saber (racional) que tomou o lugar da ordem antiga (mítica), mas o contrário: a ordem antiga foi substituída por sistemas racionais, mas rivais e antagonistas – e talvez por isso fossem racionais! Em outras palavras, o *nascimento* da razão foi ao mesmo tempo, e necessariamente, a *crise* da razão. É o que tentaremos mostrar – e entender.

As técnicas racionais de verdade

Mas, em primeiro lugar, por quais aspectos essas novas técnicas de pensamento ou discurso podem ser qualificadas como racionais?

Para compreender isso, podemos partir do conceito de "mestre da verdade" e opô-lo aos novos discursos da verdade que se praticavam no século V – especialmente no *corpus* científico e no discurso jurídico, que nos servirão de apoio.

Como escreveu Michel Foucault: "Ainda nos poetas gregos do século VI, o discurso verdadeiro, o que inspirava respeito e terror, e ao qual todos se submetiam, porque ele reinava, era o discurso proferido por quem de direito e segundo o ritual requerido".[3] Nos tempos hesiódicos, como mostrou Marcel Détienne em *Les maîtres de vérité dans la Grèce archaïque*, a verdade não pode ser separada do mestre que a enuncia e das condições altamente formalizadas de sua enunciação. O mestre da verdade é, em primeiro lugar, o poeta que tira os homens e os deuses do esquecimento e lhes cria memória. "O discurso eficaz do poeta institui, por virtude própria, um mundo simbólico-religioso que é o próprio real".[4] Cabe ao poeta dizer o que foi verdadeiramente: sem seu discurso, os grandes feitos dos homens desapareceriam no não ser; por seu discurso, eles são, tendo sido sempre. Ao contrário do historiador clássico, o poeta arcaico não procura dizer o que foi tal qual ele pôde estabelecer ao verificar e criticar as fontes, mas ele o estabelece pela escansão repetida e cooptadora de seu dizer, eco de todos os dizeres cuja beleza ressalta a verdade. O adivinho, outro mestre da verdade, diz sem rodeios o que foi, é ou será. Mas, ao contrário do físico da época clássica, que também diz a natureza sob a figura do eterno, ele não procura dizer

---

3 Foucault, *L'ordre du discours*, p.17.
4 Détienne, *Les maîtres de vérité dans la Grèce archaïque*, p.15.

o ser tal qual ele é, mas contribui para fazê-lo ser por seu dizer: seu discurso realiza e, por isso, é cercado de desejo e temor, e seu cerimonial o protege da linguagem ordinária. O rei da justiça da época arcaica também diz a verdade como um mestre: ao contrário do júri da época clássica, que tenta estabelecer o que foi feito e o que deve resultar, confrontando argumentações contraditórias, o antigo mestre da verdade faz ser o que ele diz, enunciando ritualmente o justo: dizendo-o, ele restitui a cada um sua parte no mundo cósmico e institui a ordem real da Cidade.

Se agora tentamos enunciar sinteticamente a oposição entre as práticas discursivas da verdade na época clássica e na época arcaica, podemos apontar três particularidades, que, aliás, são interdependentes.

A primeira diz respeito ao discurso verdadeiro em si. Nas práticas arcaicas, o discurso verdadeiro nunca é "puro", isto é, puramente discursivo. O discurso (do poeta, do adivinho, do rei da justiça) é apenas um elemento de um dispositivo mais geral de enunciação, ato ritualizado, jamais separável do conjunto de circunstâncias formalizadas que fazem que ele e as marcas de distinção poéticas que assinalam seu poder veridicional se tornem possíveis. Nas práticas "racionais" (do historiador, do físico e mesmo do orador), o discurso é puro enunciado, um enunciado anônimo ligado simplesmente à sua referência, da qual depende sua verdade. Isso é válido sobretudo para o enunciado científico, enunciado puro por excelência, sem indicadores, sem temporalidade ou sujeito, sem nenhuma relação com as circunstâncias particulares de sua enunciação. E, nos gregos, ele se realiza fundamentalmente no discurso do matemático, cujo enunciado atômico típico é o que recorre constantemente a Aristóteles como exemplo: "a diagonal do quadrado é incomensurável com seu lado".

A segunda particularidade da oposição entre os dois tipos de práticas discursivas diz respeito à relação do discurso verdadeiro com o real. Nas práticas arcaicas, o discurso não constata o real: ele faz performativamente o real ser. Em um excerto da *Metafísica*, Aristóteles afirma mais ou menos o seguinte: não é porque dizemos o verdadeiro que aquilo de que falamos é real, mas sim porque aquilo de que falamos é real que dizemos o verdadeiro.[5] Mas esse princípio, na realidade, tem sentido apenas nas práticas discursivas clássicas e nos permite opor claramente duas relações inversas do discurso verdadeiro com a realidade. No discurso "racional", X diz que as coisas são tais; ora, elas são tais, logo X diz o verdadeiro; a verdade é subordinada ao real que ela enuncia. No discurso arcaico, o mestre diz que as coisas são tais; ora, ele diz o verdadeiro (porque ele é o mestre), logo as coisas são tais; a verdade é reconhecida pelo mestre que a enuncia. A passagem para as práticas racionais de veridicção pode ser descrita, portanto, como uma inversão: da autoridade do mestre como garantia da realidade daquilo de que ele fala para a autoridade da realidade como garantia da veridicção do locutor.

A terceira particularidade de oposição entre os dois tipos de práticas discursivas diz respeito à relação do discurso verdadeiro com seu destinatário. O destinatário do discurso arcaico é totalmente passivo na constituição da verdade: ele ouve o discurso e o admite como verdadeiro, porque ele se submete ao mestre. Não lhe compete opinar nem sequer acreditar. Em contrapartida, nas práticas racionais do discurso não existe verdade possível sem a concordância – no mais das vezes explícita – daquele a quem se dirige o locutor. A tal ponto que a aprovação do ouvinte constitui em geral a própria condição da veridicção. Dizer o verdadeiro é, antes de tudo, poder fazer que aqueles a quem nos dirigimos admitam como verdadeiro, por si mesmos, aquilo que dizemos. No tribunal, por exemplo, é considerado verdadeiro o discurso que for mais reconhecido como verdadeiro. Esse reconhecimento constitui a persuasão retórica; mas ele também constitui, embora em menor medida, a demonstração matemática. Demonstrar é, para o professor, enunciar apenas o que o aluno não pode não admitir como verdadeiro, considerando o que ele já admite como verdadeiro – teoremas ou axiomas (e salvo o caso dos "postulados", nos quais o professor *pede* explícita e excepcionalmente ao aluno que admita um enunciado com o qual ele poderia não concordar).

---

5 Cf. Aristóteles, *Metafísica* IX, 10, 1051b 6-9.

O enunciado verdadeiro se purifica das condições em que é emitido; o enunciado verdadeiro se independentiza da autoridade daquele que o emite; aquele a quem o enunciado verdadeiro é emitido precisa reconhecê-lo igualmente como verdadeiro. Nessas três alterações reside o *nascimento* da razão, ou ao menos da *racionalização* das condições de produção da verdade. Mas nessas três alterações também reside implicitamente a *crise* da razão, necessariamente coextensiva ao seu nascimento.

De fato, no lugar do mestre da verdade, há agora um "lugar vazio", um lugar para ao menos três questões. Se o enunciado é puro, então pelo que se pode reconhecer o enunciado verdadeiro, aquele *que diz o ser tal como ele é*, visto que ele não é oferecido ao reconhecimento público nos discursos raros, de formas sacralizadas e encerrados em um ritual que os legitima e ressalta seu insigne valor? Se o enunciado é o enunciado de qualquer um, e não do mestre socialmente legitimado, então o que faz que o enunciado verdadeiro não seja qualquer enunciado, e pelo que se pode reconhecer aquele *que diz o ser tal como ele é*, visto que agora ele é órfão de pai, o Insubstituível, o Mestre único? Se um enunciado tem por acaso a aprovação contingente de todos, então o que faz que o enunciado verdadeiro não seja qualquer enunciado, e pelo que se pode reconhecer aquele *que, ao contrário dos outros, diz o ser tal como ele é*, visto que ele não é mais o discurso que se impõe autoritariamente a todos?

Essas questões não constituem a crise da Razão. Ao contrário, elas delimitam um espaço vazio, o espaço livre da razão e ao mesmo tempo o lugar vago deixado pelo Mestre. E é nesse espaço que vão se introduzir necessariamente as diferentes técnicas racionais que, em sua diversidade e por sua incompatibilidade, vão constituir a crise da razão.

Racionalização e democratização

Mas antes de tentarmos compreender como essa crise foi historicamente possível e, sobretudo, por que ela era *a priori* necessária, temos de tentar determinar o motor histórico da racionalização dos procedimentos discursivos que se encerra no século V. Em consonância com nossa hipótese inicial, segundo a qual a razão não é uma faculdade nem uma essência, mas a determinante de modos de conhecimento inscritos nas práticas sociais, agora fazemos a hipótese de que essa racionalização dos sistemas de pensamento é apenas a outra face de um processo histórico contemporâneo: a democratização das instituições políticas.

Sabemos que o século V grego é não apenas o século do nascimento da história, da demonstração matemática e da interrogação filosófica, mas também o da democracia. A democracia ateniense seguramente não é tudo que entendemos pelo termo: o povo soberano tem um alcance claramente mais limitado na democracia antiga do que na atual, embora tenha atribuições claramente mais amplas; a democracia antiga é direta, não sabe o que é representação e dá importância especial ao sorteio de cargos, em concorrência com a eleição.[6] A democracia ateniense seguramente nunca foi esse sonho idealizado que tantos filósofos modernos projetaram nela (ao contrário dos antigos). Desde o início, ela esteve em crise, foi corroída de dentro pela demagogia e torpedeada de fora pela reação da aristocracia. Mas, apesar disso, devemos reconhecer que foi o regime no qual, quiçá pela primeira vez na história, os homens confiaram em si mesmos para dispor de si mesmos, ao invés de se submeter à autoridade de um chefe, à dominação de uma casta ou à irrecusabilidade de um texto sagrado.

Ora, sabemos que a democracia é, por excelência, o regime do discurso, isto é, da palavra pública: toda decisão (política, jurídica ou judiciária) supõe discussão aberta, confrontação explícita de posições face a face, exposição diante de todos das razões válidas para todos, comunhão de valores comuns. Assim, na democracia, a política se confunde com o intercambiável, tanto por seus objetos (a política é o que se pode discutir) como por sua forma (caráter público dos debates, transmissibilidade das opiniões).

Qual é, então, o regime *discursivo* da democracia? A democracia *política* é, por definição, negativa, é a negação do Mestre, isto

---

6 Sobre a importância dos sorteios, em oposição à eleição na definição da democracia antiga, cf. Manin, *Principes du gouvernement représentatif*, cap. 1 e 2.

é, do Insubstituível. A democracia *discursiva* é, positivamente, um regime de discurso que obedece, corolariamente, ao que podemos chamar o princípio de substituabilidade infinita do lugar dos locutores e dos ouvintes. Talvez possamos distinguir, mais precisamente, dois aspectos complementares, que chamaremos a isegoria locutiva e a "isocrítica" interlocutiva.

De um lado, no que diz respeito ao locutor, há o que os gregos chamavam em política a "isegoria": o direito igual concedido a todos de "se erguer para aconselhar a Cidade". Podemos considerar, mais geralmente, que a isegoria é o reconhecimento da equivalência dos locutores, isto é, a indiferença *a priori* do enunciado à qualidade ou ao *status* do enunciador; em suma, é o princípio segundo o qual a palavra se apoia exclusivamente no pertencimento à comunidade dos locutores possíveis. Ora, se sob sua face política esse princípio discursivo está institucionalizado no funcionamento *democrático* da Cidade, sob sua face cognitiva ele é o próprio fundamento do novo regime de verdade encarnado no funcionamento *racional* dos modos de conhecimento. Tomemos dois exemplos: a administração racional da prova no campo judiciário supõe o direito rigorosamente igual das partes de expor seu ponto de vista a todos para convencer a todos. Essa mesma igualdade é responsável por garantir boa parte das regras formais da instituição judiciária no Direito clássico, devendo a verdade manifestar-se em primeiro lugar pela simples aplicação da regra isegórica: estrita igualdade dos tempos de fala, igualamento de todos os meios de defesa das teses opostas. Do mesmo modo, no outro extremo, a administração racional da prova no campo matemático resulta da possibilidade de qualquer um que o tenha aprendido de transmitir a um interlocutor o conjunto do *corpus* do saber, desde seus primeiros princípios até suas últimas consequências. Aqui tampouco há Mestre. A própria ideia de que os enunciados matemáticos são *demonstráveis* fundamenta-se precisamente na transmissibilidade infinita do saber e na substituabilidade infinita do sábio, pura função sem sujeito, lugar vazio do Mestre.[7]

---

7 "A democracia faz tacitamente do lugar do poder um lugar vazio, estabelece que ele não pertence legitimamente a ninguém" (Lefort, *L'invention démocratique*, p.155-6).

Mas essa substituabilidade democrática tem uma terceira face, relativa dessa vez ao destinatário do discurso. Com efeito, a democracia supõe não só que todos os locutores têm o direito igual de *falar* a todos os outros, mas também, e corolariamente, que todos os interlocutores têm o direito igual de *julgar* o que os outros dizem. Na democracia, o ato de decidir ocorre em dois tempos: o tempo de falar (discussão) e o tempo de julgar (pelo voto, por exemplo). E esse segundo tempo implica não mais a coletividade dos locutores possíveis, mas a coletividade dos interlocutores possíveis, que é igual à primeira apenas em extensão. Do ponto de vista do regime de verdade, isso implica que o estabelecimento de uma verdade depende não apenas de um poder de enunciação – o direito de falar –, mas de um poder judicante ou "crítico" – o direito de julgar verdadeiro o que é dito. Por oposição ao regime arcaico de verdade, que conhece apenas o poder do locutor autorizado a enunciar verdades já julgadas (ou seja, sem julgamento verdadeiro), no regime democrático de verdade esses dois poderes são distintos e representados pelas posições respectivas do locutor e do destinatário. Em outras palavras, a "isocrítica" consiste em admitir como verdadeiro apenas o que o *outro* a quem nos dirigimos admite como tal, e reconhecer a todo outro o direito igual de ser esse interlocutor legítimo. Ora, esse mesmo princípio discursivo, encarnado no funcionamento *democrático* da Cidade, é, sob sua face cognitiva, a base do funcionamento *racional* dos modos de conhecimento.

Voltemos aos nossos dois exemplos: a administração racional da prova no campo judiciário supõe o direito rigorosamente igual para todos os ouvintes de julgar a verdade do que afirmam as partes. Boa parte das regras formais da instituição judiciária é responsável por garantir essa igualdade e essa independência das funções: princípio do júri popular, direito de voto igual para todos os ouvintes, passividade e silêncio absolutos dos juízes (que não participam nem mesmo da condução do debate) etc. O que uns afirmam, outros – ou todos – devem julgar coletiva e igualmente. Do mesmo modo, a administração racional da prova na matemática resulta do reconhecimento de que cabe ao destinatário, ou melhor, ao aluno estabelecer como verdadeiro o que diz o professor e nada do que diz o professor é verdadeiro, salvo o que o aluno não pode não reconhecer indiscutivelmente como verdadeiro, dado o estado do seu próprio saber. É exatamente isso que fundamenta, tecnicamente, a demonstração: partimos do que aquele a quem nos dirigimos reconhece como verdadeiro para deduzir daí o que ele ainda não pode, mas deverá necessariamente reconhecer como verdadeiro, sem apelar jamais para nada que exceda o que, em cada momento, ele só pode admitir como verdadeiro. Aqui tampouco há Mestre. Como o locutor, o interlocutor é pura função sem sujeito, a outra posição vazia do Mestre, a simples aplicação do princípio de substituabilidade infinita.

Reconhece-se no dublo princípio de substituabilidade no qual se fundamentam as decisões tomadas *democraticamente* o mesmo duplo princípio no qual se fundamentam as verdades estabelecidas *racionalmente*. A partir daí, é possível avançar a hipótese de que o nascimento da "razão" na história dos sistemas de pensamento, ou ao menos na dos procedimentos de estabelecimento das verdades, corresponde, no que se refere ao conhecimento, ao advento da democracia na história das instituições políticas.

Assim, duas das questões que deixamos pendentes acham sua resposta, das três suscitadas pelo lugar vago deixado pelo discurso do Mestre.

Pelo que se reconhece, no regime racional, o discurso verdadeiro, se ele não é aquele que é dito pelo Mestre, podemos nos perguntar? Pelo fato de que ele pode ser feito por qualquer um. Não se trata de qualquer enunciado, mas *somente* daquele que pode ser afirmado por qualquer um. O princípio de insubstituabilidade (do Mestre) é substituído pelo princípio de isegoria (dos locutores). Pelo que se reconhece, no regime racional, o discurso verdadeiro, se esse discurso é o que pode ser aprovado por qualquer um? Pelo fato de que ele deve ser aprovado por aquele a quem nos dirigimos. Não se trata de qualquer enunciado, mas *somente* daquele que deve ser aprovado por qualquer um. O princípio de obediência do destinatário é substituído pelo princípio isocrítico: supõe-se que todos são dotados da faculdade de julgar o verdadeiro e o falso.[8]

---

8 Reconhecemos aqui os fundamentos do pensamento de Protágoras.

Os dois princípios exercem conjuntamente a função de seleção e distinção dos discursos legítimos: no lugar do mestre do discurso verdadeiro não há uma ausência de sujeito, mas um novo sujeito da verdade, definido por uma dupla universalização, as duas faces da substituabilidade discursiva. De resto, podemos reconhecer, na complementaridade dessas duas faces, duas das características clássicas da razão: faculdade de todos de comunicar-se discursivamente com todos, capacidade de cada um de distinguir o verdadeiro do falso. Duas características essenciais, mas incompletas.

Mas há ainda a terceira questão que deixamos pendente: a que diz respeito ao discurso em si. Se no regime racional o discurso é nu, despido de todas as suas condições ritualizadas de enunciação singular, pelo que se pode reconhecer que ele é verdadeiro? Qual o processo de seleção dos enunciados e legitimação do discurso? O regime democrático de verdade não dá resposta a essa pergunta, mas não é difícil ver o que tomou o lugar do ritual como elemento de seleção do enunciado legítimo. Visto que o discurso é puro, puro enunciado remetendo unicamente a sua referência, ele não pode mais ser legitimado pelas condições singulares que remetem solenemente cada enunciado às suas circunstâncias excepcionais; o que vai marcar sua verdade são as condições gerais que relacionam cada enunciado com todos os outros no interior do mesmo discurso. Para que um enunciado seja verdadeiro, é preciso que ele seja compatível com todos os outros no *mesmo* discurso – discurso cuja identidade é definível precisamente por essa coerência.

Compreende-se, assim, como o Mestre, sua pompa, sua autoridade e seu *ritual* discursivo foram substituídos por *técnicas argumentativas* que podem ser legitimamente utilizadas e dominadas por todos.

De fato, o que define uma argumentação, senão em primeiro lugar a condição precedente, isto é, a necessidade de referir todo enunciado a todo outro enunciado no interior da cadeia discursiva? Em outras palavras, argumentar é determinar quais enunciados condicionais nos conduzem a outro enunciado compatível com os primeiros, sem apelar para nada que não sejam enunciados "puros". Enfim, é constituir uma cadeia discursiva sem sujeito. Vê-se, portanto, que da condição primeira (a coerência da cadeia) tiram-se as duas outras, que são as que vimos anteriormente. A técnica argumentativa pode ser dominada por todos, e é por isso que ela é uma técnica; e as cadeias discursivas que ela possibilita são independentes do status de locutor, e é por isso que ela é argumentativa (isegoria). A argumentação é a única ferramenta discursiva, puramente discursiva, que permite um sujeito fazer outro sujeito admitir o que ele considera verdadeiro, supondo que aquele a quem ele se dirige possui a capacidade de julgar por si mesmo o verdadeiro e o falso (isocrítico). Vê-se, nessas três condições reunidas, "a obra da razão", a argumentação, que permite a qualquer um convencer qualquer um.

Tudo isso está muito bem. Ao temível Mestre dos tempos obscuros que proferia verdades inverificáveis às quais o sujeito só podia se submeter sucederam homens livres, que viviam juntos, democraticamente, como bem decidiam, e admitiam como verdadeiro apenas o que julgavam racionalmente dever admitir. Não. Porque nunca houve apenas *uma* técnica argumentativa nem apenas *uma* racionalidade realizada.

Nascimento da razão e crise das racionalidades

Vejamos por quê. Devemos recordar, em primeiro lugar, que a terceira condição (a que comanda a ligação de todo enunciado a todo outro enunciado, no lugar da ligação de cada enunciado às suas condições de enunciação) é absolutamente independente das duas outras, a ponto de não ser constitutiva do "regime democrático de discurso". E isso é muito natural, pois se cada um pode exprimir sua opinião e julgar a verdade da opinião dos outros, não há como *a priori* todas poderem se submeter à lei de coerência discursiva. Um locutor na Assembleia, se quiser expressar sua opinião aos outros, deverá tentar persuadi-los por meio de argumentos e, tanto quanto possível, submeter seu próprio discurso a essa lei (por exemplo, por meio do que Aristóteles chama "entimema"). Portanto, *seu* discurso reúne as condições 1 (isegoria) e 3 (coerência). Mas, dado que no regime democrático nenhum enunciado pode ser considerado verdadeiro sem que isso seja decido por aqueles a quem ele é dirigido (condição 2), não é necessariamente esse discurso que será reconhecido como verdadeiro (ou justo), mas talvez outro, estritamente incompatível com ele. E visto que o poder legítimo de todos de julgar é o de *discriminar* enunciados, o conjunto discursivo submetido ao julgamento de cada um é evidentemente incoerente: cada um pode e deve escolher entre enunciados contraditórios, um e outro argumentados, como, por exemplo, os enunciados "os generais da Batalha dos Arginusas são traidores" e "eles não são traidores".

E é aqui, no que diz respeito ao nascimento da razão, que está a origem da crise; é aqui que a razão se divide em racionalidades antitéticas. Por duas razões convergentes. De um lado, as condições 2 (isocrítica) e 3 (coerência), ambas igualmente necessárias para a definição da argumentação, são em última análise, *enquanto condições da verdade*, incompatíveis entre si. De outro lado, porém, as três condições que vimos não são suficientes por si sós para determinar racionalmente a verdade de um enunciado. Morto o Mestre, elas não são capazes de substituí-lo totalmente. Pois não nos permitem responder realmente, em todas as circunstâncias, à questão: como se reconhece um enunciado *que diz o que é*? Sob o reinado do Mestre, não havia problema, muito pelo contrário: o dizer do mestre precedia e determinava o que era tido como ser. Porém, uma vez que agora "o que é" deve preceder e determinar o que se diz dele, o problema se coloca.

A priori, duas respostas opostas são possíveis.

A primeira privilegia um princípio fundador da técnica argumentativa, sua condição 3, isto é, o princípio segundo o qual todo enunciado deve ser referido ao *corpus* de todos os outros. E, de fato, o discurso é verdadeiro porque ele diz o ser, e o ser é o que é, sem poder ser diferente do que é. À coerência absoluta de todos os enunciados entre si corresponde o princípio ontológico de identidade e não contradição no ser. Mas, em última análise, cedo ou tarde esse princípio acaba entrando em contradição com o poder "crítico" que se supõe inerente a cada um, pois como diferentes crenças opostas poderiam ser ao mesmo tempo verdadeiras? Essa via racional é a que conduz a uma forma extrema e radical de argumentação, isto é, à demonstração matemática, e, além dela, ao discurso da ciência.

A segunda privilegia um princípio fundador do julgamento democrático, a condição 2 do regime democrático de verdade, isto é, o princípio segundo o qual todo sujeito falante pode julgar a verdade de todo discurso. E, de fato, o discurso é verdadeiro porque pode ser aprovado por qualquer um a quem ele seja dito, e não apenas por alguns, em detrimento de outros. Mas, em última análise, cedo ou tarde esse princípio acaba entrando em contradição com o princípio de identidade no ser: pois como enunciados admitidos por esse ou aquele, mas incompatíveis entre si, podem ser considerados verdadeiros? Essa via racional é a que conduz a uma forma particular de argumentação, a que "permite a conclusão dos contrários", isto é, a argumentação retórica, e, além dela, ao discurso do Direito.

A crise da razão, desde o início, pôs em concorrência vários campos de racionalidade distintos. Nunca houve *uma* maneira de estabelecer racionalmente verdades, mas forçosamente várias. Desse nascimento conflituoso, a melhor ilustração é o antagonismo entre Ciência e Direito.

O discurso da ciência, e em especial a demonstração matemática, fundamenta-se na isegoria democrática: qualquer um, desde que saiba falar, pode conhecer e enunciar as verdades matemáticas, seja qual for o status social que tenha e a educação que recebeu, como mostrou Platão ao interrogar o escravo do *Mênon*.[9] Mais ainda: qualquer um pode fazer o discurso do professor de matemática, desde que tenha aprendido com um professor a desenvolver o conjunto das verdades necessárias que são deduzidas das verdades iniciais que ele possui necessariamente em si mesmo enquanto ser falante. Para isso, é suficiente reconhecer a existência de seres que são sempre e necessariamente o que são, estão fora da temporalidade da enunciação e são precisamente os objetos desse modo de conhecimento. Consequentemente, o princípio absoluto do dizer (que se identifica com a

---

9 Cf. Platão, *Mênon* 82c-86d.

racionalidade) é o da coerência, visto que a lei absoluta do "ser dito" é a não contradição. Basta admitir que o que foi reconhecido uma vez como verdadeiro é verdadeiro de uma vez por todas, visto que "dizer o verdadeiro é dizer o que é", e que o que é é sempre identicamente o que é. Por conseguinte, o discurso matemático é apenas o longo, lento e necessário desenvolvimento de uma cadeia discursiva da qual os primeiros elementos são os que todo mundo deve reconhecer como verdadeiros e da qual todos os elementos sucessivos são aqueles compatíveis com os que os precedem, como deve admitir todo interlocutor. No entanto, ainda que o princípio fundador do discurso da ciência seja a coerência e a unidade da cadeia discursiva, o "princípio isocrítico", que é constitutivo do regime democrático, também está presente, subjacentemente, no discurso da ciência, mas apenas na medida de sua subordinação ao outro princípio. Assim, o professor de matemática, ao desenvolver a demonstração, dirige-se ao aluno como representante do interlocutor universal e, a cada passo da demonstração, exige sua concordância de direito, de modo que são consideradas demonstradas somente as proposições que são admissíveis por esse interlocutor ideal. Mas percebe-se que o que permanece desse poder crítico do interlocutor é apenas um frágil vestígio dele.[10] O sujeito a quem é dirigido esse discurso não é o homem da Cidade com quem se fala, contra quem se argumenta e que se pode contradizer: ele é o sujeito "universal" que pode admitir, como qualquer outro, a coerência entre enunciados; é precisamente o que, em cada um, o identifica com todos os outros.

Consideremos, de modo inverso, o discurso do Direito e, em especial, o papel da argumentação retórica no estabelecimento das verdades judiciárias. Dois oradores, representando a acusação e a defesa, defendem teses contraditórias – por exemplo, Sócrates corrompe a juventude e Sócrates não corrompe a juventude. A argumentação antagonista das partes visa convencer os juízes e trazê-los para seu lado. É apenas pela visão desse embate entre dois discursos que eles devem decidir quem está com a razão.

---

10 Corrobora essa fragilidade a decepção, à primeira leitura, das respostas no mínimo lacônicas do escravo no *Mênon*, de Platão.

Vê-se claramente como esse procedimento se deduz dos princípios do regime democrático de verdade. Qualquer um de maneira igual pode defender qualquer tese, qualquer um de maneira igual pode julgar a verdade dessa tese. Mas o que organiza o conjunto desses discursos não é mais o princípio da não contradição entre enunciados, mas o exato contrário: é o princípio segundo o qual a verdade deve manifestar-se da confrontação contraditória dos enunciados entre si. Toda a forma do processo judiciário tem precisamente o objetivo de permitir que haja a oposição mais perfeita, mais igual e mais equitativa dos dois enunciados. O princípio absoluto da verdade é o da isocrítica e supõe o antagonismo entre *logoi*. Cada ouvinte é dotado do poder de julgar a verdade e, por conseguinte, de discriminar entre os enunciados contraditórios. Quanto ao princípio de coerência, que é constitutivo da argumentação racional, ele também está presente, subjacentemente, no discurso judiciário, mas apenas na medida de sua subordinação ao princípio isocrítico. Assim, cada orador, isoladamente, deve respeitá-lo, levando em consideração a posição que ele defende e apresentando uma argumentação coerente. Mas percebe-se que, em cada discurso, ele é apenas o vestígio frágil do verdadeiro princípio de coerência, visto que as duas teses contraditórias podem ser ambas igualmente defendidas.

A melhor ilustração dessa "razão" em crise desde seu nascimento é, sem dúvida, o conflito entre Ciência e Direito ou, se preferirmos, entre matemática e política. Mas a filosofia, desde seu nascimento, também ilustra essa crise. Poderíamos considerar que as doutrinas de Protágoras e Platão são tentativas simétricas de resolver essa crise dos dois lados do corte entre opinião e ciência (*doxa* e *episteme*). Com seu "homem medida de *todas* as coisas", e "seus dois discursos opostos sobre *todo* sujeito", Protágoras pensa a democracia política e tenta transpor a nova racionalidade dos procedimentos político-judiciários para o terreno dos conhecimentos "científicos": ele tenta negar a crise unificando o conjunto das verdades e fundamentando-as nos princípios de isegoria e isocrítica. A rejeição das verdades matemáticas ou a generalização do discurso crítico ("todas as opiniões são verdadeiras") é o preço que se paga por essa negação. Por um lado, com suas

Ideias e Números eternos, com seu filósofo rei, com a subordinação da condução da Cidade ao conhecimento absoluto do verdadeiro sobre o modelo do conhecimento matemático, Platão tenta transpor a nova racionalidade científica para a vida da Cidade: ele tenta negar a crise unificando o conjunto das verdades e fundamentando-as no ser absoluto, eterno e necessário, suposto pela coerência do discurso matemático. A rejeição dos procedimentos democráticos ou a generalização do discurso científico é o preço que se paga por essa negação. Poderíamos mostrar talvez que, uma geração depois, a filosofia de Aristóteles já é o sinal de que a crise não pode ser resolvida: Aristóteles fundamentará a mesma legitimidade dos dois tipos de procedimento discursivo e a mesma racionalidade dos dois tipos de verdade em uma oposição entre dois mundos (o sublunar e o supralunar).

Esses fatos, conflito de legitimidade entre procedimentos igualmente racionais (os da prova judiciária e os da prova matemática), conflito doutrinal entre teorias da verdade igualmente racionais (a do Sofista e a do Filósofo), revelam claramente o *fato* da crise da razão desde seu nascimento na Grécia. Poderíamos mostrar o que gerou legitimamente essa crise? Poderíamos mostrar que a crise é necessariamente inerente à própria constituição da razão, ou melhor, que ela não pode realizar-se senão em racionalidades conflituosas? Talvez.

A razão, dissemos antes, pode ser reduzida *grosso modo* a duas funções: uma negativa, a negação de toda autoridade exterior ao julgamento de cada um, e uma positiva, a da universalização discursiva. Contudo, essa universalização esconde uma ambiguidade. Ela pode tomar duas formas distintas, ou mesmo opostas. Primeiramente, ela pode remeter à comunidade implícita dos seres falantes, ao espaço da interlocução. É universal, nesse sentido, o que todo outro, na medida em que me dirijo a ele, deveria poder admitir, unicamente pelo fato de que, como eu, ele fala, e pelo fato de que eu sou para ele o que ele é para mim, isto é, um interlocutor possível. Diremos então que um procedimento, uma instituição, uma conduta são racionais se respeitam esse princípio de universalização. Eis por que a intolerância ou o fanatismo nos parecem irracionais; e, corolariamente, a discussão, a argumentação e o debate público nos parecem procedimentos racionais para resolver conflitos ou tomar decisões esclarecidas. Mas a universalização também pode remeter à objetividade explícita à qual remete o discurso, não a dos seres falantes, mas a dos seres ditos. É universal, nesse sentido, o que todo outro deveria admitir, não na medida em que me dirijo a ele e suponho nele uma faculdade idêntica à minha, mas na medida em que é objetivamente aquilo a que remete necessariamente o enunciado. Diremos então que um procedimento, uma instituição, uma conduta são racionais se respeitam esse princípio de universalização objetiva. Eis por que parece irracional negar que 2 + 2 são 4 ou defender o fixismo das espécies ou da astrologia. No entanto, parece igualmente irracional admitir as regras da adição ou as leis da astronomia depois de decidi-las por maioria de votos.

No conceito abstrato de Razão, a negação do Mestre é associada ao Universal. Mas em toda racionalidade efetiva ele faz par ou com o primeiro modo de universalização, ou com o segundo. É exatamente o que mostra o "nascimento da razão". Nos dois casos de figura, a negação do Mestre da verdade implicou a isegoria: todos os homens se tornaram locutores autorizados e não há mais um Insubstituível. Mas esse princípio isegórico se associou ou à universalidade objetiva (fundamentando o princípio de coerência que está na origem das demonstrações matemáticas), ou à universalidade subjetiva (fundamentando o princípio de isocrítica que está na origem dos procedimentos da prova judiciária).

Também se pode notar que esses dois tipos de universalização, ou seja, a crise constitutiva da razão, remetem a duas definições diferentes da ideia abstrata de razão: faculdade (universalmente *partilhada*) de distinguir o verdadeiro do falso, ou poder (*objetivamente* fundamentado) de desenvolver dedutivamente raciocínios rigorosos. É um grande paradoxo que aquele que é considerado o mais ilustre defensor da "razão moderna" fundamente a racionalidade científica em uma definição que aparentemente a remete ao universal subjetivo.[11] Será outro sinal de

---

11 Cf. Descartes, *Discurso do método*, Parte I: "A capacidade de bem julgar e distinguir o verdadeiro do falso, que é propriamente o que se denomina o bom senso ou a razão, é naturalmente igual em todos os homens".

que a filosofia, no mais das vezes, tenta negar que a razão é sempre já em crise?

Podemos observar enfim que essa dupla universalização conduz necessariamente a questões críticas, nos dois sentidos da palavra "crítica". Por exemplo: a racionalidade filosófica é do primeiro ou do segundo tipo? Em qual dos dois conceitos de razão o argumento de um filósofo fundamenta-se de fato, ou deveria fundamentar-se de direito? Outro exemplo: onde fica a fronteira entre racionalidade objetiva e racionalidade interlocutiva? A distinção entre elas é determinável objetivamente ou interlocutivamente? Os gregos provavelmente não se faziam essas perguntas no segundo grau. Eles foram as primeiras vítimas da crise do universal, mas com os conceitos de *doxa* e *episteme* tinham em mãos dois marcos suficientemente eficazes para circunscrever cada tipo de universal aos seus limites. Nós dispomos de conceitos tão curativos como esses para distinguir sempre (e por qual procedimento?) o que deve ser da ordem da universalidade interlocutiva (ou seja, do debate e da argumentação) e o que só pode ser da ordem da universalidade objetiva (ou seja, da experiência, da teoria e da demonstração)?

Seria temerário bater o martelo a propósito dessas questões. Contudo, devemos aceitar que é necessário abordá-las para reconhecer que, se a crise da razão é sempre constitutiva, jamais acidental, sempre endógena, jamais exógena, se portanto é "natural e inevitável", como a dialética em Kant, não convém evitá-las – como se evita uma doença –, mas fazer bom uso delas – como se faz de toda ilusão necessária.

Uma coisa permanece certa. Para poder filosofar (se não temêssemos as tautologias, diríamos para filosofar *por nós mesmos*), podemos – ou talvez devamos – *emprestar figuras filosóficas dos antigos*: figuras do ser, do homem, do filósofo ou qualquer outra figura que eles possam nos transmitir ou cujo crédito poderíamos atribuir a eles. Nós herdamos dos gregos tudo que podemos emprestar deles. Mas não herdamos a Razão grega, visto que ela não existe. As condições históricas desse "nascimento" suscitam dúvidas sobre a ideia metafísica de uma Razão una e unida. A racionalidade sempre se distribuiu em diversas figuras incompatíveis e rivais. Talvez seja este, como nenhum outro, o sinal do que é racional: ele não admite inscrever-se em uma figura única. E essa ideia pode ser emprestada dos antigos para pensarmos com eles.

REFERÊNCIAS BIBLIOGRÁFICAS

ARISTÓTELES. *Métaphysique*. Trad. J. Tricot. Paris: Vrin, 1953.

AUBENQUE, P. (Dir.). *Études sur Parménide:* Le poème de Parmenide. Trad. D. O'Brien et J. Frère. Paris: Vrin, 1987.

BENMAKHLOUF, A. *Bertrand Russell:* L'atomisme logique. Paris: PUF, 1996.

BOLLACK, J.; LAKS, A. (Éd.). *Études sur l'épicurisme antique*. Villeneuve--d'Ascq: Publications de l'Université de Lille III, 1977.

BRUNSCHWIG, J. Lucrèce. In: HUISMAN, D. (Éd.). *Dictionnaire des philosophes*. Paris: PUF, 1984.

DÉTIENNE, M. *Les maîtres de vérité dans la Grèce archaïque*. Paris: Maspero, 1981.

DUMONT, J.-P. *Les présocratiques*. Paris: Gallimard, 1989.

EPICURO. *Lettres et maximes*. Trad. M. Conche. Villers-sur-Mer: Mégare, 1977.

_____. *Lettres, maximes, sentences*. Trad. J.-F. Balaudé. Paris: Librairie Générale Française, 1994.

_____. *Maximes capitales*. Trad. J.-F. Balaudé. Paris: Le Livre de Poche, 1994.

FOUCAULT, M. *L'ordre du discours*. Paris: Gallimard, 1971.

_____. Le véritable amour. In: _____. *L'usage des plaisirs*. Paris: Gallimard, 1984.

FREUD, S. *Totem et tabou*. Paris: Payot, 1988.

GOLDSCHMIDT, V. *La doctrine d'Épicure et le droit*. Paris: Vrin, 1977.

GRANGER, G.-G. *La théorie aristotélicienne de la science*. Paris: Aubier, 1976.

GUYAU, J.-M. *La morale d'Épicure et ses rapports avec les doctrines contemporaines*. Paris: G. Baillière, 1878.

HADOT, P. *Exercices spirituels et philosophie ancienne*. 2 ed. Paris: Éditions Augustiniennes, 1982.

_____. *Qu'est-ce que la philosophie antique?* Paris: Gallimard, 1995.

HEGEL, G. W. *La philosophie grecque:* des sophistes aux socratiques. Paris: Vrin, 1971. t.2.

HINTIKKA, J. Cogito, ergo sum; as an Inference and a Performance. *Philosophical Review*, LXXII, 4, oct. 1963.

JAKOBSON, R. Linguistique et poétique. In: _____. *Essais de linguistique générale*. Paris: Minuit, 1963.

LEFORT, C. *L'invention démocratique*. Paris: Fayard, 1981.

LUCRÉCIO. *De la nature, De rerum natura*. Paris: Aubier, 1993.

MANIN, B. *Principes du gouvernement représentatif*. Paris: Calmann-Lévy, 1995.

MARION, J.-L. *Sur l'ontologie grise de Descartes*. Paris: Vrin, 1981.

MULLER, Robert (Éd. et trad.). *Les mégariques, fragments et témoignages*. Paris: Vrin, 1985.

PARIENTE, J.-C. "Problèmes logiques du Cogito". In: CENTRE D'ÉTUDES CARTÉSIENNES. *Le discours et sa méthode*. Actes du Colloque reálisé en Sorbonne le 28-30 janv. 1987. Dir. Nicolas Grimaldi e Jean-Luc Marion. Paris: PUF, 1987.

ROSS, D. *Aristotle*. London: Methuen & Co, 1923.

VERNANT, J.-P. Du mythe à la raison. In: _____. *Mythe et pensée chez les grecs:* études de psychologie historique. Paris: Maspero, 1978.

VLASTOS, G. *Socrate, ironie et philosophie morale*. Paris: Aubier, 1994.

VOELKE, A.-J. *Les rapports avec autrui dans la philosophie grecque d'Aristote à Panétius*. Paris: Vrin, 1961.

WOLFF, F. *Dire le monde*. Paris: PUF, 1997.

SOBRE O LIVRO

Formato: 14 x 21 cm
Mancha: 23,7 x 40,3 paicas
Tipologia: Iowan Old Style 10/13,1
Papel: Off-white 80 g/m² (miolo)
Cartão Supremo 250 g/m² (capa)

1ª edição Editora Unesp: 2021

EQUIPE DE REALIZAÇÃO

Edição de texto
Silvia Massimini Felix (Copidesque)
Jennifer Rangel de França (Revisão)

Capa
Marcelo Girard

Editoração Eletrônica
Sergio Gzeschnik (Diagramação)

Assistência Editorial
Alberto Bononi
Gabriel Joppert

Impressão e Acabamento

PlenaPrint
Indústria Gráfica